Faszination Fördenland

Der Zauber einer einmaligen Ostseelandschaft

Jürgen Rust

ISBN 978-3-86037-358-3

1. Auflage

Agrimedia GmbH
Lüchower Str. 13a
29459 Clenze

Telefon (0 58 44) 97 11 63-0
Telefax (0 58 44) 97 11 63-9
mail@limosa.de
www.limosa.de

Satz und Layout: Zdenko Baticeli, Jana Mengel, Heiko Niemüller
Text und Redaktion: Jürgen Rust
Redaktionsassistenz: Monika Kaddoura
Redaktionelle Fotos: Cobra Verlag Silke Hars, Langenhorn
Akquise und regionaler Mitvertrieb: Nordfriesland Verlag Emmel, Mildstedt-Rosendahl

Gedruckt in Deutschland.
Der Inhalt dieses Buches ist auf säurefreiem, alterungsbeständigem Papier gedruckt, hergestellt aus chlorfrei gebleichtem Zellstoff aus FSC-zertifiziertem Holz.

Jürgen Rust

Faszination Fördenland

Der Zauber einer einmaligen Ostseelandschaft

Grußwort

Die Ostseelandschaft zwischen der Kieler und der Flensburger Förde ist eine der reizvollsten Regionen an unserer Küste. Sie »Fördenland« zu nennen trifft ihren Charakter auf zweifache Weise. Zum einen schneiden hier die großen Förden ins Land. Zum anderen haben sich in der Eiszeit zwischen den Förden halbinselartige Landschaften gebildet, die geologisch eng miteinander verwandt sind und doch sehr unterschiedliche Erscheinungen aufweisen.

Die Fördenküste reicht weit nach Dänemark hinein, wo sich die Fjorde in lieblicher Schönheit präsentieren. Ich bin froh darüber, dass dieses Buch sich Landschaften südlich und nördlich der Grenze widmet. Hier werden landschaftliche und kulturelle Gemeinsamkeiten eindrucksvoll vor Augen gestellt. Die Menschen dieser Region haben aus der Geschichte gelernt: Sie haben gelernt, dass es zu einer guten Nachbarschaft, aus der eine tiefe Freundschaft gewachsen ist, keine Alternative gibt. Und sie haben gelernt, dass das auch heißt, die Minderheiten zu schützen und als kulturellen Reichtum zu empfinden.

Probstei, Dänischer Wohld, Hüttener Berge, Schwansen und Angeln sind Landschaften mit jeweils eigenem Charakter und zählen zu Schleswig-Holsteins starken Stücken. Die Menschen hier halten Traditionen in Ehren, lieben ihre Heimat und sind zugleich weltoffen und gastfreundlich.

Gerade Gästen wird hier viel geboten: Ehrwürdige Kirchen und imposante Baudenkmäler, Schlösser und Gärten, Zeugnisse des maritimen Erbes und historischer Kanalbaukunst und mit dem Nord-Ostsee-Kanal die am meisten befahrene künstliche Wasserstraße der Welt, an der man mit dem Fahrrad neben Ozeanriesen herfahren kann. Großartige Zeugnisse der Wikingerzeit in Haithabu und am Dannewerk, kurzweilige und zugleich lehrreiche Angebote in den Museen und Sammlungen, etwa in Schloss Gottorf und in Haithabu. All dies ist eingebettet in eine abwechslungsreiche und einmalige Landschaft. Die Geltinger Birk und die Hüttener Berge sind schöne Beispiele. Hier in Schleswig-Holstein und Jütland verbinden sich Kultur und Natur auf eine einzigartig harmonische Weise.

Dieses Buch führt in Bildern und Texten durch die Vielfalt einer Ostseelandschaft, die es allemal wert ist, immer wieder neu entdeckt zu werden. Herzlich willkommen im Fördenland!

Peter Harry Carstensen
Ministerpräsident des Landes Schleswig-Holstein

Vorwort

Das Buch »Faszination Fördenland« ist das Pendant zu »Faszination Nordfriesland« und stellt die Ostseeregion des Landesteils Schleswig auf vielfache Weise bildlich und thematisch dar. Ein Ziel ist es, diese Meereslandschaft sowohl für Gäste wie für Einheimische aktuell zu erschließen, ein anderes, den Blick auch für tiefere Dimensionen der Geschichte, Kultur und Topographie zu öffnen. Gerade die touristische Entwicklung zwischen der Kieler und der Flensburger Förde ist in einem Aufschwung begriffen, der maßgeblich von landestypischen Aspekten geprägt wird.

Die liebevolle Restaurierung der Altstädte und Dorfbauten, das Wiedererwecken historischer Handwerke sowie das bewusste Miteinander von Natur, Kultur und Freizeitgestaltung hat auch zu einer Belebung aller Tourismusarten geführt. Tagesgäste und Feriengäste, Strandurlauber und Wassersportler, Radler und Wanderer, Kulturinteressierte und Naturkundler, alle fühlen sich gleichermaßen beachtet und mit Erholungsangeboten bedacht.

Der hohe Grad von Abwechslung, der auch im Charakter der Fördenlandschaft und seiner Menschen liegt, machte die Entstehung dieses Buches zu einer spannenden Entdeckungsreise.

Die Autoren, die im Fördenland zu Hause sind oder es sehr gut kennen, sind mit großer Freude unterwegs gewesen. Aber auch die Menschen, die dieses Projekt durch ihre persönliche und betriebliche Unterstützung möglich machten, entwickelten immer wieder ganz besonderes Engagement bei der Beschaffung von Materialien.

Beide Seiten zu einem Ganzen zusammenzuführen, war dann die Aufgabe eines Teams, das vor Ort die Kontakte zwischen den Buchpartnern schloss und diese mit den Themen des Werkes verband. Dabei zeigte sich, dass einige Buchpartner zu Mitautoren wurden und einige Autoren zu Buchpartnern. Das im Verborgenen wirkende Talent einiger »Fördenländer« im Buch zum Erblühen zu bringen, teils durch bewusstes Ansprechen, teils durch Offenheit gegenüber ihren Angeboten, hat wertvolle Beiträge geschaffen.

Die Gestalterinnen und Gestalter des Buches haben das Werk schließlich in manchmal mühevoller Detailarbeit in die endgültige Form gebracht.

So wurde das Buch »Faszination Fördenland« eine große Gemeinschaftsleistung mit einem viel versprechenden Ergebnis.

Unser Dank gilt allen Beteiligten, die mit Einsatzfreude und Kompetenz, mit Ideenkraft und wahrer Zuneigung zum Fördenland etwas sehr Lesenswertes geschaffen haben.

Mögen die Menschen, die in diesem faszinierenden Land am Meer leben oder Urlaub machen, das Buch genießen und ihre Freude daran weitertragen.

Inhalt

Der Naturpark Hüttener Berge

An Meer und Kanal: der Dänische Wohld

Ein Reservat von Fauna und Flora

Die Kieler Förde – ein Gefühl von Fernweh

Berühmtheiten aus dem Fördenland

Die Landeshauptstadt Kiel

Ein ländliches Kleinod: die Probstei

Wunderschöne Nachbarin – die Holsteinische Schweiz

Bei den Beiträgen mit **blauen Überschriften** handelt es sich um (Selbst-)Darstellungen der Protagonisten dieses Buches.
Die mit **grünen Überschriften** versehenen Beiträge sind redaktionelle Darstellungen zu verschiedenen Themen.
Bei mit Namen ausgezeichneten Beiträgen stammen alle Bilder ohne separate Angabe von den Autoren.

Willkommen im Fördenland

DANMARK
SØNDERBORG
GRÅSTEN
Dybbøl
Rinkenæs
ALS
Broager
Kollund
Okseøer
Holnis
Flensburger Förde
Kegnæs
GLÜCKSBURG
Unewatt
Langballigau
FLENSBURG
Oeversee
Langballig
Steinberghaff
Habernis
Geltinger Bucht
Geltinger Birk
Quern
A7
Steinbergkirche
Steinberg
Falshöft
Kronsgaard
Großsolt
Sörup
Sterup
Südensee
Oehe-Drecht
OSTSEE
Satrup
Gut Oehe
Maasholm
ANGELN
A7
KAPPELN
Schlei
Mohrkirch
Schleimünde
Havetoft
ARNIS
Olpenitz
Süderbrarup
Schönhagen
Karby
Böklund
Schlei
Gut Damp
Damp
Stolk
Lindaunis
Sieseby
Tolk
Ulsnis
Gut Stubbe
Schaalby
SCHWANSEN
SCHLESWIG
Brodersby
Rieseby
Schuby
Schlei
Missunde
Loose
Waabs
Kieler Bucht
Güby
Haithabu
Louisenlund
Gut Ludwigsburg
Eckernförder Bucht
Fleckeby
Dänisch-Nienhof
Osterby
Surendorf
Bülk
Ascheffel
ECKERNFÖRDE
Strande
Kieler Förde
Aschberg
Gettorf
Schilksee
Wendtorf
Heidkate
Stein
Kalifornien
Bistensee
Groß Wittensee
DÄNISCHER
Laboe
Schönberger Strand
Owschlag
Bistensee
KleinWittensee
Holtsee
WOHLD
SCHÖNBERG
Hohenfelde
Lutterbek
Hochwachter Bucht
Neu Duvenstedt
Wittensee
Sehestedt
Holtenau
Heikendorf
Alt Duvenstedt
Probsteierhagen
Behrensdorf
Steinwehr
Nord-Ostsee-Kanal
PROBSTEI
Weissenhäuser Strand
Rade
Dietrichsdorf
Salzau
RENDSBURG
A210
A215
Gut Salzau
Großer Binnensee
Schwentine
Selenter See
KIEL
Hohwacht
A215
Selent
LÜTJENBURG

FLENS
BURG

Am Wittensee

An der Schwansener Küste südlich von Damp

Von Wassern belebt – von Gletschern geformt

Eine Landschaft entsteht

Die lang gestreckten Meeresbuchten, die man Förden oder dänisch Fjorde nennt, bildeten sich nach der letzten Eiszeit in den Schmelzwasserrinnen, die sich unter dem Panzer des Inlandeises entwickelt hatten. Später, nach dem Rückzug des Eises, wurden diese Rinnen durch den Anstieg des Meeresspiegels überflutet und hinterließen die für das Fördenland typische Landschaftsgestalt.

Zum besseren Verständnis muss erwähnt werden, dass die Gebiete des heutigen Fördenlandes nicht nur eine Eiszeit erlebt haben. Die vorletzte Eiszeit, die Saale-Eiszeit, dauerte etwa von 230 000 bis 130 000 v. Chr. Sie bedeckte ganz Norddeutschland und den Nordseeraum mit einem dicken Eispanzer. Die letzte Eiszeit jedoch, die sogenannte Weichsel-Eiszeit, die etwa bis 10 000 v. Chr. anhielt, war prägend für die heutige Gestalt der Ostseelandschaft.

Die ältesten Spuren menschlicher Besiedlung in Schleswig-Holstein stammen aus der Zeit zwischen der Saale- und der Weichseleiszeit. Aus jener Warmzeit vor etwa 120 000 Jahren datieren Steinwerkzeuge, die im nordfriesischen Raum gefunden wurden. Auch in einer Kiesgrube in Dithmarschen entdeckte man Spuren eines Vorgängers des Homo sapiens. Dieser aber taucht hier erst nach der Weichseleiszeit vor etwa 12 000 Jahren auf und lebte am zurückweichenden Eisrand. Dessen westlichster Verlauf entsprach etwa auch dem Westrand des Fördenlandes.

Die Geest gehört zu den drei großen Naturräumen Schleswig-Holsteins und bildet nach Westen zu das Hinterland der Ostseeküste. Richtung

Das Holnisser Kliff

Brandung bei Sonderburg

In den Hüttener Bergen

Nordsee schließt sich dann die Marsch mit dem Wattenmeer an.
Die Schleswiger Geest zwischen der deutsch-dänischen Grenze und dem Nord-Ostsee-Kanal ist ein Landstrich mit kargen Böden und setzt sich aus Teilen verschiedenen Alters und unterschiedlicher Entstehung zusammen. Im Westabschnitt bilden saalezeitliche Moränen die Hohe Geest. Ihre Böden sind wegen der älteren Entstehung oberflächlich ausgewaschen und nährstoffarm. Daran schließt sich nach Osten, das heißt im Hinterland der Förden, die Flache Geest oder Sandergeest an – ebene magere Sanderflächen aus der Weichselzeit, die zum Teil vermoort sind.

Die am häufigsten vorkommenden Biotoptypen der Geest sind Binnendünen, Sandmagerrasen, trockene und feuchte Sandheiden, Birkenbrüche, Eichen-Buchenwälder, Krattwälder und Hoch- und Niedermoore. Nahezu alle genannten Lebensräume sind inzwischen so selten und bedroht, dass sie unter Naturschutz stehen.

Sandweg bei Weseby an der Schlei

Steilküste bei Langholz auf Schwansen

Bei Sörup

An der Geltinger Bucht

Am Ostseeufer bei Hunhoi

Der unbestrittene Reiz der Ostseelandschaft liegt auch im nahen Miteinander von Geest und Förden. Die vom abziehenden Eis rund geschliffenen Hügel, die hinterlassenen Täler und Rinnen, der teilweise noch urtümliche Bewuchs, die Moore, Findlinge und Steilküsten, alles das vermischt sich mit der Lieblichkeit von duftenden Heideflächen, lauschigen Waldseen, verwinkelten Fördeufern, weißen Stränden und einer sanft plätschernden Brandung. Wind und Wetter können zwar auch anders, doch das Fördenland nimmt dann nur eine etwas herbere Stimmung an. Der Reiz bleibt.

Feuersteine und Uferpuzzle

Relikte von Rentierjägern wurden bei Ahrensburg bei Hamburg entdeckt. In der Mittelsteinzeit zwischen 8000 bis 3500 v. Chr. wohnten die Menschen in primitiven Hütten und Unterständen auf geschützten Waldlichtungen. Sie wanderten weiter, wenn der Wildbestand erschöpft war. Als Jäger, Fischer und Sammler benutzten sie die vom Eis herangeschafften Feuersteine dazu, einfache Waffen und Geräte herzustellen.

In der Jungsteinzeit änderte sich die Wirtschaftsform. Es gelang, Rind, Schwein, Schaf- und Ziege als Haustiere zu züchten. Man wurde von dem Wildbestand der Wälder und dem Fischangebot der Gewässer unabhängig. In diese Zeit fallen auch die ersten Ansätze zum Ackerbau und zur Vorratswirtschaft. Gerste, Weizen und Hirse waren die ersten angebauten Feldfrüchte. Man wurde sesshaft und verbesserte das handwerkliche Geschick. Die Grundlagen einer frühen Zivilisation waren gelegt.
In die Gebiete des zurückgewichenen Eises stießen allmählich die Menschen nach und siedelten, zunächst noch in kleineren Gruppen und sporadisch, in den bewaldeten Hügeln und an den Gewässern des entstehenden Fördenlandes.
Die Förden verlaufen in Bewegungsrichtung der ehemaligen Eiszungen und geben zusammen mit den aufgeschütteten Sand- und Geröllmassen der Ostseelandschaft zwischen der Kieler und Flensburger Förde bis heute ihr Gepräge.
Dies ist aber auch der unvergleichliche Reiz, der von den sanft geschwungenen Hügeln über den malerischen Küsten ausgeht. Sie haben ihre Geschichte bewahrt und präsentieren uns, die wir hier leben oder Urlaub machen, eine unglaubliche Vielfalt an bedeutungsvollen Eindrücken.
Von den puzzleartigen Uferverläufen der Flensburger Förde über die langen Strandbögen Angelns, die grün umsäumte Schlei bis zu den Trichtern der Eckernförder Bucht und der Kieler Außenförde ziehen sich Küstenformationen, die unterschiedlicher kaum sein könnten.
Die Ochseninseln ruhen wie zwei natürliche Wächter vor der dänischen Uferlinie, die sich in zahllosen Schwüngen und sanften, oftmals steinübersäten Strandpartien mit der Ostsee vereint.
Die Binnenbucht bei Graasten, Noor genannt, besitzt eine Wasserverbindung zum Meer und legt Zeugnis ab von ihrer Entstehung. Die gleiche Erscheinung bietet das Windebyer Noor bei

Bei Aschau an der Eckernförder Bucht

Hohlweg in Schwedeneck

Ostseeblick im Dänischen Wohld bei Bülk

Eckernförde. Hier führt ein schmaler Wasserarm zum dortigen Hafen. Hin und wieder findet man auch Strandseen, die durch schmale Sandwälle von der Ostsee abgetrennt sind, zum Beispiel den Schwansener See bei Schuby.

Steilufer bestimmen immer wieder, auch weit im Binnenland wie an der Großen Breite der Schlei, den Charakter des Küstenverlaufs. Besonders bei Holnis an der Flensburger Außenförde und an den beiden Ufern der Eckernförder Bucht ragen hohe Sandwände über den steinigen Gründen empor, oftmals gar nicht weit von den schönsten Badestränden entfernt.

Hier trifft man hin und wieder passionierte Steinsammler, die man getrost ansprechen sollte. Sie geben einem nicht selten wertvolle Aufklärung über längst vergangene Epochen, indem sie eine Versteinerung oder einen »Donnerkeil« herzeigen. Manchmal erhält man auch interessante Hinweise auf Steiluferstellen, wo gerade Abbrüche stattgefunden haben, eine im Übrigen ständig stattfindende Erosion dieser Küsten. Es kann vorkommen, dass aus den hohen Wänden riesige Findlinge herabstürzen, die einst beim Abzug des Eises eingegraben wurden und nun befreit werden.

Eine Halbinsel wandert von Schwansen nach Angeln

Landeskundige Einheimische und aufmerksame Gäste entdecken natürlich eine Vielzahl weiterer geschichtsträchtiger Orte und Details.

Bei Gut Oehe in Angeln

Die östliche Ochseninsel in der Flensburger Förde

Sonnenaufgang über Schleimünde, von Olpenitz aus fotografiert

Wer von Kappeln eine Schiffstour nach Schleimünde zur Lotsenhalbinsel macht, sollte dort den Aufenthalt nicht nur zum Besuch des markanten Leuchtturms nutzen. Man befindet sich nämlich auf einer der im Fördenland nur noch selten vorkommenden Strandwalllandschaften. Seit der letzten Eiszeit ist diese in ständiger Veränderung ihrer Form. Das Gebiet besteht aus Sedimenten, die durch die Meeresströmung vor allem vom wenige Kilometer südlich gelegenen Schönhagener Kliff abgetragen wurden. Die Halbinsel ist 112 Hektar groß und liegt knapp fünf Meter über dem Wasserspiegel. Bei Sturmfluten wird sie manchmal ganz unter Wasser gesetzt.

Früher gehörte die Halbinsel zum Gut Olpenitz, also zu Schwansen. Die alte Einfahrt in die Schlei lag nördlich zunächst von ihr, bis diese vor etwa 225 Jahren versandete. 1796 baute man die bis heute vorhandene Einfahrt, sodass Schleimünde von Schwansen nach Angeln wanderte.

Mit dem Ende der Eiszeit war die Landschaftsentwicklung auch im Fördenland nicht abgeschlossen. Abtragung, Verdriftung und Anlagerung von Steilküstenmaterial führten noch in den letzten Jahrhunderten zu einer permanenten Weiterentwicklung der Küstenformen. Es entstanden fortlaufend neue Strandwälle, Nehrungshaken und Strandseen, Vorgänge, die bis heute nicht zur Ruhe kommen.

Das sogenannte Bojenfeld vor der Ostseegemeinde Stein in der Probstei bietet nicht nur einen sehr romantischen Anblick, insbesondere wenn hinter dem Ehrenmal von Laboe die Abendsonne versinkt. Es ist Teil einer Nehrungslandschaft, die uns einen guten Eindruck von früheren Küstenformen vermittelt.

Wellenschläge an der dänischen Insel Kekenis

Es ist natürlich nicht verwunderlich, dass sich die Menschen während der Besiedlung der vielen natürlichen Hafenplätze bedienten. Fast überall, wo sich eine geschützte Uferstelle zum Steg- und Hausbau anbot, findet man entweder Reste früherer Siedlungen oder noch heute einen Hafen mit einem kleineren oder größeren Ort. Zunächst war es der Fischfang auf den unmittelbar umgebenden Gewässern, von denen die Leute sich ernährten. Später kamen Handel und Handwerk hinzu.

Das fruchtbare Hinterland diente den Bewohnern anfangs auch nur zur Selbstversorgung. Doch geregelter Ackerbau und eine marktorientierte Viehhaltung versetzten die Bauern allmählich in die Lage, auch den Bedarf der nahen Küstenstädte zu decken. Hier konnten sich dadurch neue Berufe bilden. Dieser rege Binnenhandel führte umgekehrt dazu, dass die rückwärtigen Gebiete in den Genuss der in den Häfen angelandeten Handelsgüter kamen. Küste und Hinterland wuchsen eng zusammen, ein Phänomen, das eigentlich ganz Schleswig-Holstein auszeichnet. Allerdings ist es im Fördenland wegen seiner kurzen Wege und vielfältigen Strukturen besonders ausgeprägt.
Zudem kommt es hier, anders als an der Westküste, zu einem starken Einfluss des Adels und der Landesherrschaft. Dadurch entstehen etwa ab 1200 n. Chr. große landwirtschaftliche Einheiten, die der Bauernschaft lange Zeit keine freie Entfaltung ermöglichten. Erst mit der Aufhebung der Leibeigenschaft in den Herzogtümern Schleswig und Holstein 1804 endete diese unproduktive Epoche der Landwirtschaft.

Historische Verkoppelung und neuzeitlicher Fresensee

Gleichzeitig kam es Anfang des 19. Jahrhunderts zur staatlich angeordneten Verkoppelung, die bis heute die typische Erscheinung der Ostseelandschaft prägt. Bei der Verkoppelung wurden die von den einzelnen Bauern genutzten, aber stark parzellierten Flächen neu verteilt. Es entstanden größere Parzellen mit den bekannten Knicks (Wallhecken) als Unterteilungen sowie ein neues Wegesystem. Die Verkoppelung förderte die Produktivität der Betriebe, da sich Wege verkürzten, weniger Zugvieh benötigt wurde und die eigenen Flächen besser beaufsichtigt werden konnten. Hierbei gelang es, die alten Dorfstrukturen weitgehend zu erhalten.
Die Knicks enthalten oft das von den Äckern und Wiesen geräumte Steinmaterial, das aus dem steinzeitlichen Geröll stammt und die Bodennutzung störte. Darüber pflanzte man Sträucher und Buschgewächse. Der Name »Knick« ist in Schleswig-Holstein erst 300 bis 400 Jahre gebräuchlich und bezieht sich auf eine bestimmte Pflege, nämlich dem Knicken beziehungsweise Beugen von Zweigen, dünnen Ästen oder sehr jungen Bäumen zur Verdichtung des Bewuchses. Die Knicks oder Wallhecken beherbergen eine charakteristische artenreiche Pflanzen- und Tierwelt, wirken durch ihre große biologische Vielfalt weit in die Landschaft hinein und beeinflussen den Landschaftshaushalt in günstiger Weise.

Am Strand von Laboe

An der Flensburger Förde bei Quellental

Am Strand von Pottloch an der Angelner Küste

Strudel im Hafen von Laboe

Leider empfindet die heutige intensivierte Landwirtschaft Wallhecken teilweise als lästige Hindernisse. Flurbereinigungsverfahren, die größere und effektiver zu bewirtschaftende landwirtschaftliche Flächen schaffen, führen nicht selten auch zur Einebnung alter Knicks. In den betroffenen Regionen mit Wallheckenlandschaften, also auch dem Fördenland, wird dies aktuell immer wieder zum Streitgegenstand zwischen ökonomischen und ökologischen Interessen. Die Wallhecken-Grünlandkomplexe haben sich unzweifelhaft nämlich im Laufe der Jahre zu einem eigenen Lebensraum für Flora und Fauna entwickelt und prägen das landschaftliche Erscheinungsbild entscheidend mit.

Am Beispiel der Knicklandschaft erkennt man deutlich den geschichtlichen, ökonomischen und ökologischen Hintergrund einer bestimmten zivilisatorischen Entwicklung. Die Landwirtschaft als überlieferte Lebensgrundlage im Fördenland gerät in das Spannungsfeld verschiedener Interessen. Hierbei spielt der Blick auf die »neue« Lebensbasis Tourismus eine entscheidende Rolle.

Es gibt auch neuzeitliche Geschichten zu unserem Thema. Ein gutes Beispiel ist die Entstehung des Fresensees in der Gemeinde Bistensee. Hier ist ein touristisches Kleinod aus einem ganz profanen wirtschaftlichen Nutzungsgebiet geschaffen worden.

Von 1960 bis 1977 wurde aus der dortigen Kiesgrube eine Aufbereitungsmenge von etwa 2,8 Millionen Tonnen an Kies, Sand und Steinen abgebaut. Danach sollte die Renaturierung beginnen.

In dieser Kiesgrube konnte man während der Betriebsperiode die eiszeitliche Herkunft der Hüttener Berge lebensnah ablesen. Viele nebenbei gemachte Funde und Schichtaufnahmen zeigen die geologischen Zusammenhänge.

Die Rückführung der Grube in einen natürlichen Zustand war damals eine innovative Aufgabe, die in gemeinsamer Anstrengung von Land, Kreis, Betreiberfirma, Forstverwaltung und Gemeinde erfolgreich abgeschlossen werden konnte. 1982 wurde das Naherholungsgebiet rund um den neu entstandenen Fresensee, genannt nach einer alten Gemarkungsbezeichnung, durch den damaligen Ministerpräsidenten Gerhard Stoltenberg seiner Bestimmung übergeben. Heute ist dieses herrliche Wald- und Seengebiet aus der Landschaft der Hüttener Berge nicht mehr wegzudenken.

Faktor Mensch

Direkt an der Küste entdeckt man im Fördenland vom Militär geräumte oder noch nicht ganz verlassene Häfen und Areale. Kaiserzeit, Hitlerreich und Kalter Krieg haben hier ihre unverkennbaren Marken gesetzt. Damit waren immer auch heftige Eingriffe in die Natur verbunden, sei es durch die Torpedoversuchsanstalt in Eckernförde, ein Schießgebiet oder den in die Nehrung der Schleimündung gebaggerten Hafen Olpenitz. Sein Ende wurde vor wenigen Jahren durch den Fall der Mauer und die nachfolgende politische Wende im Osten besiegelt. Der Marinehafen Olpenitz, Ende der 1960er in eine gänzlich unberührte Natur platziert, ist eines der abschreckenden Beispiele. Militärisch gesehen von geringer Bedeutung, ökologisch betrachtet von schädlicher Wirkung, wirtschaftlich für die Region von fragwürdigem Wert und menschlich gesehen ein beruflicher und familiärer Wanderzirkus. Inzwischen hat die Stadt Kappeln, auf deren Gebiet der aufgegebene Standort liegt, zumindest eine wirtschaftliche Perspektive, da ein Investor für ein touristisches Zukunftsprojekt gefunden wurde. Es ist zu hoffen, dass hierbei zwischen Ökonomie und Ökologie ein vernünftiges Gleichgewicht zustande kommt.

Es gibt auch landschaftsgerechte und sanfte Eingriffe des Menschen, zumeist dort, wo er dem vorgegebenen Maß der Natur gefolgt ist. Dann

Schilfgürtel an der Schlei bei Missunde

Ländliches Idyll bei Ulsnis, im Hintergrund die Schlei

Hügellandschaft in den Hüttener Bergen

erscheinen uns die Katen, Bootshäuser, Stege, Werften, Leuchttürme, Kirchen, Brücken, Hohlwege, Fähren, Winkel und Gassen sogar als idyllisch und romantisch. Alles war einmal mit menschlichem Alltag erfüllt und hatte seine Daseinsberechtigung. Und vieles davon ist heute noch intakt und lebendig.
Dieses Gefühl für das rechte Maß hat sich leider in einer unrühmlichen Zwischenperiode, den Jahrzehnten der Nachkriegszeit, die manchenorts noch nicht ganz überwunden scheint, zurückentwickelt. Auch im Fördenland sind Auswüchse geschehen, die man am Baustoff und ihrer Höhe erkennt.

Der Anspruch, bei neuen Vorhaben keine Naturzerstörung mehr zu begehen, gilt auch für die vielen Marinas und ufernahen Feriensiedlungen im Fördenland. In diesem Bereich fordern aber oft schon die Kommunen und die Kundschaft selbst umweltgerechte Lösungen. Ein Umdenken hat begonnen.

Die Quellen des Lebens

Und so schließt sich der Bogen hin zu einem geänderten Landschaftsempfinden. Einheimische und Gäste spüren, dass die Quellen des Lebens eng mit dem Lebensunterhalt verbunden sind.
Wenn wir versonnen an einem der idyllischen Gewässer sitzen oder ergriffen von den Weitblicken einen von Heide duftenden Hügel besteigen, wird es einem klar: Die Zukunft beginnt in der Gegenwart, beim Erleben einer wunderbaren Natur, beim Genießen der Elemente Erde, Wasser, Sonne, Wind, beim Eintauchen in die Farben der Wälder und Seen, der Felder und Äcker, der Strände und Auen.
Und wie menschliche Einsprengsel ruhen darin die Höfe, Häuser, die Dörfer, Häfen und Städte, unsagbar lange nach den Epochen entstanden, die das Fördenland formten. Unmessbar klein erscheinen die Kräfte der Hände und Maschinen gegenüber den Mächten des Eises und der Schmelzströme, die durch die Bodenmassen pflügten, haushohe Findlinge mit sich schoben und zogen und alles irgendwann einfach liegen ließen.
Das einstmals Vorgefundene würden wir wohl am meisten lieben, wenn wir es nur noch hätten. Doch auch das Übriggebliebene ist unglaublich schön: die wildromantischen Küsten, die ewig weiter schlagende Brandung, das durchdringende Rauschen der Wälder, die sandweichen und die steinigen Strände, das Wechselspiel der Wolken und des Wetters, die windumwehten Höhen der unzähligen Hügel, das wogende Schilf und der Seeadler hoch über allem.
Und hieraus entspringt auch der neue Strom des Daseins, der irgendwann im 19. Jahrhundert unmerklich begann und inzwischen den Jahresrhythmus des Fördenlandes bestimmt. Sein sommerliches Anschwellen sichert die wirtschaftliche Basis einer ganzen Region. Sein saisonaler Wechsel ist der Herzschlag der Gegenwart. Die Menschen haben begriffen: Es gibt kein Zurück in vergangene Sünden, es gibt nur ein Zurück zur Natur. So hat der Tourismus, nach vielen Jahrzehnten, in denen er seine eigenen Grundlagen zerstörte, wieder gefunden, worauf er sich einst gründete und was ihn immer gegen alle Betonarchitektur und Massenvermarktung am Leben hielt: aufgehoben zu sein in einer erholsamen und intakten Ostseelandschaft.

Bei Kollund

Auf der Flensburger Förde

Die Menschen im Fördenland

Weltgewandt und heimatverbunden

Zwischen der Kieler und der Flensburger Förde liegen keine unentdeckten Welten. Doch Gäste erleben immer wieder versteckte Winkel und in ihnen Menschen, die etwas Besonderes zu berichten haben. Dies gilt für die Prinzessin auf einem der schönsten deutschen Wasserschlösser ebenso wie für den vom Leben enttäuschten Austernzüchter oder die einst aus Ostpreußen entkommene Pensionswirtin. Kriege haben an der schleswig-holsteinischen Ostküste überhaupt mehr Spuren in den Biografien hinterlassen als an der unzugänglicheren Westküste.

Im Fördenland fand und findet sich mehr Begehrtes und mehr Begehrlichkeit.

Der hier zahlreich vertretene Adel auf seinen oftmals idyllisch gelegenen Schlössern und Gütern, die wohlhabenden Kaufmannschaften der Städte, die Reeder und Kapitäne, die gewachsene Schicht der Gebildeten, die Handwerker und die Leute auf dem Lande und in den Dörfern – alle haben sich und das Ihrige häufiger verteidigen müssen als etwa die Nordfriesen, deren größter Feind lange Zeit das Meer war. Doch vom Fördenland aus sind auch stets mehr und wichtigere Impulse

Die Hände von Töpfer Stock in Kappeln

Liegewiese am Bistensee

Auf der sommerlichen Missunder Schleifähre

»Brarupmarkt« in Süderbrarup

In Arnis

in die Welt gegangen. Glücksburg darf unbestritten als die Wiege der europäischen Adelshäuser gelten, Flensburg war viele Jahrzehnte Teil des berühmt-berüchtigten Schimmelmann'schen Dreieckshandels, der die Rumstadt mit Afrika und den dänischen Karibikinseln verband, Kiels 1665 gegründete Christiana Albertina entfaltete alsbald ihre akademischen Wirkungen weit über die Landesgrenzen hinaus.

Aber auch einfachere Lebensziele wurden im Fördenland leichter erreicht. Eckernförde galt lange als eine der bedeutendsten Werftstädte im Ostseeraum und war zudem fast weltbekannt durch seine »Kieler Sprotten«. Aus Angeln exportiert man bis in die Gegenwart bestes Vieh in alle Erdteile. Die Kieler Woche ist die größte Segelveranstaltung der Welt und Kiel war 1936 und 1972 Ausrichter der olympischen Segelwettbewerbe.

Die Häfen des Fördenlandes sind bis heute die Tore zum Norden und Osten Europas, Tore, durch die auch entscheidende Einflüsse geschahen und geschehen. Ein Tag auf der Kieler Förde offenbart einem die Bilder, die die Einheimischen geprägt haben und die sie lieben: Riesige Fähren erscheinen am Horizont und laufen geruhsam in den Hafen, Kreuzfahrtschiffe liegen an den Kais, reger Schleusenverkehr entlässt Containerfrachter ins Meer und nimmt neue auf, Fördedampfer quirlen sich dazwischen hindurch von Ufer zu Ufer, Segelyachten tuckern vorüber, Jollen schießen in den Wind und weit im Innern der Förde erheben sich die blauen Bauten einer legendären Werft.

Im Kieler Hafen gab es am Ende des Ersten Weltkriegs den wagemutigen Aufstand der Matrosen gegen eine unverantwortliche kaiserliche Kriegsführung. Im Zweiten Weltkrieg wurde Kiel durch alliierte Bombenangriffe fast vollständig zerstört. Von hier nahm auch die wohl größte politische Krise der Bundesrepublik, die sogenannte Barschel-Affäre, 1987 ihren Ausgang.

Im Süden des Fördenlandes mündet der Nord-Ostsee-Kanal, wie es schon sein Vorgänger, der 1777 bis 1784 errichtete Schleswig-Holsteinische Kanal, tat, in die Ostsee. Der Kanal ist seit Langem die meist befahrene Wasserstraße der Welt,

In Haithabu

Auf dem Gottorfer Landmarkt

ein von den Einheimischen mit stiller Genugtuung quittierter Superlativ.
Im Westen verläuft ein historischer Transitweg, der das »landläufige« Gegenstück zum Kanal darstellt: der Ochsenweg. In den sandigen Trassen der Holsteinischen und Schleswiger Geest zieht sich ein breiter Fahr- und Treibweg aus dem Hamburger Raum bis hinauf ins dänische Jütland, sozusagen die Verkehrsader der vergangenen Jahrhunderte. Im Dänischen heißt der Ochsenweg, der viele Verzweigungen besitzt, bezeichnender Weise Heerweg, da auf dieser Sandspur die dänischen Truppen nach Süden und im Bedarfsfall auch in umgekehrter Richtung fuhren und marschierten. Dann ging es den Einheimischen am Rande des Weges zumeist schlecht. Sie hatten nicht nur für den ordentlichen Zustand der Trasse zu sorgen, was bei den hiesigen Wetterverhältnissen kein leichtes Unterfangen war, sie mussten auch die Drangsale und Verpflegungswünsche der Soldateska ertragen.
Schleswig-Holstein war und ist eben ein Transitland in alle Richtungen, ein Land, in dem es aber auch eine sehr bodenständige Bevölkerung gibt.

Europäer im besten Sinne

Die tiefe Heimatverbundenheit der Menschen an und zwischen den Förden rührt vom ständigen Erlebnis des Fremdartigen her. Dem Gefühl der Verunsicherung hat man das Gefühl der Verwurzelung entgegengesetzt, eine Haltung, die mehr als nur Emotion ist. Wer sich zu Hause fühlt, lässt Taten folgen.
Die inzwischen immer zahlreicher werdenden Urlaubsgäste, die diese Ostseelandschaft besuchen, erleben hier eine Bodenständigkeit, die der schwäbischen, sächsischen oder bayerischen in nichts nachsteht. Doch es kommt eben noch ein sehr spezielles Gewürz hinzu: Man spürt, dass die Schleswiger und Holsteiner niemals wirklich ein selbstständiges Staatswesen besessen haben. Sie orientieren sich stets nach etwas oder jemandem und schauen deshalb weniger auf sich als auf andere. Hierbei eine eigene Identität gefunden und bewahrt zu haben, ist das wirklich Rätselhafte im Wesen der Einheimischen. Dieses Element des Unbestimmbaren findet sich ganz besonders in den Menschen an den Förden.
Der dänische Einfluss ist hier noch immer unverkennbar und sehr wirksam. Immerhin liegt die mehr oder weniger gewaltsame Übernahme durch die Preußen 1867 nur wenige Generationen zurück und hat beiderseits der jetzigen Grenze nicht nur Narben, sondern auch eine deutliche Desillusionierung hinterlassen. Die Schleswiger, mehr noch als die »deutschen« Holsteiner, haben wenig Vertrauen zu entfernten Machtzentren gleich welcher Art, dies gilt für Kopenhagen ebenso wie für Berlin oder neuerdings Brüssel beziehungsweise Straßburg.

Am Nord-Ostsee-Kanal bei Levensau

Auf dem Ziegenhof in Dollerupholz

Auf der Eckernförder Hafenbrücke

Bei Friedrichsort während der Windjammerparade

Käsemeister in der Käserei Holtsee

Auf dem Südermarkt in Flensburg

Surfer am Schilkseer Fördeufer während der Kieler Woche

Im Laboer Hafen

Und so ging und geht man vor allem seinen eigenen Weg, und zwar gemeinsam beiderseits der Grenze. Dies ist auch ein zutiefst europäisches Phänomen, nämlich das tatsächlich gelebte »Europa der Regionen«, ohne großes politisches Tamtam, ohne deutsches oder dänisches Aufsehen, ohne Anstoß von außen oder gar dauernde Anleitung. Die Schleswiger und ganz besonders die Menschen an den dänischen und deutschen Fjorden und Förden haben die Sache selbst in die Hand genommen und regeln ihre Angelegenheiten eigentlich autonom. Kiel und Kopenhagen nicken die Dinge in der Regel vertrauensvoll ab.

Und das Vertrauen ist bewährt und berechtigt. Wer den Grenzverkehr der letzten Jahrzehnte, auch nach dem unsäglichen Dritten Reich und der Besetzung Dänemarks durch Nazi-Truppen aus der Ferne wahrnimmt, mag erstaunt sein. Für die Einheimischen nördlich und südlich der Grenze ist es gelebter normaler Alltag in einer gemeinsamen Heimat, egal welchen Namen sie trägt. Dieses übernationale Element bei gleichzeitiger Heimatverbundenheit ist mit Worten kaum greifbar. Man muss es erleben: beim Einkaufen in Flensburgs Gehzone, beim Festmachen in Sonderburgs Hafen, auf den Kappelner Heringstagen, bei der Kieler Woche oder der Flensburger Rumregatta, beim Möbelkauf in Kollund oder beim Shantysingen auf dem Laboer Fischmarkt, an der Stränden von Horuphav, Kronsgaard oder Kalifornien, im »Universe« auf Alsen, in der »Phänomenta« am Nordertor oder im Gettorfer Tierpark, auf den Schlössern Amalienborg, Glücksburg, Gottorf oder Louisenlund, auf dem Schleswiger Holm, im »Fachgespräch« an den Holtenauer Schleusen, im Haithabu-Museum oder auf dem Aschberg in den Hüttener Bergen.

Die Weltläufigkeit der Menschen, die selbst auch gerne reisen und davon erzählen, spiegelt sich auch in vielen Biografien hier Geborener wider. Ein Beispiel mag das Leben und Wirken des berühmten Malers Emil Nolde sein, der im deutsch-dänischen Grenzraum als Emil Hansen im Dorf Nolde 1867, also im Jahr der preußischen Annektion Schleswigs, geboren wurde, in Flensburg ausgebildet wurde, durch die Welt kam, unter anderem auf Alsen arbeitete und schließlich im nordfriesischen Seebüll seinen Altersfrieden fand. Und hier hat sich der Künstler eigentlich selbst eine bleibende Erinnerungsstätte für sich und seine Kunst gebaut, ein Vermächtnis, das die dortige Stiftung wirkungsvoll und zukunftsweisend fortsetzt.

Ein anderes Beispiel ist das Leben des Luftschiffpioniers Hugo Eckener, der 1868 in Flensburg geboren wurde und dessen Arbeit ihn in und um die ganze Erde führte. Es ist eine humorvolle Randnotiz seiner Biografie, dass ausgerechnet er Sohn eines Zigarrenfabrikanten war, wo er doch selbst später mit »fliegenden Zigarren« zu tun bekam.

Das Fördenland und seine Menschen machen es Fremden leicht, sich hier zu Hause zu fühlen, ohne hier zu Hause zu sein. Und wahrscheinlich ist dieses unmittelbare Miterleben der hiesigen entspannten Mentalität der Grund dafür, warum sich die Gäste aus nah und fern im Fördenland genau so wohl fühlen wie die Einheimischen!

Halb dänisch – halb deutsch: die Flensburger Förde

Von unteilbarer Schönheit und anderen Gemeinsamkeiten

Wenn man nicht wüsste, dass mitten durch die Flensburger Förde die deutsch-dänische Grenze verläuft, man könnte es dem Flensborg Fjord nicht ansehen. Dies mag auch für andere Grenzgewässer gelten, doch hier ist es auf besondere Weise verborgen.
Die Flensburger Förde zieht sich 40 bis 50 Kilometer lang in vielen Winkeln und Windungen ins Land hinein und endet in der Flensburger Innenstadt. Dort liegt auch der westlichste Punkt der gesamten Ostsee. Von allen Förden besitzt sie die größte Wasserfläche.
Sie ist ein außergewöhnlich schönes und beliebtes Segelrevier mit vielfältigen Winden und stets neuen Landsichten, zum Beispiel auf die Ochseninseln vor der dänischen Küste oder auf die Halbinsel Holnis mit ihrer unter dem Kliff auslaufenden flachen Landzunge. Dies ist nach List auf Sylt Deutschlands zweitnördlichster Zipfel. Langballigholz am Südufer besitzt den einzigen Fischereihafen der Förde. Segler kennen auf jener Höhe dort die zauberhaften Geschwisterkirchen von Kekenis und Neukirchen, die beide ufernah übers Wasser grüßen. Am Naturschutzgebiet der Geltinger Birk läuft die Flensburger Förde in die offene Ostsee aus.
Eine Fahrt auf der Förde macht man am besten von Flensburg aus mit dem regulären Schiffsverkehr. Auf dem Törn nach Glücksburg umrundet das Schiff die Ochseninseln und nähert sich der dänischen Küste bis auf wenige Meter. Man kann auch ganz nostalgisch mit der Alexandra fahren, dem berühmten Dampfschiff, das allerdings nur Wochenend- und Einzeltouren unternimmt.
Viele kennen die Flensburger Förde auch von den großen Segelveranstaltungen der Traditionsschiffe her, etwa von der Rumregatta, wo man auch als mitfahrender Gast an Bord willkommen ist. Sportsegler und Motorbootfreunde, die in einem der Fördehäfen stationiert sind, erkunden die malerischen Ufer und Liegeplätze auf eigene Faust und kommen dabei natürlich ganz verborgenen Win-

Der historische Dampfer »Alexandra« im Flensburger Hafen

Segler während der Rumregatta

keln auf die Spur, beispielsweise zwischen den Ochseninseln oder an verschwiegenen Stegen entlang des Nübeler Noors oder um Langballigau. Dazu gibt es ungezählte Plätze am Ufer, von denen aus man die Fördelandschaft genießen kann. Wunderschöne Rad- und Wanderwege verlaufen auf beiden Seiten oftmals parallel zum Strand oder führen über hohe Küstenstrecken mit fantastischen Weitblicken.

Schusterkate und Gendarmenweg – zwei liebenswürdige Grenzphänomene

In der Bucht von Wassersleben ganz im Westen der Förde versammeln sich alljährlich die Traditionssegler der Rumregatta, um ihren Kurs auf der Binnenförde zu beginnen. Am nördlichen Winkel dieser Bucht verläuft eine kleine schmale Holzbrücke über die in die Ostsee mündende Krusau, den hiesigen »Grenzfluss« zwischen Dänemark und Deutschland. Die Brücke stellt den kleinsten Grenzübergang zwischen beiden Ländern dar und heißt Schusterkate. Hier beginnt auch der berühmte Gendarmenweg (Gendarmstien).
Nach der Volksabstimmung über die Grenzziehung im Jahre 1920 verlief die neue Grenze in der Mitte der Krusau. Auf beiden Seiten entstanden nationale Minderheiten, die erst mit dem Bonner Abkommen von 1955 volle eigene Rechte erhielten, unter anderem die Pflege von Sprache und Kultur und nationale Zugehörigkeit. So wurde die Grundlage für ein friedliches Zusammenleben der Menschen in der deutsch-dänischen Grenzregion gewährleistet.
Erst mit dem Schengen-Abkommen vom 25. März 2001 verloren die Grenzübergänge ihre Bedeutung. Heute wird nur das Hinterland überwacht. Der Schlagbaum am Krummen Weg von Schusterkate ist der letzte, der an der deutsch-dänischen Grenze existiert.
Nach 1912 wurde die Bucht an der Krusau-Mündung in die Flensburger Förde durchdämmt, damit der Zugang zum Flensburger Stadtwald, der auf der dänischen Seite der Grenze liegt, leichter zu erreichen war. Zu dem Dammprojekt gehörten Pläne zum Bau eines Villenviertels, aber die Mittel konnten nicht aufgebracht werden, so wurde nur das Haus »Schusterkate« gebaut.
1920 wurde der Kontrollposten eingerichtet, man musste aber im Besitz einer besonderen Passierkarte sein. Vor dem Bau der Brücke konnte man mit einem Ruderboot herübergefahren werden. Heute gilt die Schusterkate als Begriff für einen der ungewöhnlichsten Grenzübergänge Europas.

Der Gendarmenweg (Gendarmsti) östlich von Kollund

Am alten dänischen Grenzstein von 1920 betritt man den Gendarmenweg, benannt nach den blau uniformierten Grenzgendarmen, die fast vier Jahrzehnte lang die dänische Grenze bewachten und die Schifffahrt in der Flensburger Förde kontrollierten. Die Patrouille ging zu Fuß und jeder einzelne Gendarm war für einen bestimmten Grenzabschnitt zuständig. An einigen Uferstrecken gab es vorher schon Wege und Pfade, die die Gendarmen auf ihrem Wachgang benutzen konnten. An anderen Stellen wurden neue Pfade über private Grundstücke gelegt. Auf diese Weise entstand der Gendarmenweg, dänisch Gendarmstien.
Heute startet am Grenzübergang der gleichnamige 74 Kilometer lange Wanderweg, der durch eine faszinierende Landschaft mit überwiegenden Uferstrecken führt.

Der Grenzübergang Schusterkate

Die Bucht von Wassersleben

Tradionssegler auf der Flensburger Förde

Die große Ochseninsel

Erdklumpen vom Schuh des Riesen

Die beiden dänischen Ochseninseln (Okseøer), die man als echte Wahrzeichen der Flensburger Förde bezeichnen darf, wirken wie zwei ins seichte Wasser geworfene Erdbrocken. So sollen nach einer bekannten Sage die Ochseninseln aus abfallenden Lehmklumpen vom Schuh eines Riesen entstanden sein, der einst versuchte, die Flensburger Förde von Süderhaff (Sønderhav) nach Glücksburg zu überspringen. Der Versuch misslang, weil der Riese nicht weit genug sprang und im Wasser landete. Dabei fielen Erdklumpen von den Schuhen des Riesen, wodurch die Ochseninseln entstanden.

Die größere Insel (Store Okseø) ist an ständige Einwohner verpachtet, die kleinere Lille Okseø ist unbewohnt. Die Gewässer auf der Landseite sind ideale Ankerplätze für Sportboote und geben der ganzen Szenerie eine sehr romantische Note. Auf der großen Insel gibt es ein gemütliches Lokal, das man auf Anforderung in der Saison mit dem Fährboot erreicht.

Die erste urkundliche Erwähnung der Ochseninseln findet sich im Erdbuch des König Waldemar II. von Dänemark mit der Bezeichnung »Oxenör minor et major«. Bekannt ist auch die Nutzung der Ochseninseln als Weidefläche des Schlosses Duburg in Flensburg, das 1411 gebaut wurde. Im 16. Jahrhundert war das Gebiet rund um die Ochseninseln im Besitz des Herzogs Hans des Jüngeren. Zu dieser Zeit waren die Inseln vermutlich schon dauerhaft bewohnt.

Schon um 1800 gab es auf der kleinen Ochseninsel eine Gaststätte, die im Sommer geöffnet hatte und gerne besucht wurde. Am 13. November 1872 zerstörte eine verheerende Sturmflut alle Gebäude der Insel, der Inselkrug kam unter den Hammer. 1881 kam die Insel in den Besitz des Flensburgers Emil Ebsen aus Flensburg, der die Insel zu seinem Sommerdomizil mit Park umgestaltete und zahlreiche Wege mit Bänken sowie antiken Vasen und Skulpturen anlegte. 1919 erwarb Rigmor Bardram Mayer die Insel und verkaufte sie 1933 an den dänischen Staat. Seit 1963 befindet sich dort ein Schullandheim. Der Park ist inzwischen leider verschwunden und die Insel wirkt wieder wild und urtümlich.

Die Bewohner der großen Ochseninsel lebten bis zur Sturmflut 1872 von der Landwirtschaft und der Fischerei. Zu Beginn des 18. Jahrhunderts soll auf der Insel bereits Bootsbau betrieben worden sein. Im Jahre 1830 ist die Insel Besitz des Gutes »Frueskov« östlich von Sønderhav. 1845 kaufte der Bootsbauer Lorenz Issack die Insel, die dessen Familie erst 1982 an die gemeinschaftlichen Erwerber Umweltministerium, Sønderjyllands Amt und Kommune Bau verkaufte. Die große Ochseninsel wird heute wieder auf etwa 7,5 Hektar landschaftlich genutzt. Auf der Insel befindet sich ein malerischer Campingplatz, auch der Werftbetrieb wurde wieder aufgenommen.

Die Ostseeworte Noor und Haff

Wenn man mit dem Schiff die Flensburger Förde hinausfährt, fällt einem der schmale Was-

Das Fährboot zur großen Ochseninsel

Dänische Lebensart beim Beobachten der Rumregatta 2008

Frühjahrssturm bei Egernsund

Blick vom Kekeniser Leuchtturm auf das Haff

Das »Alsion« am Alsensund

Die Mühle auf den Düppeler Schanzen

serweg bei Ekensund (Egernsund) ins Auge. Er verbindet die Förde mit ihrer nördlichsten Bucht, dem Nübeler Noor (Nybøl Nor). Hier befinden sich noch einige bedeutende Ziegeleien sowie das Städtchen Gravenstein (Gråsten) mit der Sommerresidenz der Königin. Zwischen Noor und beginnender Außenförde liegt die Halbinsel Broager. Östlich davon erheben sich die Düppeler Höhen, von denen herab die geschichtsträchtige Mühle grüßt. Hier haben sich Dänen und Preußen 1864 eine entscheidende Schlacht geliefert, worüber das dortige Museum ausführlich informiert.

Die Stadt Sonderburg (Sønderborg) ist nach Flensburg der größte Ort an der Förde und hat sich mit den Jahren zu einem Zentrum Süddänemarks entwickelt. Hier trennt der Alsensund (Als Sund) die Halbinsel Sundewitt von der Insel Alsen (Als). Direkt am Sund liegt der moderne Konzert- und Universitätsbau, das »Alsion«. Die Hafenszenerie ist zur See hin dominiert vom wuchtigen Sonderburger Schloss, nordwärts von den beiden Sundbrücken.

Das Höruper Haff bildet eine schmale Landbrücke zur Halbinsel Kekenis. Bei Alt Pöhl (Gammel Pøl) geht die Förde in den Kleinen Belt (Lille Bælt) über, was man auch an der merklichen Zunahme des Seeganges, der Brandung und des Windes erkennen kann.

Die Leuchttürme Kalkgrund am Südufer und Kekenis am Nordufer markieren zusammen mit der Untiefe Breitgrund (Bredegrund) den Übergang der Förde in die offene Ostsee.

Generationen von Marinesoldaten und Segelaspiranten

Mürwik (Mørvig) ist ein nordöstlicher Stadtteil von Flensburg. Der Name bildet sich aus Mür (Mühle) und Wik (kleine Bucht), bedeutet also: kleine Mühlenbucht. Uns ist Mürwik jedoch durch ein ganz anderes, wesentlich imposanteres Gebäude

Die Einfahrt ins Nübeler Noor bei Egernsund

Wochenendtörn, im Hintergrund Glücksburg

Bei Meierwik

Beobachterin bei der Rumregatta

Die Marineschule Mürwik

Der Fördedampfer am Glücksburger Anleger

Idyllische Ruhe in der Glücksburger Bucht

bekannt: die Marineschule, in der die Offiziere der Deutschen Marine ausgebildet werden. Bis 1990 gab es hier auch einen Marinestützpunkt, der allerdings dem allgemeinen Standortabbau zum Opfer fiel. Im Rahmen der Rüstungskonversion des ehemaligen Stützpunktgeländes entsteht hier zur Zeit die Marina Sonwik, ein Sportboothafen mit einer Schwimmsteganlage und attraktiven Tiefwasserliegeplätzen für große Yachten. Die ehemaligen Kasernenanlagen werden zu Eigentumswohnungen und Geschäften umgewandelt.

Ferner existierte in Mürwik noch die Marinefernmeldeschule, die auf eine lange Tradition zurückblicken konnte. Sie wurde 1902 als Marinenachrichtenschule für die Kaiserliche Marine gebaut. Seit den 1950er-Jahren haben dort bis zur Schließung im September 2002 viele Fernmeldesoldaten der Bundesmarine beziehungsweise Deutschen Marine ihre fachliche Ausbildung erhalten. Das Gebäude der ehemaligen Marinefernmeldeschule wird heute als Bundeswehrschule für strategische Aufklärung genutzt.

Dem kundigen Beobachter, der die Marineschule von der Fördeseite her betrachtet, fällt eine gewisse Ähnlichkeit mit einem anderen großen Bau deutscher Geschichte auf. Die Marineschule Mürwik wurde von 1907 bis 1910 von Baurat Adalbert Kelm nach dem Vorbild der Marienburg gebaut. Sie wird deswegen im Volksmund auch »rotes Schloss am Meer« genannt.

Nach dem 3. Mai 1945 war die Schule kurzzeitig Teil des Sonderbereichs Mürwik und diente der geschäftsführenden Reichsregierung unter Großadmiral Karl Dönitz als Regierungssitz. Am 23. Mai 1945 besetzten die Alliierten das Gelände und nahmen die letzte deutsche Reichsregierung fest.

Nach dem Zweiten Weltkrieg wurde das Gebäude zunächst Lazarett, dann als Pädagogische Hochschule und als Zollschule genutzt. Im November 1956 übernahm die neu gegründete Bundesmarine (seit 1990 »Deutsche Marine«) die Gebäude, die dort bis heute ihre Offiziere ausbildet.

Die Hanseatische Yachtschule (HYS) in Glücksburg ist die traditionsreichste und größte Segelschule Deutschlands. Sie wurde 1925 gegründet und gehört dem Deutschen Hochseesportverband Hansa e.V. (DHH).

In der Hanseatischen Yachtschule werden pro Jahr etwa 2500 Segler ausgebildet. Segelcrews der Hanseatischen Yachtschule aus Glücksburg wurden durch erfolgreiche Teilnahmen an bedeutenden internationalen Regatten bekannt. Die HYS konnte und kann sich auf einflussreiche und prominente Förderer stützen. Als bestes Beispiel hierfür dürfte die an die Yachtschule gespendete Yacht Germania V der Familie Krupp gelten.

Der Einsatz ehrenamtlicher Segelausbilder, die ab einer bestimmten seglerischen Qualifikation die Kurse leiten, bildet die Basis der hiesigen Ausbildung. Neben der HYS unterhält der Deutsche Hochseesportverband Hansa e.V. weitere Segelschulen am Chiemsee (CYS) und auf Elba (YSE).

Golfplatzpanorama über die Bokholmer Wik

Im Hafen von Langballigau

Strandpartie bei Habernis

Das Holnis-Kliff in der Abendsonne

Einmal um die Spitze

Holnis (Holnæs) ist eine Halbinsel, die auf einer Länge von sechs Kilometern nord-östlich der Stadt Glücksburg in die Flensburger Förde hinausläuft. Die sehenswerte Steilküste kann auf einem Rundwanderweg, der auch um die flache Spitze der Halbinsel führt, erkundet werden. Eine naturbelassene Salzwiese birgt eine bedeutende Brutkolonie für Seevögel. Die Spitze von Holnis markiert den nördlichsten Festlandspunkt Deutschlands.
Die zwischen dem Glücksburger Ortsteil Schausende (Skovsende = Waldende) und der Spitze der Halbinsel liegende Steilküste ist ein Ergebnis der tektonischen Verformungen durch die letzte Eiszeit. Diese ist für die Landschaftsentstehung der gesamten Ostküste im Norden Schleswig-Holsteins verantwortlich. Die in der letzten Eiszeit entstandenen Endmoränen reichen hier bis an die Küste heran und sind durch die Brandung der Jahrtausende zu einer Steilküste abgespült worden.

Blick von Holnis Richtung Osten auf die dänische Küste

Von Zeit zu Zeit bricht auch heute Erdmaterial aus den unterhöhlten Stellen ab und bleibt an der Brandungskante liegen. Es kann vorkommen, dass regelrechte Schollen abrutschen, da die Moränen von zahlreichen Tonschichten durchzogen sind. Auf diesen wasserundurchlässigen Schichten sammelt sich das Niederschlagswasser und tritt dann an den steilen Wänden aus zahlreichen kleinen Quellen zutage.
Der im Ortsteil Drei (Draget) gelegene Bade- und Kurstrand gilt als einer der Strände mit dem besten Wasser an der Flensburger Förde, da er im Gegensatz zum Glücksburger Kurstrand nicht an der Innenförde, sondern an der Außenförde liegt. Die Außenförde hat direkte Verbindung zur offenen Ostsee und dadurch einen dauerhaften Wasseraustausch. Dieser ist in der Innenförde wesentlich geringer.
Allmählich nähern wir uns in einem weiteren Küstenbogen Langballig, das einen eigenen Hafen besitzt und seit 1988 ein anerkannter Luftkurort ist. Der Naturstrand ist bei Spaziergängern und Sommergästen sehr beliebt, da er einfach zu erreichen ist und hier auch Gastronomie und Versorgungsläden vorhanden sind.
Das Tal der Langballigau mit seinen seltenen Pflanzen- und Vogelarten steht unter Naturschutz. Der Schutz- und Fischereihafen aus den 1920er-Jahren wird heute vor allem von Seglern genutzt. Die Fördelandschaft in Langballig ist über ein gut ausgebautes Rad- und Wanderwegenetz erschlossen.

Holnis-Spitze, der nördlichste Festlandspunkt Deutschlands

Unterwegs im dänischen Fördenland

Undervejs i det danske fjordland

Die Tour beginnt in Kupfermühle, wo man den malerischen Grenzübergang Schusterkate findet, und geht weiter durch den Kollunder Wald nach Kollund. Entlang der Flensburger Förde folgt man dem bekannten Gendarmenweg, der in der Zeit von 1920 bis 1958 von den Grenzgendarmen zu Fuß benutzt wurde. Mit beschaulichen Panoramablicken über die Flensburger Förde kommt man nach Rinkenæs. Hier kann man eine der ältesten Kirchen des Landes erleben (1158) und bei Sønderhav gibt es in der Sommersaison ein Fährboot zur Großen Ochseninsel.

Die gemütliche kleine Stadt Gråsten ist um das Schloss Gråsten herum erbaut, das der Königsfamilie als Sommerresidenz dient. Wenn die Königsfamilie sich nicht im Schloss aufhält, sind der schöne Park und die Schlosskirche für die Öffentlichkeit zugänglich.

Wenn man sich Broager nähert, wird man schon aus der Ferne dessen Kirche sehen können, ein weiß gekalktes Gotteshaus aus dem 13. Jahrhundert mit seinen typischen Doppeltürmen. Ein wenig südlich des Ortes liegt das Ziegeleimuseum Cathrinesminde, dessen Gebäude 1732 errichtet wurden.

Im Geschichtscenter von Dybbøl Banke kann man die Ereignisse der Schlacht bei den Düppeler Schanzen im Jahre 1864 nacherleben. Dybbøl Mølle ist eines der stärksten dänischen Nationalsymbole.

Sønderborg (deutsch: Sonderburg) liegt auf beiden Seiten des Alsensunds und ist um das Schloss gewachsen, das kurz vor 1200 entstanden ist. Die Seefahrt war ein wichtiger Erwerbszweig vom 16. Jahrhundert bis zur Gegenwart. Das Museum im Sonderburger Schloss besitzt interessante historische Sammlungen. Im Kaufmannsmuseum Kastaniehuset stellt man alte Kolonialwaren und Kunst aus den Jahren 1940 bis 1960 aus. Das Museum der deutschen Minderheit am Rønhaveplads präsentiert die Geschichte der Minderheit seit etwa 1850.

Schusterkate – Skomakershus

Sønderhav: Annie in Annies Kiosk – Sønderhav: Annie i Annies Kiosk

Gendarmenweg bei Kollund – Gendarmsti ved Kollund (Foto: Karl Goldhamer)

Beim Hotel Fakkelgaarden – Ved Hotel Fakkelgaarden

Bei den Ochseninseln – Ved okseøerne

Die dänische Insel Alsen wird vom Kleinen Belt im Osten, dem Alsensund im Westen und der Flensburger Förde im Süden umschlossen. Die Insel ist seit 1930 mit Jütland durch die »Kong Christian den X's Bro« in Sonderburg und die Alsensund-Brücke von 1981 verbunden. Es gibt eine Fähre von Ballebro nach Hardeshøj, von Søby auf Ærø nach Mommark und von Bøjden nach Fynshav.

Die Westküste besitzt viele Buchten: Hørup Hav, der Augustenborg Fjord mit der Insel Katholm und Dyvig.

Im Mittelalter war die Insel geprägt von einer Reihe Gutsherren, die ihre eigenen Gebiete von lokalen Burgen beherrschten. Herzog Hans, der Sohn Christians III., machte die Insel zu einem schleswigschen Teil-Herzogtum und kaufte den Adel auf. Später wurde die Insel nochmals in weitere Teil-Herzogtümer zersplittert, die aber nicht lebensfähig waren und zerfielen. Im 18. Jahrhundert entwickelte sich der Herzog von Augustenborg zur dominierenden Person. Das Herzogtum wurde nach dem Landesverrat 1848 von der Krone eingezogen. Während des Nationalitätenkampfes von 1848 bis 1920 war die Inselbevölkerung dänisch gesinnt, und das zeigte sich auch bei der Abstimmung 1920, worin sich Alsen mit großer Mehrheit für eine Heimkehr nach Dänemark entschied. Doch waren die Orte eher deutsch orientiert.

Ab 1920 ist die Insel von wachsender Industrie geprägt worden, besonders nach 1945, als Danfoss sich zu einem internationalen Konzern entwickelte. Heute befindet sich der Erlebnispark Danfoss Universe auf der Insel.

Dyrehaven in Gråsten – Dyrehaven i Gråsten (Foto: Karl Goldhamer)

Inselkrug auf der Großen Ochseninsel – Øens Kro på den Store Okseø

Die Kirche von Rinkenæs – Kirke i Rinkenæs

Turen starter i Kobbermølle, hvor man finder den hyggelige grænseovergang Skomagerhus, og går gennem Kollund Skov videre til Kollund. Langs Flensborg Fjord følger man den kendte Gendarmsti, som blev benyttet af Grænsegendarmerne til fods i perioden 1920-1958.
Med flotte panoramaudsigter over Flensborg Fjord kommer man til Rinkenæs. Her kan man opleve en af landets ældste kirker (1158), og ved Sønderhav er der færgesejlads i sommerperioden til den Store Okseø.

Broager (Foto: Karl Goldhamer)

Den lille hyggelige by Gråsten er bygget op omkring Gråsten Slot, der fungerer som kongefamiliens sommerresidens. Når kongefamilien ikke opholder sig på slottet, er den smukke park og slotskirken åben for offentligheden.
Når man nærmer sig Broager, vil man kunne se Broager Kirke, en hvidkalket kirke fra 1200-tallet med dobbeltspir. Lidt syd for Broager ligger Cathrinesminde Teglværksmuseum, der blev opført i 1732.
I Historiecenter Dybbøl Banke kan man opleve begivenhederne i forbindelse med slaget på Dybbøl i 1864 blive levendegjort. Dybbøl Mølle er et af de stærkeste danske nationale symboler.
Sønderborg ligger på begge sider af Als Sund og er vokset op omkring borgen, som blev anlagt lidt før år 1200. Søfart var et vigtigt erhverv fra 1500-tallet indtil nutiden. Museet på Sønderborg Slot har interessante historiske samlinger. På købmandsmuseet Kastaniehuset udstilles der gamle kolonialvarer og kunst fra tiden 1940 til 1960. Det tyske mindretals museum på Rønhaveplads belyser mindretallets historie efter ca. 1850.
Als afgrænses af Als Sund, Alsfjord, Lillebælt og Flensborg Fjord. Øen er forbundet med Jylland med Kong Christian den X's Bro i Sønderborg (1930) og Alssundbroen (1981). Der er færge fra

Bei Egernsund – Ved Egernsund

Arnkiel Fredskov (Foto: Karl Goldhamer)

Düppeler Schanze – Dybbøl Banke

Sonderburg – Sønderborg

Ballebro til Hardeshøj, fra Søby på Ærø til Mommark og fra Bøjden til Fynshav.
Vestkysten har mange indskæringer, Hørup Hav, Augustenborg Fjord med øen Katholm og Dyvig.
I middelalderen var øen præget af en række herremænd, der beherskede hver deres egn fra lokale borge. Christian 3.'s søn, hertug Hans, fik øen som slesvigsk del-hertugdømme, og han købte adelen ud. Senere blev øen delt op i flere mindre del-hertugdømmer, der dog ikke i længden var levedygtige og derfor gik fallit. I 1700-tallet blev hertugen af Augustenborg øens dominerende person. Hertugdømmet blev inddraget af kronen efter augstenborgernes landsforræderi i 1848. Under nationalitetskampen fra 1848 til 1920 var øens befolkning afgjort dansk, og det gav sig også til kende ved afstemningen i 1920, hvor Als stemte sig hjem til Danmark med et stort flertal. Dog var byerne mere tyskprægede.
Efter 1920 har øen været præget af voksende industri. Især efter 1945, hvor Danfoss voksede til en international koncern. I dag ligger den oplevelsespark Danfoss Universe på øen.

Kegnæs

Gendarmenweg bei Hørup Hav – Gendarmsti ved Hørup Hav (Foto: Karl Goldhamer)

Auf Kegnes – På Kegnæs

Danfoss Universe

Einfach schlau auf natürliche Weise

Danfoss Universe im Norden von Als ist Dänemarks erster Erlebnispark voll von lebendigen Naturphänomenen, spannender Technik und lustigen Aktivitäten.

Hier kann die ganze Familie einen unterhaltsamen und anregenden Tag verbringen und gleichzeitig mehr über die Kräfte der Natur, die wunderbare Welt der Wissenschaft und die Technik erfahren, die unseren Alltag leichter macht.

Doch hier muss für die Unterhaltung gearbeitet werden. Denn die Aktivitäten werden erst richtig lustig, wenn man Körper und Köpfchen gleichzeitig einsetzt.

Der Park soll Kinder und Jugendliche begeistern und Interesse und Verständnis für Technologie und Naturwissenschaft schaffen.

Danfoss Universe wurde am 5. Mai 2005 eröffnet und hatte seitdem mehr als 500 000 Gäste. An seinem zweiten Geburtstag weihte Danfoss Universe einen neuen Ausstellungsbau mit dem Namen Cumulus ein. Der spektakuläre Bau beherbergt unter anderem die Ausstellung Bitland, wo durch über 20 verschiedene Attraktionen digitale Technologie an Kinder, Jugendliche und Erwachsene vermittelt wird, um sie zu inspirieren, die Technologie in ihrem Alltag zu verwenden.

Segway

Bitland

Außer den Aktivitäten im Park hat Danfoss Universe auch eine Reihe anderer Geschäftsbereiche. Im Bereich Learn arbeitet Danfoss Universe mit dem Thema Lernen in Form von Schulbesuchen und verschiedenen Projekten über das Unterrichten. Im Bereich Impact stehen Innovation und Kreativität für das Geschäftsleben im Mittelpunkt. Und in der selbstständigen Einheit Universe Research Lab wird zum Thema Spiel, Lernen, Kreativität und Innovation geforscht.

Der Park soll Kinder und Jugendliche begeistern und Interesse und Verständnis für Technologie und Naturwissenschaft schaffen.

Europas erste Segway-Bahn im Danfoss Universe: »Spring auf ein Segway und prüf deine Kräfte mit einer Technologie, bei der man Computereinsatz, Design und körperliche Interaktion miteinander kombiniert. Auf einer Bahn, gespickt mit Herausforderungen, erlebst du Körper und Technologie auf eine völlig neue Weise – nur deine Bewegungen kontrollieren den Segway.

Lehnst du dich vor, fährt der Segway vorwärts. Lehnst du dich zurück, fährst du rückwärts oder stoppst ganz.

Versuche einen Slalom auf dem Segway durchzustehen, überwinde die Hindernisse und bleibe aufrecht zwischen den Schwüngen.

Explorama

Auf der Segway-Bahn erforscht du am eigenen Körper die Technologien und Prinzipien sowohl der Gyroskop-Stabilisierung als der mechanischen Steuerung.

Um die Segway-Bahn auszuprobieren, musst du das 10. Lebensjahr vollendet haben, mindestens 35 Kilo und maximal 117 Kilo wiegen.«

Am Haupteingang des Danfoss Universe eröffnete am 10. Mai zudem die neue Attraktion »Lift a car«. Dank Archimedes' Hebelgesetz, das dieser bereits 200 vor Christus erkannte, können die Besucher einen gewöhnlichen Personenwagen mit nur wenig Kraftaufwand vom Boden heben.

Öffnungszeiten

Oktober bis April 10 bis 16 Uhr
(Wochenende 10 bis 17 Uhr)
Mai und September 10 bis 17 Uhr
(Wochenende 10 bis 18 Uhr)
Juni und August 10 bis 18 Uhr
(Wochenende 10 bis 18 Uhr)
Geschlossen vom 22. bis 26. Dezember und 31. Dezember 2008 samt 1. Januar 2009

Cumulus

Danfoss Universe

Vildt klog på naturlig vis

Danfoss Universe på det nordlige Als er Danmarks første oplevelsespark spækket med levende naturfænomener, spændende teknik og sjove aktiviteter.

Her kan hele familien tilbringe en underholdende og inspirerende dag og tilmed blive klogere på naturens kræfter, videnskabens forunderlige verden og den teknik, der gør vores hverdag lettere.

Men her skal der arbejdes for underholdningen. For aktiviteterne bliver først rigtig sjove, hvis man både bruger kroppen og hovedet i skøn forening. Parken er til for at begejstre børn og unge og skabe større interesse og forståelse for teknologi og naturvidenskab.

Danfoss Universe åbnede den 5. maj 2005 og havde i sine første to sæsoner over 500 000 gæster. På sin to års fødselsdag indviede Danfoss Universe en ny udstillingsbygning med navnet Cumulus. Den spektakulære bygning rummer bl.a. udstilling Bitland, der via 20 forskellige attraktioner formidler digital teknologi til børn, unge og voksne, så de bliver inspireret til at bruge teknologien i deres hverdag.

Ud over aktiviteterne i parken har Danfoss Universe også en række andre forretningsområder. I learn arbejder Danfoss Universe med læring i form af skolebesøg og forskellige projekter om undervisning. I Impact er der fokus på innovation og kreativitet for erhvervslivet. Og i den selvstændige enhed Universe Research Lab bliver der forsket i leg, læring, kreativitet og innovation.

Lift a car

Der Geysir im Blauen Würfel – Gejseren i Blå Kube

Europas første Segway bane i Danfoss Universe

Spring op på en Segway og prøv kræfter med en teknologi, hvor computerkraft, design og kropslig interaktion kombineres.

På en bane spækket med udfordringer oplever du din krop og teknologi på en helt ny måde – kun dine bevægelser kontrollerer din Segway:

Læner du dig forover, kører vognen fremad. Læner du dig tilbage, kører du baglæns eller stopper helt.

Se om du kan stå slalom på Segway, overvinde bakkede forhindringer og stå oprejst gennem svingene.

Bitland

På Segway banen udforsker du på egen krop teknologierne og principper bag gyroskop-stabilisering og mekanisk styring.

For at prøve Segway-banen skal du være fyldt 10 år og veje mindst 35 kilo. Vægtgrænsen i den anden ende er 117 kg.«

Nyt in Danfoss Universe: Lift a car

»Kan du gå Pippi Langstrømpe i bedene og løfte en bil med de bare næver?

Hvilket reb vil du bruge, når du skal løfte bilen?

Hvis du tænker snedigt, behøver du ikke at få sved på panden.

»Lift a car« bygger på en teknik, som Arkimedes udtænkte allerede 200 f. kr

Okt – apr kl. 10 – 16 (Weekend kl. 10 – 17)
Maj + sep kl. 10 – 17 (Weekend kl. 10 – 18)
Jun – aug kl. 10 – 18 (Weekend kl. 10 – 18)
Parken har åben hele året dog med fgl. lukkedage: 1/1, 22/12 – 26/12 og 31/12.

Danfoss Universe
Mads Patent Vej 1 · DK-6430 Nordborg
Kontakt
Tel. +45 (74 88) 74 88 (kl. 9 – 16 Uhr)
info@danfossuniverse.com
www.danfossuniverse.com

Mads Clausen

Leben und Persönlichkeit

Mads Clausen (21. Oktober 1905 bis 27. August 1966 war ein dänischer Ingenieur und Fabrikant und gründete 1933 Danfoss.
Mads (dänische Abkürzung für »Matthias«) Clausen war Sohn des Hofbesitzers Jørgen Clausen (1875 bis 1949) und Maren geborene Frederiksen (1878 bis 1948).
Nach Abschluss der Oberrealschule in Sonderburg wurde Clausen am Technikum in Odense zum Ingenieur ausgebildet und arbeitete danach unter anderem für die Gebrüder Gram in Vojens.
Die Wirtschaftskrise in den 1930er-Jahren mit den nachfolgenden Zollbeschränkungen und dem Importverbot bewirkte, dass Mads Clausen 1933 die Möglichkeit sah, selbst eine Produktion von automatischen Ventilen für Kühlanlagen zu beginnen, die bis dato nur in den USA hergestellt wurden. Ursprünglich hieß Mads Clausens Firma »Dansk Køleautomatik og Apparat-Fabrik«, aus der von 1946 an »Danfoss« wurde. 1951 wurde die große Fabrikanlage in Elsmark gegründet. Ab den 1950er-Jahren entwickelte sich Danfoss zu Europas größter Fabrik für Kühl- und Wärmeanlagen.
Mads Clausen wurde am 13. Mai 1939 in Hadersleben mit Dorothea Emma Andkjær, geborene Hinrichsen, bekannt als Bitten Clausen, getraut. Sie hatten zusammen fünf Kinder. Sie war nach Mads Clausens Tod 1966 Vorstandsvorsitzende bis 1971 und danach bis 1988 Vizevorsitzende.
1961 wurde Danfoss in eine Aktiengesellschaft mit dem »Fabrikant Mads Clausen Fond« als Hauptaktionär und Mads Clausen als leitendem Direktor umgewandelt. Der Sohn Jørgen Mads Clausen ist seit 1996 administrierender Direktor von Danfoss.
Mads Clausens Persönlichkeit und sein Talent als »Macher« waren wichtig für die rasche Entwicklung der Firma. Er sprach mit allen Mitarbeitern ohne Ansehen ihrer Stellung. Sie konnten beispielsweise in nahe gelegenen günstigen Wohnungen wohnen und an Kultur- und Freizeitaktivitäten teilnehmen. Er begriff auch schnell, dass stabiles Wachstum und Beschäftigung nur durch Export auf Märkte außerhalb Dänemarks erreicht werden konnte.
Mads Clausens Lebensleistung war vor allem der Aufbau seiner Weltfirma Danfoss. Doch man hat ihm auch hoch angerechnet, dass er nie daran gedacht hat, seine Fabrik von Nordalsen fort zu verlegen.
Mads Clausen ist begraben auf dem Friedhof von Havnbjerg.

Mads Clausen

Mads Clausen

Liv og personlighed

Mads Clausen in seinem Büro –
Mads Clausen i sit kontor

Mads Clausen (21. oktober 1905 bis 27. august 1966) var en dansk ingeniør og fabrikant. Han grundlagde 1933 Danfoss.
Mads Clausen var søn af gårdejer Jørgen Clausen (1875 bis 1949) og Maren, f. Frederiksen (1878 bis 1948).
Efter endt realeksamen i Sønderborg blev han ingeniør fra Odense Teknikum og arbejdede herefter bl.a. for Brdr. Gram i Vojens.
Krisen i 1930-erne med deraf følgende toldrestriktioner og importforbud gjorde, at Mads Clausen 1933 så muligheden for selv at begynde en produktion af automatiske ventiler til køleanlæg, som ellers kun blev fremstillet i USA. Oprindeligt hed Mads Clausens firma »Dansk Køleautomatik og Apparat-Fabrik«, som fra 1946 blev til »Danfoss«. I 1951 grundlagdes det store fabriksanlæg i Elsmark. Fra 1950-erne udviklede Danfoss sig til Europas største fabrik for køle- og varmeanlæg.
Mads Clausen blev den 13. maj 1939 i Haderslev gift med Dorothea Emma Andkjær, født Hinrichsen (»kendt som Bitten Clausen«). Hun var efter Mads Clausens død i 1966 bestyrelsesformand indtil 1971 og herefter indtil 1988 næstformand.
I 1961 blev Danfoss omdannet til et aktieselskab med »Fabrikant Mads Clausens Fond« som hovedaktionær og Mads Clausen som ledende direktør. Sønnen Jørgen Mads Clausen er siden 1996 administrerende direktør for Danfoss.
Mads Clausens personlighed og talent som iværksætter var et vigtigt led i firmaets hurtige fremgang. Han talte med alle medarbejdere uden hensyn til deres rang. F.eks. at medarbejderne kunne bo i billige boliger i nærheden og at de kunne deltage i kultur- og fritidsaktiviteter. Han forstod også hurtigt, at stabil vækst og beskæftigelse kun kunne opnås gennem eksport til markeder uden for Danmark.
Mads Clausen fortjeneste var først og fremmest skabelsen af verdensfirmaet Danfoss, men han er også anerkendt for, at han ikke valgte at flytte hovedfabrikken væk fra Nordals.
Mads Clausen er begravet på Havnbjerg Kirkegård.

Mads Clausens Museum

Mads Clausens Geburtshof

Das Mads Clausen Museum erzählt die Geschichte zum Industrieabenteuer Danfoss und dem Danfoss-Gründer Mads Clausen.Die Ausstellung schildert die Clausen Familie, den zarten Anfang und die heutige Situation der Firma. Hier kann man den Film über Mads Clausen und die alten Wohnzimmer sowie das erste Büro des Danfoss-Gründers erleben.

Die erste Fabrik und die Geschichte von Danfoss

Die Ausstellung nimmt einen mit zurück zu Mads Clausens erster Fabrik, zum Anfang des Industrieabenteuers Danfoss.

Mads Clausen Museum

Die Fabrik zeigt ausgewählte Produkte und berichtet über die ersten Danfoss-Entwickler. Gleichzeitig sind alte Werksmaschinen und ein nachgebautes Werkleiterbüro zu sehen.
Die Fabrik gibt einen Einblick in die Geschichte, wie Danfoss sich im Laufe der Zeit entwickelt hat, bis hin zu den Produkten, die wir heute kennen.

Mads Clausens Museum

Mads Clausens fødegård

Mads Clausens Museum fortæller historien bag industrieventyret Danfoss og om Danfoss-grundlæggeren Mads Clausen. Udstillingen skildrer familien Clausen, virksomhedens spæde start og nuværende stade. Se filmen om Mads Clausen og oplev de gamle stuer og Danfoss-grundlæggerens første kontor.

Den første fabrik og historien om Danfoss

Udstillingen tager dig med tilbage til Mads Clausens første fabrik fra Danfoss industrieventyrets begyndelse. Fabrikken viser udvalgte produkter og beretter om de første Danfoss-udviklere. Samtidig vises nogle af de gamle værkstedsmaskiner, ligesom værkførerkontoret er genopført. Fabrikken giver dig et indblik i historien om, hvordan Danfoss har udviklet sig gennem tiden til at fremstille de produkter, vi kender i dag.

Danfoss-Produkte – Danfoss-produkter

Mads Clausens Museum und/og Mads Clausens Geburtshof – Mads Clausens fødegård

Das gute Speiselokal der Stadt

Der Gamle Kro in Graasten

Byens gode Spisested

Den Gamle Kro i Gråsten

Der Gamle Kro in Graasten – Den Gamle Kro i Gråsten

Es ist das gute Speiselokal der Stadt seit mehr als 150 Jahren. In dem schönen alten und schiefen Haus von 1747 war jeden Tag etwas los. Hier gönnten sich die Schiffskapitäne der Stadt einen Klönschnack und einen Punsch. Die Handwerksmeister trafen sich auf ein Stück Brot und einen Gammel Dansk. Die Krämer aßen gut zu Mittag in der niedrigen Gaststube. Große Feste haben im Saal stattgefunden. Viele Gäste der Stadt haben hier – wenige Meter vom Graastener Schloss – ein gutes Essen oder eine Tasse Kaffee mit hausgebackenem Kuchen genossen. Und der Gamle Krog ist immer noch voller Leben. Das Gasthaus erscheint nach einer Modernisierung mit sanfter und liebevoller Hand als ein Ort, wo die Zeit stillsteht und Erneuerung geschieht.

Die große Stube hat Platz für 34 Mittags- oder À-la-carte-Gäste und kann auch für kleine Gesellschaften benutzt werden.

In der »Krostue« erlebt man viel Stimmung, wenn sich die Bürger der Stadt treffen auf einen Imbiss, ein Glas Bier oder einen Gammel Dansk. Hier bildet die nostalgische Umgebung den Rahmen für ein entspanntes Mittagessen oder ein gut geschenktes Bier.

Der Saal hat schon viele große Festlichkeiten gesehen. Hier ist Platz für bis zu 90 Personen. Und im Sommer öffnet sich der Ausgang dort zu Terrasse und Garten.

Die jütländische Kaffeetafel: Der Gamle Kro öffnet ganzjährig jeden zweiten Sonntag eines Monats seine Türen für die große Kaffee- und Kuchenorgie! Die Küche hat geöffnet ab 11.30 Uhr. Die Mittagskarte gilt von 11.30 bis 17 Uhr, und danach kann man à la carte essen. Montag ist geschlossen.

Eine Bemerkung in eigener Sache: Der Gamle Kro ist am 23., 24. und 25. Dezember und ab dem 31. Dezember drei Wochen geschlossen.

Die jütländische Kaffeetafel – Det store sønderjyske kaffebord

Lille Stue

Schankstube – Krostue

Det er byens gode spisested gennem mere end 150 år. I det smukke gamle og skæve hus fra 1747 har der alle dage været travlt. Det var her, byens skibskaptajner fik sig en god snak og en punch. Håndværksmestrene mødtes over en bid brød og en dram. Forretningsfolk har holdt gode frokoster i den lavloftede krostue. Store glade fester har der været i salen. Mange af byens gæster har her – få hundrede meter fra Gråsten Slot – nydt den gode mad eller en kop kaffe med hjemmebagt brød. Og Den Gamle Kro er fortsat et spillevende sted. Kroen er efter en modernisering med nænsom og kærlig hånd fortsat et sted, hvor tiden står stille, og fornyelsen finder sted.

Stor Stue har plads til ca 34 frokost eller á la carte gæster og kan også benyttes til mindre selskaber.

I Krostuen oplever man stemningen fra dengang byens borgere mødtes over en bid brød, et glas øl og en dram. I krostuen danner de nostalgiske omgivelser idag rammen om en uformel frokost eller et glas velskænket fadøl.

Salen har dannet rammen om mange store festligheder. Her er plads på op til 90 personer. Og i sommerperioden er der udgang til terrasse og have.

Det store sønderjyske kaffebord: Den Gamle Kro åbner dørene for det store orgie i kaffe og blødt brød den anden søndag i hver måned året rundt.

Køkkenet er på hverdage åbent fra 11.30. Frokostkort 11.30-17.00 og herefter á la cartekort. Mandag lukket.

Bemærk: Den Gamle Kro holder lukket den 23., 24. og 25. december og fra 31. december tre uger frem.

Den Gamle Kro · Doris Pørksen Schmidt
Slotsgade 6 · DK-6300 Gråsten
Tel. +45 (74 65) 15 67
mail@1747.dk · www.1747.dk

Benniksgaard Golf Center

Einer der schönsten Golfplätze in Dänemark
Een af Danmarks smukkest beliggende golfbaner

Benniksgaard Golf Center

Benniksgaard Golf Center bietet unbegrenzte Möglichkeiten und verschiedende Aktivitäten an. Als Golfgast spielt man auf einem der schönsten Plätze Dänemarks, und dies mit einem wunderschönen Blick über die Flensburger Förde. Das Restaurant ist auch etwas ganz Besonderes. Im hellen Lokal oder auf der Terrasse, immer mit dem Blick zur Förde, kann man Kaffee trinken oder eine Mahlzeit genießen.
Auf dem Platz ist Präzision gut. Ob man jetzt den Ball 250 oder 150 Meter spielen kann, bedeutet nicht so viel. Die Grüns sind fair und nicht zu schnell, aber so, dass der Ball schön rollen kann. Der Platz ist vom weißen Tee 5981 Meter, vom gelben Tee 5574 Meter, vom blauen Tee 5033 Meter und vom roten Tee 4678 Meter. Par ist 72.
Benniksgaards professioneller Trainer Rene Klausen ist PGA-Mitglied und hat selbstverständlich die entsprechende Ausbildung absolviert. Jeden Winter geht er auf Kurse, wodurch er immer »up to date« bleibt. Rene gibt Unterricht in folgenden Sprachen: Dänisch, Deutsch und Englisch.

Auf dem Putting Green – På putting green

På Benniksgaard Golf Center er det kun fantasien der sætter grænser. Vi tilbyder mange forskellige former for aktiviteter. Som golfgæst kommer man til at spille på en af Danmarks smukkest beliggende golfbaner. Den ligger i et let kuperet landskab lige ned til Flensborg fjord, og dermed er rammerne for en fantastisk golfoplevelse til stede.
For spisende gæster er rammerne også helt unike. I lyse rum med højt til loftet eller fra terrassen, altid med udsigt til fjorden, kan du nyde alt fra en kop kaffe til en 5 retters menü med udsøgte vine.
På Benniksgaard er det fint at kunne flytte bolden en fornuftig længde, men vigtigere er det at være præcis. Ikke som proerne nødvendigvis, men nok til at slå hen over 50 meter vand.
Greens er meget ensartede og med en hastighed omkring dansk middel. Banen er ikke blandt de længste. Fra hvid tee 5981 meter, gul tee 5574 meter, blå tee 5033 meter og rød tee 4678 meter. Par er 72.
Benniksgaards professionelle træner er medlem af PGA og har selvfølgelig gennemgået og bestået PGA træneruddannelsen. Der deltages hver vinter i kurser og efterudannelse, så derfor er han til enhver tid i front med hensyn til viden om, hvad der sker på undervisningssiden.
Der undervises på følgende sprog: Dansk, Tysk og Engelsk.

Bahn 2 – bane 2

Benniksgaard Golf Center
Sejrsvej 109–113 Rinkenæs · 6300 Gråsten
Tel. +45 (74 65) 22 68 · Fax +45 (74 65) 29 09
info@benniksgaard.dk
www.benniksgaardgolfcenter.dk

Das kleine Hotel mit den vielen Möglichkeiten

Willkommen im Benniksgaard Hotel & Konferenz-Center

Det lille hotel med de mange muligheder

Velkommen til Benniksgaard Hotel & Konference Center

Mitten in der hügeligen Natur Südjütlands mit großartigem Blick über die Flensburger Förde, steht das kleine, gemütliche Hotel Benniksgaard.
Umgeben von ländlicher Idylle herrscht im ganzen Haus eine entspannte Atmosphäre, die der Seele aller Gäste guttut.
Im ehemaligen Stallgebäude des Hofes Benniksgaard wurde das Hotel mit 41 Zimmern, vier Konferenzzimmern und einem Restaurant eingerichtet. Stimmung und hohe Qualität kennzeichnen diese Gaststätte und macht sie zu etwas ganz Besonderem.
Darüber hinaus gehört zum Hotel, der Hof »Brændstoft«, früher als Schullandheim genutzt, der heute für Familien- und Firmenveranstaltungen genutzt wird.

Interieur

Die Wellness-Abteilung ist in einem Luxusappartment eingerichtet, wo es Sauna, einen Whirlpool und zwei Behandlungsräume gibt. Man bekommt hier verschiedene Arten von Massagen, Behandlungen und duftenden Bädern. Im Wohnzimmer sind Liegestühle. Von hier hat man eine Aussicht über den Golfplatz und die Flensburger Förde. Es sind immer frische Früchte, Wasser und Tee vorhanden.
Auf Benniksgaard hat die Kombination von Essen und Musik an einem gemütlichen Abend eine lange Tradition. Mit dem Ausgangspunkt in einem nach der Musik abgestimmten Menü wird das Essen in Form eines Büfetts im Wechsel mit den Musikdarbietungen serviert.
Als Beitrag zu einem gelungenen Abend werden von mehr oder weniger bekannten Personen Konzerte der Genres Jazz, Klassik, Volksmusik und Blues geboten, diverse Vorträge gehalten oder Gedichte vorgetragen.
Ausgehend von den Erlebnissen der Jahreszeiten, wie beispielsweise der Jagd- und Angelsaison, Ostern, der Erntezeit sowie dem kulturellen Aktivitätskalender des Hotels Benniksgaard und der Umgebung, werden laufend unterschiedliche Angebote zusammengestellt. Diese ermöglichen dem Gast ein Erlebnis, das mit einem Ausflug ins Blaue zu den vielen Kulturschätzen des Landesteiles, mit einer Runde Golf auf dem Benniksgaard Golfplatz oder einem Besuch im alten Flensburg südlich der Grenze kombiniert werden kann.
Eine Konferenz oder ein Meeting im Hotel Benniksgaard ist mehr als nur ein Essen, ein Overheadprojektor und vielleicht ein Bett – es ist ein Erlebnis!

Die ansprechenden Räume sind im ehemaligen Kornspeicher des Hofes eingerichtet. Der rustikale Rahmen, die große Flexibilität, die Gemütlichkeit und die Ruhe in Kombination mit hohem technischem Standard und vielfältigen Eventmöglichkeiten machen das Hotel Benniksgaard zum genau richtigen Ort, bei dem Ziele erreicht werden.
Die Räumlichkeiten (der größte Raum bietet Platz für bis zu 60 Personen) haben alle Tageslicht mit der Möglichkeit der Verdunkelung. Weitere Einrichtungen sind Flipcharts, Whiteboard, Overheadprojektor, Festnetz- und Mobilnetz-Internetzugang.

Gästehaus – Stuehuset

Luxusappartement – Luksusappartement

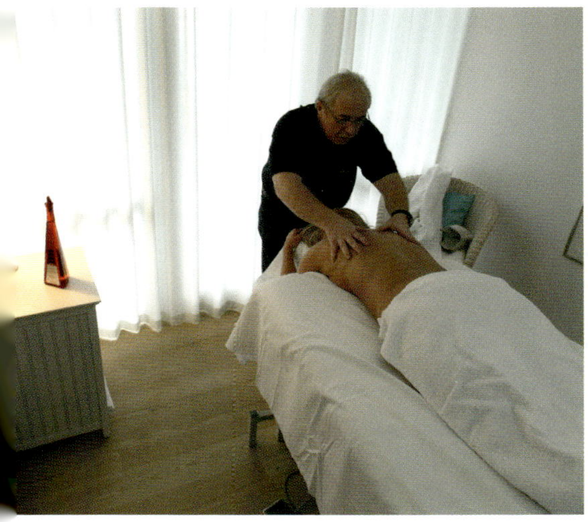

Im Wellness-Bereich – I velvære oasen

Benniksgaard Hotel

Midt i den bakkede sønderjyske natur, med udsigt over Flensborg Fjord, ligger det hyggelige Benniksgaard Hotel, omgivet af landlig idyl og med en afslappet atmosfære, som gør alle sjæle godt.
Hotellet, der er opført i de tidligere staldbygninger til gården Benniksgaard, har 41 værelser, 3 mødelokaler og en restaurant. Derudover råder hotellet også over 10 smukke Ferielejligheder.
Stemningen kombineret med høj kvalitet og stor fleksibilitet gør stedet til noget helt særligt.
Så ønsker man et afslappende weekendophold, et golfophold, wellness eller at afholde et møde eller en konference, så har Benniksgaard Hotel & Konference Center de perfekte rammer.
Velvære oasen er indrettet i en luksus lejligheder, hvor der er sauna og spa, samt 2 behandlingsrum. Her kan man bestille forskellige former for massager, behandlinger og velduftende bade.
I stuen, med liggestolene og udsigt over golfbanen og Flensborg Fjord, er der altid frisk frugt, juice, vand og te.
På Benniksgaard er der lange traditioner for at kombinere mad og musik til en hyggelig aften.
Med udgangspunkt i en menu afstemt efter musikken, serveres maden som buffet, hvor musikken spiller mellem retterne.
Der afholdes koncerter inden for genrerne jazz, klassisk, folkemusik og blues, der er foredrag og oplæsning af digte, hvor kendte og mindre kendte bidrager til en fornøjelig aften.
Med udgangspunkt i årstidernes kulinariske muligheder som f.x. jagt- og fiskesæson, påske, høst og den kulturelle aktivitetskalender på Benniksgaard Hotel og i omegnen, vil der løbende blive sammensat tilbud som giver gæsten mulighed for en oplevelse, som fint kan kombineres med en udflugt ud i det grønne forbi landsdelens mange kulturskatte, en tur over Benniksgaard Golfbane eller et besøg syd for grænsen i det gamle smukke Flensborg.
En konference eller et møde på Benniksgaard Hotel er mere end lidt mad, en overhead og måske en seng – det er en oplevelse!
De atmosfære fyldte lokaler er indrettet i gårdens gamle kornkamre. De rustikke rammer, den store fleksibilitet, hyggen, roen, kombineret med høj tekniske standart og alsidige eventmuligheder gør Benniksgaard Hotel til stedet, hvor målene bliver nået.
Lokalerne, som i det største lokale kan rumme 50 personer, har alle dagslys med mulighed for mørklægning. Der er flipover, whiteboard, overhead samt fastnet og trådløs internet gratis til rådighed.

Benniksgaard Hotel
Sejrsvej 101, Rinkenaes · 6300 Gråsten
Tel. +45 (74 65) 09 49 · Fax +45 (74 65) 09 50
info@benniksgaardhotel.dk
www.benniksgaardhotel.dk

Kollund Møbler

Hier kann man Inspiration finden – Her kann man hente inspiration

Wer sein Zuhause mit Qualitätsmöbeln einrichten möchte, kommt an »Kollund Møbler« nicht vorbei! Hier kann man sich inspirieren lassen und sieht sich umgeben von schönen Design Möbeln zum genau richtigen Preis. Hier bekommt man eine gute Fachberatung. Man kann auch einmal eine Pause in der gemütlichen Kaffee-Ecke machen.
»Kollund Møbler« liegt inmitten einer wunderschönen Naturlandschaft direkt an der Flensburger Förde mit dem Gendarmenweg und den Ochseninseln.
Die Adresse des Einrichtungshauses direkt an der Flensburger Förde wird unter Urlaubern hoch geschätzt: Oberste Maxime ist, dass sich die Kunden in ihrer neuen Einrichtung auch wohl fühlen. Dabei fällt vielen die Entscheidung nicht immer ganz leicht. Ob klassisch, modern, Designerstücke oder Architektenmöbel: Eine breite Palette steht bei »Kollund Møbler« in bester Qualität zur Auswahl. Es gibt gute Gründe, warum man gerade hier einkaufen sollte: ein schönes und spannendes Möbelhaus, 5000 Quadratmeter Möbel und Kunstgewerbe auf mehreren Etagen, Riesenauswahl und fachkompetente Beratung.

Öffnungszeiten:
Montag bis Freitag 10 bis 17.30 Uhr
Sonnabend bis Sonntag 10 bis 16 Uhr

Wohnzimmermöbel – Stuermøbler

Eingang – Indgang

Esszimmer – Spisestuer

Einrichtungshilfe – Indretningshjælp

Den der ønsker at møblere sit hjem med kvalitets møbler kommer ikke uden om Kollund møbler! Her kan man hente inspiration og se sig mæt i smukke og smarte Design Møbler til den helt rigtige pris.
Her får man en god og professionel rådgivning, efter behov kan I aftale tid med vores egen indretnings arkitekt og så har I samtidig mulighed for en pause i vores hyggelige kaffehjørne.
Kollund møbler ligger midt i natur skønne omgivelser lige ned til Flensborg fjord, med gendarm stien og Okse øerne.
En adresse som er højt værdsat blandt de tusindvis af turister som passerer Kollund hvert år.
Den brede udvalg består af tidløse og smukke møbler blandet med spidserne indenfor Arkitekttegnede design møbler.
Det er gode grunde til at handle her: et flot og utradtionelt møbelhus, 5000 m² møbler og brugskunst i flere etager, kæmpe-udvalg og kompetent rådgivning.

Åbningstider:
Mandag–Fredag 10–17.30
Lørdag–Søndag 10–16

Schlafzimmer – Soveværelse

Kollund Møbler
Fjordvejen 15, Kollund
DK 6340 Kruså
Tel. +45 (74 67) 87 12
info@kollund.dk
www.kollund.dk

Fakkelgaarden – ein sinnliches Erlebnis, das über das Übliche hinausgeht
Fakkelgaarden – en sanselig oplevelse ud over det sædvanlige

Fakkelgaarden heißt Verwöhnen aller Sinne als Gast in einem der am schönsten gelegenen Hotels Dänemarks, wo verblüffende französische Speisen, luxuriöse Umgebungen, professionelle Bedienung und stilvolle Atmosphäre zu einer höheren Einheit werden.
Ob man im Turmrestaurant speist, in einem der individuell eingerichteten Zimmer übernachtet oder als Gast an einer Veranstaltung oder Konferenz in einer der Veranstaltungslokalitäten teilnimmt, alles ist durchdacht bis ins kleinste Detail, um einen exklusiven Aufenthalt zu bescheren.
Fakkelgaarden – ein sinnliches Erlebnis, das über das Übliche hinausgeht.
Schon bevor man im Fakkelgaarden ankommt, wird man eine der schönsten Landschaften Dänemarks zu Gesicht bekommen, wo Wald, Strand und Hügel einen willkommen heißen, um Seele, Gaumen und Körper zu verwöhnen.
Fakkelgaarden bietet den Rahmen für Erlebnisse, Feste und besondere Arrangements für lokale und angereiste Gourmets.
Französische Gastronomie der Spitzenklasse, der besondere Sinn für Qualität und das kompromisslose Verhältnis zu Rohwaren hat Fakkelgaarden zu einem exklusiven Restaurant mit sehr hohem gastronomischen Niveau werden lassen.
Fakkelgaarden verfügt über 26 individuell eingerichtete Zimmer und Suiten mit Kabelfernsehen, Minibar, Hotspot für Internet und Telefon.
Und am nächsten Morgen startet man mit einem überaus reichhaltigen Frühstücksbüffet ...

Hotel Fakkelgaarden in Kollund – Hotel Fakkelgaarden i Kollund

Eines der gemütlichen Zimmer im Fakkelgaarden – Et af Fakkelgaardens hyggelige værelser

Fakkelgaarden ist weithin berühmt für sein Restaurant – Fakkelgaarden er vidt berømt for sin restaurant

Fakkelgaarden und die Flensburger Förde – Fakkelgaarden og Flensborg Fjord

Fakkelgaarden er forkælelse af alle sanser. Som gæst på et af Danmarks smukkest beliggende bo- og spisesteder vil man opleve, hvordan forunderlig fransk madkunst, luksuriøse omgivelser, professionel betjening og stemningsmættet atmosfære går op i en højere enhed.
Uanset om man spiser i restauranten i tårnet, overnatter på et af de individuelt indrettede værelser eller deltager som gæst i selskaber eller konferencer, i et af de selskabslokaler, er alt gennemtænkt ned til mindste detalje for at give en eksklusiv totaloplevelse under det ophold.
Fakkelgaarden – en sanselig oplevelse ud over det sædvanlige.
Allerede inden man ankommer til Fakkelgaarden, vil man kunne opleve et af de smukkeste områder i Danmark, hvor skov, strand og bakker byder velkommen til forkælelse for sjæl, gane og legeme.
Fakkelgaarden danner rammer for oplevelser, fester og særlige arrangementer for både lokale og tilrejsende gourmeter.
Fransk gastronomi i særklasse, køkkenets særlige sans for kvalitet og kompromisløse forhold til råvarer har gjort Fakkelgaarden kendt som en eksklusiv restaurant med et meget højt gastronomisk niveau.
Fakkelgaarden rummer 26 individuelt indrettede værelser og suiter med Kabel-TV, ISDN, minibar og telefon. Og om morgen starter man med et overdådigt tilberedt morgencomplet ...

Fakkelgaarden
HOTEL RESTAURANT

Hotel Fakkelgaarden
Fjordvejen 44, Kollund · 6340 Kruså
Tel. +45 (73 67) 83 00 · Fax +45 (73 67) 83 63
info@fakkelgaarden.dk · www.fakkelgaarden.dk

Alsion

Das Alsion liegt in Sonderburg und ist Südjütlands neues Wissens- und Kulturcenter mit Lehre, Forschung und Kultur unter einem Dach.
Das Alsion beherbergt auf 28 428 Quadratmetern die Süddänische Universität, einen privatwirtschaftlichen Forscherpark und einen der weltbesten Konzertsäle für klassische Musik, die Heimat des »Sønderjyllands Symfoniorkesters«. Heute ist das Alsion ein großartiges neues Wahrzeichen der Stadt Sonderburg.
Der erste Spatenstich zum Bau erfolgte im April 2004. Die Universitätsstudenten zogen zu ihrem ersten Studienjahr am 30. August 2007 ein und die offizielle Einweihung war am 30. Oktober 2007 in Anwesenheit Ihrer Majestät der Königin und des Kronprinzenpaares.
Das Alsion besteht aus zehn zusammenhängenden viereckigen Gebäuden, die alle eine Glasfassade besitzen. Im Inneren ist das Bauwerk ausgeschmückt vom dänisch-isländischen Künstler Olafur Eliasson.
Es war die Vision, einen Konzertsaal von Weltrang und das größtmögliche Erlebnis für das Publikum zu schaffen. Der Saal wird auch oft für Konferenzen und Theateraufführungen benutzt.
Das Café Alsion im neuen Center ist nicht nur für die täglichen Benutzer des Alsions da und besitzt eine fantastische Aussicht und eine spannende Umgebung.

Alsion

Alsion ligger i Sønderborg og er Sønderjyllands nye viden- og kulturcenter med uddannelse, forskning og kultur under ét tag.
Alsion rummer på 28 428 kvadratmeter Syddansk Universitet, en privat-ökonomiske forskerpark og én af verdens bedste koncertsale til klassisk musik, hjemsted for Sønderjyllands Symfoniorkester. Alsion er i dag et flot nyt vartegn for Sønderborg by.
Første spadestik til byggeriet blev taget i april 2004.
De universitetsstuderende rykkede ind til deres første studieår i Alsion den 30. august 2007 og den officielle indvielse var den 30. oktober 2007 under overværelse af HM Dronningen og kronprinsparret.
Alsion består af 10 sammenhængende firkantede bygninger, der alle har en facade af glas. Indendørs er bygningen udsmykket af den dansk-islandske kunstner Olafur Eliasson.
Det var visionen at skabe en koncertsal i verdensklasse og den største oplevelse for publikum.
Salen også flittigt benyttes til konferencer og teateropføringer.
Café Alsion i den nye center er ikke kun for de daglige brugere af Alsion og har en fantastisk udsigt og spændende omgivelser.

Gendarmenweg – Gendarmsti 1920 – 1958

Nach der Wiedervereinigung rückten die Grenzgendarmen von der Königsau nach Süden an die neue Grenze heran. Man richtete den sogenannten Gendarmsti ein, wo jeder Gendarm zu Fuß ein bestimmtes Stück der Grenze abpatroullierte. Die Aufgabe war, die Landeszollgrenze zu bewachen und den Schiffsverkehr entlang der Küste so nah wie möglich am Wasser zu kontrollieren.

Efter Genforeningen i 1920 rykkede Grænsegendarmerne fra Kongeåen syd på til den nye grænse. Den såkaldte Gendarmsti skabtes, da den enkelte Gendarm afpatruljerede et bestemt stykke af grænsen til fods. Opgaven var at bevogte landtoldgrænsen og at kontrollere skibsfarten langs kysten så nær vandet som muligt.

Gendarmenweg auf Broager – Gendarmsti på Broager (Foto: Karl Goldhamer)

»Gendarm« im Hotel Fakkelgaarden – »Gendarm« i Hotel Fakkelgaarden

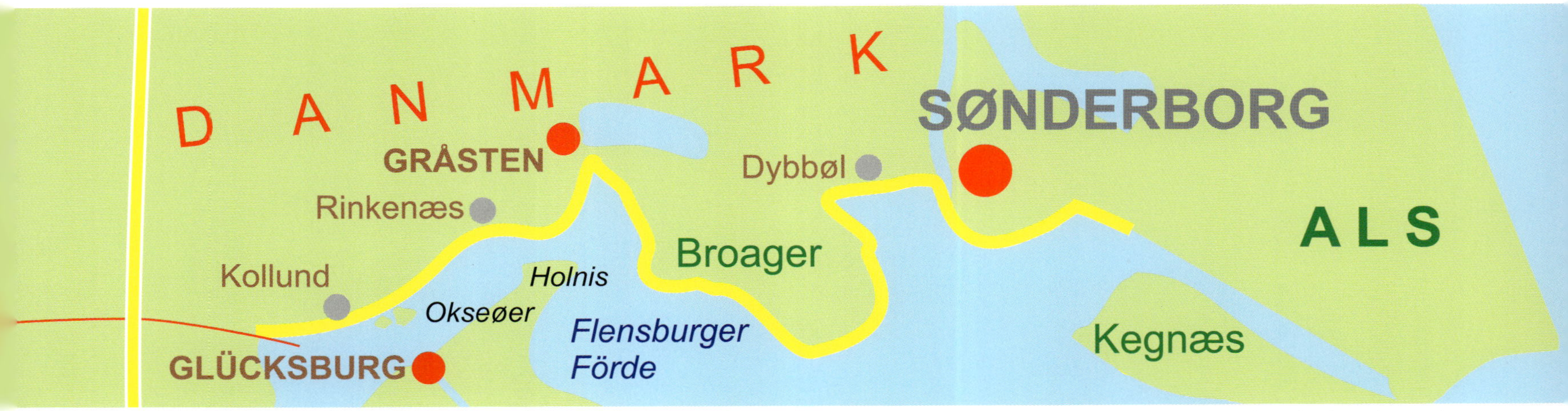

Gendarmenweg von Schusterkate bis Höruphaff – Gendarmsti fra Skomakershus til Høruphav

Die Rumstadt Flensburg

Ein Ruf, der wohl immer bleibt

Den Weg vom »Rum zum Ruhm« verdankt Flensburg seiner ehemaligen Zugehörigkeit zum dänischen Königreich. Ende des 17. Jahrhunderts hatten dänische Kaufleute die »Westindisch-Guineische Kompagnie« gegründet. Hauptaktionär der Gesellschaft war der dänische König. Die Kompagnie nahm die kleinen Jungferninseln St. Thomas, St. Jan und St. Croix in Besitz, um darauf Zuckerrohr anbauen zu lassen.

Als erstes Flensburger Schiff segelte die »Neptunus« 1755 nach Westindien und brachte nach einer abenteuerlichen Reise neben Rohrzucker auch Rum nach Flensburg zurück. Denn dort, wo Zuckerrohr geerntet wurde, war die Rumherstellung nicht unbekannt. Doch diese »feurige und abscheuliche Flüssigkeit«, auch Rumbullion genannt, die von den Einheimischen getrunken wurde, hatte wenig mit dem uns bekannten Rum zu tun. Er war kaum gelagert und hatte einen Alkoholgehalt von 70 bis 80 Prozent.

Da der atlantische Transport sehr teuer war, erfanden pfiffige Kaufleute den »Flensburger Rum«. Dazu ließ man die Originalware in Eichenfässern reifen und verschnitt diesen sogenannten »Pure-Rum« mit einheimischem Alkohol (Agrar-Alkohol). Mit wachsender Beliebtheit des Rums stieg natürlich auch der Bedarf an Zuckerrohr. Um die Arbeit bewältigen zu können, wurden aus Afrika Sklaven auf die westindischen Inseln geschifft. 1751 hatte König Friedrich V. ein Schutzabkommen mit den in Afrika herrschenden Osmanen geschlossen, welches die Anlandung von dänischen Schiffen in Afrika gestattete. Der nicht sehr humane »Einweg-Tourismus« wurde unter anderem auch von Flensburger Schiffen übernommen. 1794 war die Flensburger Flotte auf 300 Schiffe angewachsen, während die Stadt rund 6000 Einwohner zählte. Weiterhin gab es um diese Zeit 200 Branntwein-Brennereien, um die »Zutaten« für die Rumherstellung zu produzieren.

Mit dem Zucker und dem Rum wurden auch all die anderen gewinnträchtigen Kolonialwaren eingeführt: Tee, Kaffee, Tabak, Baumwolle und Edelhölzer.

Ursprünglich waren die Rumsegler natürlich ganz normale Segelschiffe, die erst mit der Zeit entsprechend umgerüstet wurden. Der Laderaum musste bestimmten Anforderungen genügen, die dem Transport der rollfähigen, runden Rumfässer Genüge taten (Lagerfässer haben wegen der besseren Raumnutzung ovale Form).

Die Rumbarone

Als Christoph Kolumbus 1493 auf seiner zweiten Reise in die Neue Welt die karibischen Inseln

Rumfass an der Museumswerft

St. Thomas, St. Croix und St. John, später auch Jungferninseln genannt, entdeckte, ahnte niemand, dass diese malerischen Flecken einmal zur dänischen Krone gehören würden.

Dänische Kaufleute und Großgrundbesitzer ließen sich im 17. Jahrhundert auf den Inseln nieder,

Das Flensburger Schifffahrtsmuseum

»Rumbaron« Heinrich Carl Schimmelmann (1765)

gründeten Handelshäfen und legten Zuckerrohr- und Baumwollplantagen an.
Ab 1754 befanden sich die Jungferninseln im Besitz des dänischen Königs und ein Jahr später gab dieser auch den Flensburger Kaufleuten den Handel mit diesen karibischen Besitzungen frei.
Die nach Flensburg orientierten Herzogtümer Schleswig und Holstein, die damals dänisch waren, fanden reges Interesse an diesen neuen Handelsmöglichkeiten. Besonders der im Holsteinischen beheimatete Baron Schimmelmann, genialer Geschäftsmann und späterer Finanzminister Dänemarks, erwarb sein sagenhaftes Vermögen in den westindischen Kolonien.
Es gab eine Art Dreieckshandel, der viele Jahrzehnte folgendermaßen funktionierte: Segler aus Flensburg fuhren mit günstigen Tauschwaren nach Westafrika, nahmen schwarze Sklaven und Sklavinnen an Bord, überquerten den Atlantik und kehrten mit den westindischen Produkten nach Europa zurück.
So wurde Flensburg ab dem 18. Jahrhundert zur führenden Rumstadt Europas, wenn nicht sogar der Welt. Die persönlichen Bindungen der westindischen Rumbarone an ihre schleswig-holsteinische Heimat sorgten in der Fördestadt für einen regen wirtschaftlichen Aufschwung, in dessen Verlauf die berühmten Flensburger Rumhäuser gegründet wurden, unter anderem Balle 1717, Sonnberg 1781, Pott 1848 und Hansen 1868.
Von den einst über 29 Flensburger Rumhäusern existiert heute nur noch ein einziges, das Rumhaus A. H. Johannsen von 1878.

6000 Einwohner – 300 Schiffe

Wenn man bedenkt, dass jedes der damaligen Schiffe etwa 30 bis 35 Mann Besatzung benötigte, erkennt man schnell, dass die Flensburger Reeder auf Gastarbeiter angewiesen waren.
In der großen Zeit des Rumhandels war die Schiffsflotte Flensburgs größer als die Kopenhagens. Und die »ehrbaren« dänischen Kaufleute in der Hauptstadt hatten wohl nichts dagegen, dass die »nicht ganz moralischen aber einträglichen Transaktionen« durch Flensburger Reeder übernommen wurden. Während der napoleonischen Kriege (1808 bis 1813), in denen sich Dänemark Napoleon anschließt und in den Krieg gegen England eintritt, verliert Flensburg mit 125 Schiffen fast die Hälfte seiner Flotte.
Beim dänischen Staatsbankrott 1813 verloren viele Flensburger ihr Erspartes und ihr Vermögen. Der Flensburger Stadtrat versuchte sich durch einen gemäßigten politischen Kurs aus den kriegerischen Auseinandersetzungen zwischen Dänen

Traditionsschiff am Hafenkai

Gangway an Bord

und Preußen (1848 bis 1864) um Schleswig herauszuhalten. Damit gelang ein neuerlicher wirtschaftlicher Aufschwung.
Von 1803 bis 1864 verdoppelte sich die Einwohnerzahl von 10 000 auf 20 000 Einwohner. Flensburg fiel 1864 an Preußen. Damit endete die eigentliche Ruhm- und Blütezeit der Flensburger Flotte, da die Stadt als Handelsplatz plötzlich eine Randlage einnahm. Seit dieser Zeit spielte nicht mehr der Rum die wirtschaftliche Hauptrolle, sondern es bildete sich eine immer stärkere militärische Rolle für Flensburg heraus.
Zu Beginn des 20. Jahrhunderts gab es an die 30 namentlich bekannte Spirituosenhersteller, die einen großen Anteil an der Rumfabrikation und ihrer Entwicklung zu einer Markenspirituose hatten.
Der Begriff »Rum« stammt wahrscheinlich von dem Wort »rumbullion«, was im Sprachgebrauch der Sklaven soviel wie »Aufruhr« bedeutet, offenbar abgeleitet vom englischen Wort »rebellion«. Auch der Ursprung »rumbozze« erscheint möglich, womit ein ähnlicher Vorgang bezeichnet wird.
Seit zwei Jahrhunderten gibt es die Kurzform »Rum«, so genannt von englischen Aussiedlern, die den Branntwein auf den Westindischen Inseln entdeckten – und das Getränk vermutlich sehr anregend fanden! Allerdings ist die Herkunft sprachgeschichtlich nicht endgültig geklärt.
In der Seefahrt war das Wort »Rum« ein Synonym für den Arbeitslohn, insofern die berühmte Rumration einen festen Bestandteil der seemännischen Heuer darstellte. Diese Tradition hatte bis 1973 (!) in der britischen Royal Navy Geltung.

Die Rumregatta

Jedes Jahr am Himmelfahrtswochenende findet die internationale Rumregatta statt.
Dieses Ereignis lockt seit Langem regelmäßig über 100 historische Segelschiffe aller Größen und Klassen an. Die historischen Häuser am Wasser, der Museumshafen und die sanften Küsten der Förde bilden die eindrucksvolle Kulisse, wenn Rah- und Gaffelsegler ihre Wettfahrt absolvieren. Dabei kommt natürlich auch das Treiben an Land nicht zu kurz, denn Tausende von »Sehleuten« wollen unterhalten und versorgt sein. So kommt es alljährlich zu einem Volksfest mit einem geschichtlichen Hintergrund, wie er eigentlich nur für Flensburg gelten kann. Und beim Anblick der alten Segler mit ihren geschwungenen Holzrümpfen und farbigen Segeln fühlt man sich unwillkürlich in die Zeit zurückversetzt, als Flensburg die Handelsmetropole des Rums war.

Rumregatta 2008, vom Kollunder Ufer aus gesehen

Das Flensburger Rum-Museum

Das weltweit einmalige Rum-Museum befindet sich im Untergeschoss des Flensburger Schifffahrtsmuseums, direkt am Hafen. Es ist untergebracht im ehemaligen Zollpackhaus (1843 bis 1974) und präsentiert eine hochinteressante Ausstellung zur Geschichte des Rums mit vielen Bildern und historischen Objekten. Besonderes Augenmerk ist auf die Rolle Flensburgs bei der Rumherstellung und beim Rumhandel gelegt. Von den vielen berühmten Namen der Rumproduzenten, die Flensburg im Laufe der Jahrhunderte aufzuweisen hatte, ist nur das Rumhaus Johannsen in der Marienstraße geblieben.

Das heutige Flensburg

Flensburg liegt im inneren Winkel der Flensburger Förde, deren Ende den westlichsten Punkt der gesamten Ostsee markiert. 1920 wurde nach Beschluss des Völkerbundes über den Grenzverlauf in Schleswig (Südjütland) abgestimmt. Nordschleswig entschied sich en bloc für Dänemark, während das nach Gemeinden abstimmende Südschleswig sowie Flensburg mit großer Mehrheit für den Verbleib bei Deutschland stimmte. Die Stadt Flensburg erhielt von der deutschen Reichsregierung als Dank für das prodeutsche Votum das Deutsche Haus. Die Gasthäuser Borgerforeningen und Flensborghus entwickelten sich zu Zentren der dänischen Flensburger. Während des Zweiten Weltkriegs erlitt die Stadt zum Glück fast keine Kriegsschäden.
Nach Gründung der Bundesrepublik zog Flensburg zunehmend wirtschaftliche Vorteile aus der gezielten Ansiedlung militärischer Einrichtungen. Seit der deutschen Wiedervereinigung wurde die hiesige Bundeswehrpräsenz abgebaut und in die östlichen Bundesländer verlagert. Die ehemaligen Hafenanlagen der Bundesmarine werden derzeit in zivile Nutzungen überführt, zum Beispiel bei der Marina Sonwik am Angelner Hafenufer.
1970 verlor Flensburg bei der umfassenden Gebietsreform seine Funktion als Kreisstadt, blieb selbst aber eine kreisfreie Stadt. Flensburg ist mit rund 130 000 Einwohnern im Großraum die bedeutendste Stadt im Landesteil Schleswig und Zentrum des deutsch-dänischen Grenzlandes. Flensburg ist Universitäts- und Fachhochschulsitz und bis heute geprägt von Marine, Grenzhandel sowie ihrer Geschichte als Rumstadt. Auf dem Museumsberg hoch über der Stadt kann man in zwei repräsentativen Museumsgebäuden einen umfassenden Einblick in die Kunst- und Kulturgeschichte im Landesteil Schleswig vom 13. bis zum 20. Jahrhundert erhalten.
Die Stadt besitzt heute 13 Stadtteile und liegt auf sehr unterschiedlichen Meereshöhen: in der Altstadt bei 12 Metern und am höchsten Punkt bei 63,7 Metern über Normalnull. Bereits zum Ende des 12. Jahrhunderts entstanden am inneren Teil der Flensburger Förde Siedlungen um die späteren Kirchen Sankt Johannes, Sankt Nikolai und Sankt Marien. Sie dienten dem dänischen Handel und der Fischerei. Hier gab es einen sicheren Hafen mit Schutz vor heftigen Winden, den jütischen Ochsenweg als Handesstraße sowie große Vorkommen von Heringen.
Nordertor (dänisch: Nørreport) begrenzte die Stadt Flensburg einst nach Norden. Heute ist es das historische Wahrzeichen der Stadt. Es wurde

Das Traditionslokal »Porticus« am Nordermarkt

Straßencafé am Nordermarkt

1595 als Kontrollstelle für Einreisende errichtet und besteht aus rotem Backstein und mehreren Stufengiebeln. An der Nordseite finden sich das Flensburger Stadtwappen und das Wappen des dänischen Königs Christian IV. Das Tor trägt die Inschrift »Friede ernährt, Unfriede verzehrt«. Bis 1795 durfte außerhalb des Nordertors nicht gebaut werden. Nach dem Ende der Hanse im 16. Jahrhundert galt Flensburg als eine der bedeutendsten Handelsstädte im skandinavischen Raum. Selbst bis ans Mittelmeer, bis nach Grönland und in die Karibik reichten die Handelsbeziehungen der Flensburger Kaufleute. Die wichtigsten Handelswaren waren neben Hering zunächst Zucker und Tran, der auf der Grönlandfahrt durch Walfang gewonnen wurde. Der Dreißigjährige Krieg beendete diese Blütezeit schlagartig. Der Einfall der Kaiserlichen unter Wallenstein 1627 und 1628 wie auch die dänisch-schwedischen Kriege 1643 bis 1645 und 1657 bis 1660 setzten dem Wohlstand der Stadt heftig zu. Erst der im 18. Jahrhundert einsetzende Rumhandel ließ Flensburg wieder wirtschaftlich aufleben.
In Flensburg werden verschiedene Sprachen und Dialekte gesprochen. Hochdeutsch, Plattdeutsch, Dänisch und Sønderjysk, das Plattdänische, sind in der Stadt zu hören. Eine Besonderheit ist das Flensburger Petuh. Petuh verbindet Elemente von Hochdeutsch, Plattdeutsch und Dänisch und wird nur noch von wenigen Flensburgern und vor allem den legendären Butterschiffdamen, »den Petuhtanten«, gesprochen.
Die bekannteste Sportmannschaft der Stadt ist der deutsche Meister der Handball-Bundesliga von 2004 und mehrfache deutsche und europäische Pokalsieger, die SG Flensburg-Handewitt, die 1990 vom TSB Flensburg und dem Handewitter SV gegründet wurde.
In der Fördestraße 6 ist das Kraftfahrt-Bundesamt (KBA) mit dem Verkehrszentralregister ansässig, im Volksmund als »Verkehrssünderkartei« bekannt. 1952 wurde diese Bundesbehörde bewusst in das strukturschwache Grenzgebiet von Bielefeld hierher verlegt, um einen Beschäftigungsimpuls für die Grenzregion zu erreichen. Inzwischen gibt es auch eine Außenstelle in Dresden.

Auf dem Südermarkt

Auf dem Campus der Flensburger Universität

Stadtvilla am Marienhölzungsweg

Hofszenerie an der Roten Straße

Moderne und Tradition architektonisch vereint

Idyllische Hafenhäuser

Blick über die Hafenspitze auf den Stadtteil Jürgensby

Genuss erleben!

Die Flensburger Biere mit der kultigen Plop-Flasche

Gibt es jemanden hierzulande, der etwas von Bier versteht und noch nie eine Bügelverschlussflasche genossen hat? Wohl kaum! Und wie vielen Menschen, die von der herrlich schrägen »Flens«-Werbung begeistert sind, steht dieses herbfrische Erlebnis noch bevor? Man weiß es nicht, aber man ahnt es.

Alles hat seinen Grund, zum Beispiel in der 120-jährigen Erfahrung der Flensburger Brauerei, Bier herzustellen, das immer mehr der Perfektion entgegenstrebt. Sorgfältiges Brauen, beste Rohstoffe und eine laufend modernisierte Technik haben die Produktqualität auf höchsten Standard gebracht. Und diese Entwicklung wird nicht anhalten.

Der Haupteingang der Flensburger Brauerei

Der Flensburger Salon

Gedeck bei einer Brauerei-Besichtigung

Kupferkessel, in denen die Gärung stattfindet

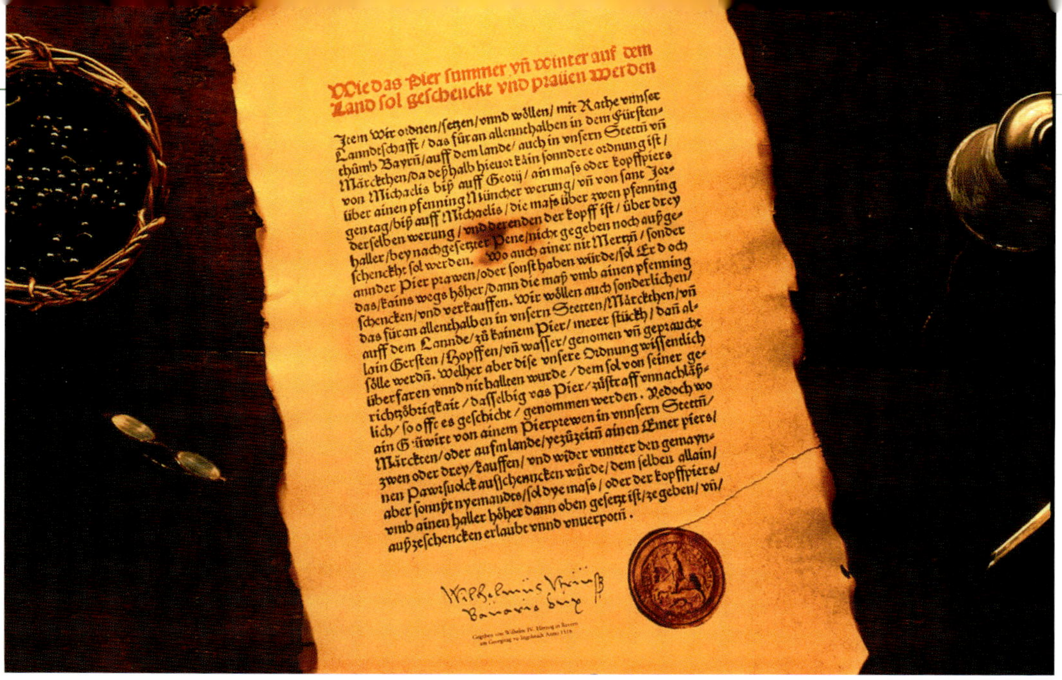
Wie das Pier summer vñ winter auf dem
Land sol geschenckt vnd praüen werden

Item Wir ordnen/setzen/vnnd wöllen/ mit Rathe vnnser
Lanndtschafft/ das füran allenthalben in dem Fürsten-
thūmb Bayrñ/auff dem lande/ auch in vnsern Stettñ vñ
Märckthen/da deßhalb hieuor kain sonndere ordnung ist/
von Michaelis biß auff Georij/ ain maß oder kopffpiers
über ainen pfenning Müncher werung/ vñ von sant Jor-
gentag/biß auff Michaelis/ die maß über zwen pfenning
derselben werung/ vnd derenden der kopff ist/ über drey
haller/bey nachgesetzter Pene/nicht gegeben noch außge-
schenckht sol werden. Wo auch ainer nit Mertzñ/ sonder
annder Pier prawen/oder sonst haben würde/sol Er doch
das/kains wegs höher/dann die maß vmb ainen pfenning
schencken/vnd verkauffen. Wir wöllen auch sonderlichen/
das füran allenthalben in vnsern Stetten/Märckthen/vñ
auff dem Lannde/zů kainem Pier/ merer stückh/ dañ al-
lain Gersten/Hopffen/vñ wasser/genomen vñ gepraucht
sölle werdñ. Welher aber dise vnsere Ordnung wissendlich
überfaren vnnd nit hallten wurde/dem sol von seiner ge-
richtzöbrigkait/dasselbig vas Pier/zůstraff vnnachläß-
lich/ so offt es geschicht/ genommen werden. Yedoch wo
ain Gäuwirt von ainem Pierprewen in vnnsern Stettñ/
Märckten/oder aufm lande/yezůzeitñ ainen Emer piers/
zwen oder drey/kauffen/ vnd wider vnnter den gemayn-
nen Pawrsuolck außschencken würde/dem selben allain/
aber sonnßt nyemandts/sol dye maß/ oder der kopffpiers/
vmb ainen haller höher dann oben gesetzt ist/zegeben/ vñ/
außzeschencken erlaubt vnnd vnuerpotñ.

Das Reinheitsgebot von 1516

Preistafel während der Rumregatta

Die Flensburger Brauerei ist nur in zweierlei Hinsicht unbeweglich wie ein eiszeitlicher Findling. Wenn es nämlich um das deutsche Reinheitsgebot aus dem Jahre 1516 geht, und zwar »komme wer und was da wolle«! Und wenn es sich um den traditionellen und umweltfreundlichen Bügelverschluss handelt.
Eine unverzichtbare Zutat ist natürlich das kristallklare Wasser, das von Anfang an aus den unterirdischen Gletscherströmen Nordskandinaviens gewonnen wird.
Die Flensburger Brauerei arbeitet auch gerne einmal unter den neugierigen Augen von Besucherinnen und Besuchern und öffnet ihre Tore für einen Publikumsrundgang. Da sieht man zur Einstimmung zunächst einen 20-minütigen Film mit freier Platzwahl und frei von Werbung (wo gibt es das heute noch?). Danach geht es ins Heiligtum, das heißt zur Abfüllung der täglich bis zu eine Million Flaschen, und anschließend ab in den Keller durch Sudhaus, Gär-, Filter- und Lagerkeller. Beim Herstellungsvorgang wird zur gekeimten und geschroteten Gerste, dem Malz, das kristallklare Wasser hinzugegeben, später folgen Hopfen und Hefe. Über allem liegt der herrliche Duft von frischem Getreide.
Und nachdem auf diese Weise der Wissensdurst gestillt wurde, kümmert sich der Gastgeber nun um den tatsächlichen Durst. Im Flensburger Salon werden deftige Gerichte serviert, zu denen alle Produkte des Hauses ausprobiert werden können. Hierbei hört man dann zumeist das unaufhörliche »Ploppen« der Bügelverschlüsse, die man übrigens seit Kurzem durch innovative Entwicklungen auf den modernsten Stand gebracht hat. Dieser Sound und die dazugehörige »Verkostung« genießt verständlicherweise allerbesten Ruf.
Dabei wird die ganze Palette der Flensburger Biere vorgestellt: Pilsener, Frei, Gold, Dunkel, Weizen, Kellerbier, Radler, Biermix, Malz, Wasser und Winterbock (aber nur in der kalten Jahreszeit). Das Flensburger Wasser ist eine Ehrenbezeugung an das Lebenselixier aus den Tiefen des Nordens, ohne das die Flensburger Biere nicht existieren würden.
Es ist kein Wunder, wenn sich der Fankreis der Flensburger Biere ständig vergrößert. Für diesen gibt es den unterhaltsamen und reichhaltigen Plop-Shop, in dem man auch online ein buntes Angebot von Artikeln rund um die Bügelverschlussflasche findet (siehe Link auf www.flens.de).
Brauereibesichtigungen finden von Montag bis Freitag in der Zeit von 8 Uhr bis 17.30 Uhr statt. Anmeldungen sollten vier Wochen im Voraus erfolgen unter der Telefonnummer (04 61) 31 80 21 10.

Flensburger Pilsener, das Original

Flensburger Brauerei
Munketoft 2 · 24937 Flensburg
Tel. (04 61) 86 30 · Fax (04 61) 86 33 00
info@flens.de · www.flens.de

Die Fassabfüllung

Naturwissenschaft zum Sehen, Hören und Fühlen

Die Phänomenta Flensburg

Die Phänomenta Flensburg ist ein Erlebnismuseum. Also kein Museum im herkömmlichen Sinne, sondern eines, in dem Besucherinnen und Besucher jedes Alters angeregt werden, naturwissenschaftliche Phänomene selbst zu erforschen. Physik macht Spaß! Das ist das Motto der Phänomenta. Und so gibt es ganz in der Nähe des Nordertors – dem Wahrzeichen Flensburgs – Naturwissenschaft zum Sehen, Hören und Fühlen, oder kurz: zum Ausprobieren. Und das kann man mehr als je zuvor, denn nach der Eröffnung des Erweiterungsbaus stehen mehr als 160 Experimente zur Verfügung.

Genug Experimente also, um einen ganzen Tag mit optischen, mechanischen und elektrischen Phänomenen zu verbringen. Dabei gibt es in der Phänomenta keine langen Erklärungen und keine vorgeschriebenen Wege. Jeder geht auf Entdeckungsreise – allein, zu zweit, mit der Familie oder mit Freunden. Und was gibt es zu entdecken? Zum Beispiel, wie leicht sich in der »Schiefen Hütte« die eigenen Sinne täuschen lassen. Und dann gibt es da noch den Ausstellungsteil »Feel the Force«. Hier spürt man physikalische Kräfte »hautnah« und weiß danach bestimmt, ob man sich selbst mit einem Flaschenzug anheben kann und wie man sich fühlt, wenn man sich wie ein Astronaut im All um alle Achsen dreht.

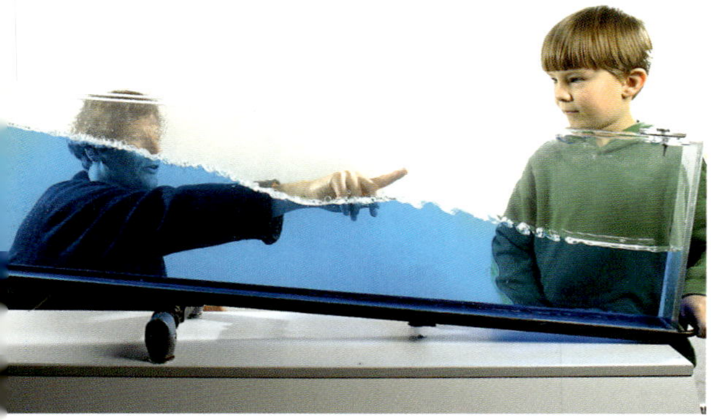

Wie man gegen den Wind segelt, erfährt man im Neubau im gleichnamigen Exponat und in der neuen Mathematikausstellung kann man im »Kuschelkubikmeter« endlich erfahren, wie (überraschend) groß ein Kubikmeter wirklich ist.

Dass Physik Spaß machen kann, erfahren Besucher seit mehr als 20 Jahren. Die ersten Experimente entwickelten Prof. Dr. Lutz Fiesser und seine Mitarbeiter am Institut für Physik und ihre Didaktik 1985 an der damaligen pädagogischen Hochschule Flensburg (heute Universität Flensburg). Bis 1988 entstanden in Flensburg etwa 100 verschiedene Stationen, die in den Fluren und Innenhöfen der Hochschule aufgebaut wurden. Die pädagogischen Grundlagen der Phänomenta flossen in die Satzung des 1990 gegründeten gleichnamigen Vereins ein. Seine Aufgabe ist die »Förderung und Verbreitung europäischer Kultur mit einem besonderen Schwerpunkt bei Naturwissenschaft und Technik«. 1993 konnte der Verein erstmals eigene Räume am Nordertor beziehen. 1995 standen etwa 1800 Quadratmeter Ausstellungsfläche mit integrierter Werkzone zur Verfügung. Im Jahr 2002 kam das Haus der Kommunikation dazu, die Ausstellungsfläche wuchs auf 2400 Quadratmeter. Mit der Fertigstellung des Erweiterungsbaus wuchs die Ausstellungsfläche auf etwa 3400 Quadratmeter an.
In der Phänomenta gibt es nicht nur Experimente zum Anfassen, sondern auch spannende Vorträge und Sonderaktionen, die die Welt nicht nur der Physik erlebbar und begreifbar machen. Was es im Laufe des Jahres an Sonderaktionen gibt, wird auf der Homepage www.phaenomenta.com bekannt gegeben.

Öffnungszeiten:
Oktober bis Mai außerhalb der Ferienzeiträume in Schleswig-Holstein
Montag bis Freitag 9 bis 17 Uhr
Sonnabend 11 bis 18 Uhr
Sonn- und Feiertage 11 bis 18 Uhr
Juni bis September sowie in allen Ferienzeiträumen in Schleswig-Holstein
Montag bis Freitag 10 bis 18 Uhr
Sonnabend 11 bis 18 Uhr
Sonn- und Feiertage 11 bis 18 Uhr

Phänomenta e. V.
Norderstraße 157–163
24939 Flensburg
Tel. (04 61) 1 44 49 11
Fax (04 61) 1 44 49 20
science@phaenomenta.com
www.phaenomenta.com

Wohnkomfort, Genuss und Freizeitspaß

Erlebnisreicher Aufenthalt im Hotel des Nordens

Direkt an der deutsch-dänischen Grenze erwartet den Gast ein Domizil mit viel Wohngefühl, kulinarischen Gaumenfreuden und entspannenden Aktivitäten.

Das Hotel des Nordens verfügt über insgesamt 121 Zimmer und Suiten, sämtlich ausgestattet mit Bad/WC, Telefon, Kabel-TV, Pay-TV und Internetzugang über WLAN. Teilweise sind Balkon beziehungsweise Kamin vorhanden. Das Kontingent gliedert sich in 89 Zimmer, davon 3 behindertenfreundlich, 29 Suiten, davon 18 mit Kamin und Balkon sowie 11 Suiten mit getrenntem Wohn- und Schlafraum. In allen Zimmerkategorien gibt es Raucher- oder Nichtraucherzimmer.

Das Haus besitzt Kegelbahnen, einen Fitnessraum, einen Spielplatz und einen Tennis-Außenplatz. Gegenüber dem Hotel liegt eine Eissporthalle, die von November bis März in Betrieb ist.

Zum Hotelkomfort gehört eine großzügige Badelandschaft mit beheiztem Innen- und Außenpool, die Entspannung und Spaß für Jung und Alt bietet. Ob Sonne oder Schnee – hier schwimmt man drinnen und draußen bei 30 Grad Celsius Wassertemperatur. Whirlpool, finnische Saunen, ein Dampfbad, Solarien, Liegewiese und Ruheraum sowie ein Kosmetikstudio ergänzen die Palette des »Wohlfühlprogramms«. Auch der Öffentlichkeit steht unsere Badelandschaft gegen Entgelt zur Verfügung. Für eine Behandlung im Kosmetikstudio sollte man einen Termin unter Tel. (04 61) 90 01 98 91 vereinbaren.

Die beiden Restaurants »Rôtisserie« (À-la-carte-Restaurant) und »Chez Paul« (für Festivitäten) vermitteln stilvolles, kultiviertes Ambiente. In der Atmosphäre der dezenten Hotelbar oder unserer Tanzbar »Marlene's« läßt der Gast gerne den Tag auf besondere Weise ausklingen. Dass gute Speisen Leib und Seele zusammenhalten, ist im Hotel des Nordens eine Weisheit, die unter allen Umständen berücksichtigt wird. Die gute Küche bietet sowohl internationale wie auch norddeutsche Gaumenfreuden an – zu fairen Preisen. Und natürlich stehen dazu ausgesuchte Weine sowie andere gepflegte Getränke zur Auswahl.

Das Hotel ist geschätzt für Komfort und Exklusivität, Größe und Großzügigkeit, freundlichen Service und eine anregende internationale Atmosphäre. Die hervorragenden Tagungsmöglichkeiten inklusive eines umfassenden, individuellen und professionellen Veranstaltungsservices für alle Arten von Veranstaltungen hat das Haus überregional bekannt gemacht. Hier kann man Feste und erfolgreiche Tagungen und Seminare veranstalten, in Räumlichkeiten, die für jeden Anlass konzipiert sind. Alle Seminar- und Veranstaltungsräume sind ausgestattet mit Klimaanlage und Internetzugang über WLAN.

Fleggaard Detail · Hotel des Nordens
Alte Zollstraße 44
(an der B 200 Grenzübergang Kruså)
24955 Harrislee
Tel. (04 61) 70 20 · Fax (04 61) 70 27 02
info@hotel-des-nordens.com · www.hotel-dn.de

HOTEL DES NORDENS

Hausgebraut, naturtrüb und frisch

Genießer treffen sich in Hansens Brauerei am Flensburger Hafen

Gasthäuser mit eigener Brauerei haben eine lange Tradition in Deutschland.
An großen Tischen zusammensitzen, miteinander »schnacken«, hausgebraute Biere und schmackhafte Gerichte aus der Küche genießen, das ist Lebensfreude pur. Schnell wurde Hansens Brauerei zum gastronomischen Anziehungspunkt für Menschen, die hausgebraute natürliche Biere und deftige, schmackhafte Gerichte in urgemütlicher Atmosphäre zu schätzen wissen. Aufmerksame Mitarbeiter sorgen im Übrigen dafür, dass jeder seine Zeit entspannt verbringt.
1990 wurde Hansens Brauerei gegründet und in Flensburg am Nordermarkt eröffnet. Der große Erfolg des Unternehmens »Gasthausbrauerei« machte es allerdings notwendig, neue Räumlichkeiten an einem gern besuchten Standort zu finden.
Seit dem Jahr 2000 bietet Hansens Brauerei seinen Gästen ein wertiges Ambiente und eine bierige Atmosphäre direkt am Hafen an der Schiffbrücke. Das denkmalgeschützte Gebäude des ehemaligen Rumhauses Sonnberg, des ältesten Rumhauses in Flensburg, wurde mit viel Liebe zum Detail und in enger Zusammenarbeit mit den Denkmalspflegern nach alten Plänen saniert und umgebaut. Hansens Brauerei erhielt ein neues würdiges Zuhause.
Durch die einmalige Lage direkt am Hafen konnte ein angenehm windgeschützter Biergarten geschaffen werden, von dem aus man ganz bequem das Geschehen am Hafen verfolgen kann.
Und im Inneren des Gasthauses leuchten einem schon von Weitem die kupferfarbenen Braukessel entgegen. Hier entsteht das, was dem Ganzen das unvergleichliche Flair schenkt.

Hansens Brauerei am Flensburger Hafen: Vom Biergarten aus kann man das tägliche Hafengeschehen verfolgen.

Der Braumeister braut das naturtrübe und ungefilterte Bier, das die Gäste dann frisch gezapft genießen können.

Das vollkörnige Malz wird vom Braumeister mit Hilfe der Malzmühle »gebrochen«. Im Sudwerk entsteht aus dem Malz und unter Zugabe von feinstem Aromahopfen die Würze.
5 bis 7 Tage in den Gärbottichen und anschließend 3 bis 4 Wochen in den Lagertanks reift das Bier zu seinem vollmundigen Geschmack aus. Nach bestandener Qualitätsprüfung durch den Braumeister dürfen die Gäste Hansens Bier frisch gezapft genießen.
Die Biersorten Hansens Pilsener und Schwarzbier werden durchgängig gebraut. Je nach Saison bereitet der Braumeister mit den Biersorten Bock, Alt, Märzen oder speziellen Festbieren den »Bierseligen« eine besondere Trinkfreude.
Zum guten Bier gehört auch ein gutes Essen, zum Beispiel Grillhaxe frisch aus dem Ofen, leckere Spareribs, hausgemachte Frikadellen, Schweinebraten, Matjesfilets oder die unwiderstehliche Brauereipfanne mit Schweinefiletspitzen.
In Hansens Brauerei gibt es auch Live-Events mit Musikgruppen und Solokünstlern. Hier ist eben immer etwas los. Und der Chef Franz-Dieter Weiß, der dies alles aus der Taufe gehoben hat, freut sich mit seinen Gästen.
Wer das Hansens-Brauerei-Gefühl für seine häusliche Feier importieren möchte, kann den Party-Service in Anspruch nehmen. Wenn aber daheim der Platz fehlt? Hansens Brauerei hat die Lösung. Der Zeltwagen mit Crew stellt eine komplette Gastronomie für bis zu 80 Personen vor die Tür. Hansens Brauerei ist eben ein Gute-Laune-Erlebnis!

HANSENS BRAUEREI

Hansens Brauerei
Schiffbrücke 16 · 24943 Flensburg
Tel. (04 61) 2 22 10 · Fax (04 61) 2 42 44
info@hansens-brauerei.de
www.hansens-brauerei.de

Sich »königlich privilegiert« erholen im Romantik Hotel Historischer Krug in Oeversee

Gourmetküche und Wellness auf höchstem Niveau

Einfahrt zum Romantik Hotel Historischer Krug in Oeversee

Auf dem nahen Ochsenweg wurden früher Rinderherden von Dänemark durch Schleswig und Holstein zum Viehmarkt nach Hamburg getrieben. Abends kehrten die damaligen »Cowboys« in die Gasthäuser am Wegrand ein. So auch in den Kirchspielkrug nahe der Treene-Furt von Oeversee, das zu Dänemark gehörte.

1519 tauchte der Krug erstmals in Chroniken auf. 1624 wurde er vom dänischen König zur Poststation gemacht und in den Rang eines »kongelig privilegeret kro« erhoben. »Königlich privilegiert« bedeutete: Soldaten durften – anders als damals allgemein üblich – nur in Begleitung des Königs persönlich im Krug logieren. Und viel wichtiger: Der Wirt hatte die Lizenz seiner Majestät zum Bierbrauen, Schnapsbrennen und Brotbacken – alles steuerfrei.

Branntwein und Bier werden im »Historischen Krug« heute nicht mehr hergestellt. »Aber frisches Brot backen wir noch immer jeden Tag«, sagt Lenka Hansen-Mörck, die Patronin des Hauses.

Seit über 193 Jahren führt ihre Familie dieses Haus mit seiner Tradition und Geschichte. Heute ist es eine Oase für Genießer, Gourmets, Seelenpendler und Individualisten!

Bekannt ist das Romantik Hotel Historischer Krug nämlich ebenso durch seine gute Küche und seine erlesene Weinkarte wie durch die seit über 23 Jahren bestehende Ayurveda-Beautyfarm: eine wahrhaft gelungene Symbiose.

Die Ayurveda-Beautyfarm ist eine der schönsten der Region und bietet den Gästen Erholung pur. In der 890 Quadratmeter großen »Krugtherme« bleiben keine Wünsche offen: entspannen in der Saunalandschaft, neue Energie tanken im Hamam, sich verwöhnen lassen von individuell abgestimmten Beauty- und Wellness-Behandlungen.

Das Romantik Hotel Historischer Krug ist ein traditionelles, mit Reet gedecktes Haus in traumhafter Lage. Die im gemütlichen nordischen Landhausstil eingerichteten Zimmer sind auf einem parkähnlichen Gelände mit Naturfreibad, Kneippbecken und Liegewiese. Alle Zimmer verfügen über Kabel-TV, Direktwahl-Telefon sowie Internet-Anschluss. Es gibt Einzel-, Doppel- und Dreibettimmer, Romantik Suiten und Maisonetten- Kombinationen, auch spezielle Nichtraucherzimmer. Vierbeiner sind willkommen.

Blick in eines der Wohlfühl-Zimmer

Ein Besuch in einem der beiden Restaurants im Hause ist eine ganz besondere kulinarische Entdeckungsreise. Entweder erlebt man das Gourmetrestaurant »Privileg«, in dem Variationen exquisiter nordischer Spezialitäten geboten werden, oder das ländliche Restaurant »Krugwirtschaft« mit heimatlichen, verfeinerten Speisen. Maître Bodo Lööck hat sich der Veredelung der regionalen Küche verschrieben. Seine erstklassige Kochkunst und das Restaurant wurden mit dem Bib Gourmand vom MICHELIN-Führer 2007 ausgezeichnet. Somit steht die Küche für exzellente Qualität zu moderaten Preisen. Das ganze Jahr über bietet der Historische Krug kulinarische Events der Extraklasse an.

Der Aufenthalt im Romantik Hotel Historischer Krug ist Balsam für Körper, Seele und Geist.

Stimmungsvolles Ambiente in einem der Restaurants

Im Hamam-Bereich

Historischer Krug Hansen-Mörck GmbH & Co. KG
Grazer Platz 1 · 24988 Oeversee
Tel. (0 46 30) 94 00 · Fax (0 46 30) 7 80
info@historischer-krug.de
www.historischer-krug.de

Eine ländliche Attraktion ganz besonderer Art

Die Porzellanbörse in Hüllerup

Nur wenige Kilometer südwestlich von Flensburg im beschaulichen Dorf Hüllerup liegt ein außergewöhnliches Ausflugsziel, auch wenn es für Liebhaber und Kenner der Szene längst kein Geheimtipp mehr ist: Die Porzellanbörse mit ihrem gemütlichen Hofcafé.

Auf einer Fläche von über 300 Quadratmetern werden hier wahre Schätze des »weißen Goldes« ausgestellt und zum Verkauf angeboten. Man wartet mit Porzellanserien oder auch Einzelteilen auf, die im Handel nicht mehr zu bekommen sind, aber auch mit neuem Zubehör rund um das Porzellan. Dazu werden Unikate, Raritäten, Silber, Glas, Kristall und antike Sachen präsentiert. Es kommt fast täglich Porzellan aller Firmen und Marken, vom preiswerten Alltagsgeschirr über englische Teile bis KPM und Meissen.

Im Hofcafé, das in die Porzellanbörse integriert ist

Man sollte sich die Zeit nehmen, ganz gemütlich das viele schöne Porzellan zu bestaunen und vielleicht etwas für die eigenen vier Wände zu entdecken. Fachkundige Beratung ist selbstverständlich. Sollte man einmal nicht fündig werden, wird einem gerne weitergeholfen.

Das integrierte antike Hofcafé bietet seinen Gästen Entspannung und ein besonderes Ambiente bei hausgemachten Torten und freundlicher Bedienung. Hier finden bis zu 70 Personen Platz. Es ist also auch hervorragend für die Ausrichtung von Empfängen und Feiern geeignet.

In der liebevoll gestalteten Geschenkabteilung wird eine große Auswahl an Geschenkartikeln und Seidenblumen angeboten, wobei die Accessoires auch nach individuellen Wünschen hergestellt werden. Man sollte sich inspirieren lassen ...

Öffnungszeiten:
Mittwoch bis Samstag 14 bis 18 Uhr
(Gruppen ab 20 Personen auch an anderen Tagen)
Vom 1. April bis 3. Oktober ist an Sonn- und Feiertagen nur das Hofcafé geöffnet.

Die Porzellanbörse · Fam. Paulsen
Bredstedter Straße 16
24983 Handewitt / OT Hüllerup
Tel. (0 46 08) 12 31 oder 97 09 07
Fax (0 46 08) 17 11
porzellanboerse@foni.net
www.porzellanboerse.net

Handgewebte Unikate von ganz eigenem Zauber

Ein Besuch bei Annedore Iwersen in Flensburg

Handweberei, Werkstatt und Galerie von Annedore Iwersen befinden sich in einem parkähnlichen Garten, inmitten einer idyllischen Hofanlage am östlichen Stadtrand von Flensburg. Das Anwesen ist seit 1742 im Besitz der Familie Iwersen.

Die Künstlerin empfängt den Gast mit der für sie typischen Ausstrahlung: frisch, direkt und voller Charme. Sie erzählt gerne von ihren Mitarbeiterinnen, die sie im Laufe ihrer langen Schaffenszeit in der Handwebekunst ausgebildet hat und die inzwischen zumeist selbst gestandene Künstlerinnen sind. Viele Werke von Annedore Iwersen schmücken öffentliche Gebäude im Lande.

Annedore Iwersen, Bildteppich »Schleswig-Holstein, das Land, in dem wir leben«, gewebt 1986/87 (Auszug)

Seit vielen Jahren ist die Handweberei ein Treffpunkt für Kunsthandwerker aus ganz Deutschland geworden. Sie stellen ihre Objekte in Glas, Keramik, Bronze, Leder sowie Schmuckartikel hier aus und verkaufen ihre Werke an die Besucherinnen und Besucher.

Annedore Iwersen präsentiert ihre Bildteppiche, transparenten Raumteiler, Krawatten und Schleifen, Leinen und Seidenstoffe aus der eigenen Handweberei. Auch individuelle Kleidungsstücke sowie Schals und Hüte werden in der ständigen Ausstellung angeboten.

Wer die Handweberei besuchen möchte, erreicht diese über Hafenspitze, Hafendamm, unterer Lautrupsweg, Am Lautrupsbach, Mühlenholz und Bohlberg.

Öffnungszeiten: Montag bis Freitag 15 bis 18 Uhr, Samstag 10 bis 13 Uhr sowie nach telefonischer Vereinbarung

Handweberei – Werkstatt – Galerie · Annedore Iwersen
Alt Fruerlundhof 2 · 24943 Flensburg
Tel. und Fax (04 61) 3 98 10 · www.anndore-iwersen.de

Die Museumswerft Flensburg

Eine faszinierende Unternehmung der maritimen Kultur

Am Flensburger Hafen gegenüber dem Schifffahrtsmuseum hat sich ein mindestens so interessantes anderes Museum niedergelassen. Es hat allerdings ein unvergleichlich höheres Aktivitätspotential, von Natur aus sozusagen. Denn hier werden historische Boote und Schiffe nach alten Plänen neu gebaut oder restauriert und wieder in Fahrt gebracht. Die entstandenen beziehungsweise wieder entstandenen Schiffe sind Zeugnisse einer lebendigen Vergangenheit und Gegenwart.
Die Museumswerft wurde 1996 gegründet und 2001 endgültig am jetzigen Standort errichtet.
Sie ist eine private Initiative und finanziert sich von Beginn an als gemeinnützige GmbH durch private Spenden und vorwiegend gemeinnützige Tätigkeit.
Die Museumswerft Flensburg baut und zeigt typische Frachtensegler und offene Arbeitsboote des 18. und 19. Jahrhunderts, die auf der Ostsee für den Handel und in der Fischerei unterwegs waren.
Neben der Darstellung der maritimen Arbeitswelt von damals engagiert sich die Museumswerft in diversen sozialen Projekten wie der Einrichtung von Ausbildungs- und Dauerarbeitsplätzen für junge Bootsbauer sowie in der Organisation von 4-tägigen Eltern/Kind-Bastelstunden. Dabei werden in Zusammenarbeit mit der Jugendherberge Flensburg die ersten Techniken zum Umgang mit Holzbearbeitungswerkzeugen erlernt.
Bei einer Besichtigung der Museumswerft wird der Bootsbau hautnah erlebt. Man sieht, wie ein Frachtensegler von 1794, eine Dansk Jagt, gebaut wird, wie Spanten gesetzt und Planken gebogen werden, was Kalfatern ist und wer das Kielschwein füttert. Man kommt in Kontakt mit alten Werkzeugen und Gerätschaften, kann das Gangspill proben und sich an der Stammsäge versuchen.
Es werden ständig kleine Fischerboote, zum Beispiel offene Arbeitsboote der Förde- und Küstenfischerei, gebaut, und die Gäste erfahren etwas über den Arbeitsalltag des Fischers. Reparatur- und Renovierungsarbeiten an historischen Segelschiffen werden gerne angenommen. Damit auch größere Schiffe zu Wasser oder an Land gebracht werden können, gibt es eine Slipanlage.
Bei allen Aktivitäten und Investitionen geht es darum, den maritimen Teil des heimischen Kulturerbes wieder aufleben zu lassen.
Im urigen Werftcafé können große und kleine Besucher sich bei Kaffee, Kuchen und anderem in rauch- und alkoholfreier Atmosphäre entspannen. Das Café ist täglich von 12 bis 18 Uhr geöffnet (im Winter nur donnerstags bis sonntags).
Die Museumswerft ist von Montag bis Freitag von 8 bis 17 Uhr geöffnet, am Samstag und Sonntag von 10 bis 17 Uhr. Gerne werden Werftführungen, Hochzeiten, Kindergeburtstage und andere Veranstaltungen auf Anfrage ausgerichtet. Die Museumswerft ist erreichbar unter der Telefonnummer (04 61) 18 22 47. Der Eintritt beträgt einen Euro. Und wer dem Förderverein der Museumswerft Flensburg e.V. helfen möchte, kann dies unter der Konto-Nr. 7000 219 (BLZ 215 500 15) bei der Sparkasse Flensburg tun.

Der Museumssteg

Maritime Accessoires

Ein Neubau entsteht.

Das gemütliche Werft-Café

Die Museumswerft am Flensburger Hafen

Die »Alexandra« an ihrem angestammten Liegeplatz im Flensburger Hafen

Der Salondampfer »Alexandra«

Das schwimmende Wahrzeichen Flensburgs und seine bewegte Geschichte

Manchmal sind es nicht die historischen Bauten und Denkmäler, die einer Stadt ihr überregionales Gedächtnis verleihen. Hin und wieder sind es Ereignisse oder Personen, an die sich die Menschen in nah und fern beim Namen eines Ortes erinnern. Ganz selten ist es ein Schiff. Flensburg ist so ein fast einzigartiger Fall. Und das kam so:

Das Dampfschiff »Alexandra«, das seit vielen Jahren zum festen Inventar des Flensburger Hafens gehört, erlebte ihren Stapellauf bei der Werft Janssen & Schmilinski in Hamburg. Die Taufe erfolgte durch die Prinzessin Alexandra zu Schleswig-Holstein Glücksburg. Daher rührt also der Name.

Am 31. Mai 1908 fand die Übergabe an die Reederei statt. Danach fuhr das Schiff zunächst im Liniendienst bei der »Vereinigten Flensburg-Ekensunder und Sonderburger Dampfschiffsgesellschaft«. Im Ersten Weltkrieg wurde es als Vorpostenboot eingesetzt, um dann wieder von 1919 bis 1934 bei der alten Reederei zu fahren. Als diese aufgelöst wurde, trat die Fördereederei an ihre Stelle.

Im Sommer 1936 kam die »Alexandra« zu der Ehre, als Olympia-Regatta-Begleitschiff in Kiel zu dienen. Es wird nicht ihre einzige Olympiade bleiben.

Den Zweiten Weltkrieg erlebte sie als Lotsenversetzdampfer in der Ostsee und als Taucherfahrzeug in der Danziger Bucht. Sie kehrte in den letzten Kriegstagen mit Flüchtlingen nach Schleswig-Holstein zurück.

Von 1946 bis 75 »schob« der Dampfer Liniendienst auf der Förde, vorwiegend auf der Route

Der Aufgang zum oberen Deck

Die hundertjährige »Alexandra« dampft hinaus in die Förde.

Flensburg-Glücksburg. 1972 wurde sie zum zweiten Mal Olympia-Regatta-Begleitschiff in Kiel, ein Ereignis, das nicht viele Dampfschiffe verbuchen können.

Am 31. August 1975 geschah der Einschnitt: Das Schiff wurde wegen Unrentabilität außer Dienst gestellt. Kaum jemand setzte sich in der Folge für den alten Dampfer ein. Das Schiff lag unzugänglich im Hafen, wurde nicht mehr gepflegt und verfiel. Erst 1980 kam die Wende.

In den Jahren 1975 bis 1979 bildete sich aus der Arbeitsgemeinschaft für Stadtbildpflege heraus die Initiativgruppe »Rettet die Alexandra« und am 7. Januar kam es zur Gründung des »Vereines zur Förderung dampfgetriebener Fördeschiffe e.V.«, später »Förderverein Salondampfer Alexandra e.V.«

1980 bis 1982 fanden zahlreiche Aktivitäten zur Erhaltung des Schiffes statt, die schließlich zur Vorstellung der nun wieder ansehnlichen »Alex« auf Hafenfesten führten. 1982 kam es zur Anerkennung des Schiffes als Kulturdenkmal durch das Landesamt für Denkmalpflege.

Am 1. Oktober 1986 schenkte die Fördereederei nach längeren Verhandlungen den Dampfer dem Förderverein. Dieser verpflichtete sich dazu, den Dampfer wieder vollkommen instand zu setzen.

1987 wurde die Rumpfsanierung auf der Werft Peter Eberhardt in Arnis erfolgreich abgeschlossen. Am 18. Dezember 1988 kehrte die »Alexandra« in den Heimathafen Flensburg unter großer Anteilnahme der Bevölkerung zurück. Seit 1989 ist sie in den Monaten Mai bis September im regelmäßigen Fährbetrieb auf der Flensburger Förde unterwegs. Doch die Geschichte hat hiermit noch kein Ende.

Die »Alexandra« steht übrigens als erstes fahrendes historisches Schiff in Schleswig-Holstein unter Denkmalschutz. Im Juni 1991 besucht die »Alexandra« nach 18 Jahren wieder die »Kieler Woche«. Es finden ständig weitere Instandsetzungsarbeiten statt. Die Mittel hierzu werden zukünftig auch mit dem 1992 gegründeten Kuratorium Salondampfer »Alexandra« e.V., eines Spendensammelvereins, aufgebracht. Der Verein ist 1992 Veranstalter vom ersten »Flensburger Dampf Rundum«, des (in PS gemessen) größten Dampfertreffens in Europa, das ab 1995 alle zwei Jahre Hunderttausende an die Förde lockt. Auf vielen nationalen und internationalen Dampfertreffen ist die »Alexandra« seither der heimliche Star.

2005 geht die »Alexandra« auf große Fahrt nach Hamburg und zurück. Sie bietet das Forum für den Film »Kalle kommt«. Das Chartergeschäft ist weiterhin die »Haupteinnahmequelle« des Vereins.

Der Salondampfer »Alexandra« begeht 2008 seinen hundertsten Geburtstag.

Der Dampfer kann sonnabends und sonntags in Fahrt gechartert werden. Termine und Preise nach Vereinbarung, auf Wunsch Bewirtungsservice durch die Bordrestauration. Auskünfte erteilt der Förderverein unter Telefon (01 71) 3 16 40 07. Es können auch Bordtrauungen über das Standesamt Flensburg und den Förderverein vereinbart werden.

Der Salondampfer »Alexandra« ist unter der Telefonnummer (04 61) 2 12 32 für weitere Informationen zu erreichen.

Erwartungsvolle Stimmung vor der Abfahrt

Originalgetreu restauriertes Innenleben

Erneuerbare Energien vor den Toren Flensburgs

Windkraft und Sonnenkollektoren auf einen Blick

Sonne, Wind und Biogas auf Hof Noerreheede in Nordhackstedt

Nur wenige Kilometer westlich von Flensburg, im 500-Einwohner-Dorf Nordhackstedt, hat bereits ein Stück Zukunft begonnen.
Wenn man Hof Noerreheede von Weitem liegen sieht, erkennt nur der Fachmann, was hier vor sich geht. Die Gebäude verraten ihren wahren Zweck erst bei näherer Betrachtung. Henning Wriedt, der »Energie-Bauer«, führt Interessierte öfter über sein Anwesen und erklärt, worum es geht:
»Hier wird Biomasse, also organisches Material, zu Biogas verarbeitet. In unserem Fall ist es Mais.« Er weist mit der einen Hand auf den Maisvorrat, der in der Nähe lagert, mit der anderen öffnet er die Abdeckung des Vorlagebehälters, unter der die »Biomasse« auf ihre Weiterverarbeitung wartet.

Die Biomasse Mais wird im Fahrsilo eingelagert.

»Von hier aus wird der Mais automatisch der Anlage zugeführt, und zwar zunächst dem Bioreaktor, auch Fermenter genannt. Dort entsteht durch bestimmte Gär- oder Fäulnisprozesse das Biogas, das je nach Basisstoff aus Anteilen von Methan, Kohlendioxid, Wasserdampf sowie geringen Mengen Stickstoff, Sauerstoff, Wasserstoff, Ammoniak und Schwefelwasserstoff besteht.« Aus dem Fermenter gelangt das Biogas ins Gaslager, von dem aus es der Verwertung zugeführt wird.
Henning Wriedt ist nicht nur Landwirt auf dem eigenen Hof, sondern auch noch Teilhaber der Firma HWH rent-a-truck GmbH, die Vermietung und Verkauf von Traktoren und Landmaschinen betreibt. Außerdem ist er überregional als landwirtschaftlicher Berater bei einem großen Saatgutunternehmen tätig.
Der Rundgang geht weiter mit einem Blick auf den Fermenter.
»Und?«, fragt Henning Wriedt, »Es werden kaum unangenehme Gerüche entwickelt!«
Biogas wird heute vor allem zur dezentralen gekoppelten Strom- und Wärmeerzeugung in Blockheizkraftwerken, der bekannten Kraft-Wärme-Kopplung, genutzt. Dazu wird das Gasgemisch getrocknet, durch Einblasen einer geringen Menge Frischluft entschwefelt und dann einem Verbrennungsmotor zugeführt, der einen Generator antreibt. Der so produzierte Strom wird ins Netz eingespeist. Die im Abgas und Motorkühlwasser enthaltene Wärme wird zurückgewonnen. Ein Teil der Wärme beheizt den Fermenter und die Wohn- und Betriebsgebäude.

Das Betriebsgebäude mit den Fermentern

Im Generatorenraum

In Sichtweite zum Hof entdeckt man noch mehr »Energieproduzenten«: die Windräder.
Auf Hof Noerreheede bewegt sich überhaupt ständig etwas. Soeben wurden große Dachflächen mit Sonnenkollektoren bestückt und ein »Sonnenpark« mit Sonnenkollektorsegeln ist in Planung. Daneben weidet seelenruhig die Mutterkuhherde der Familie Wriedt.
»So ändert sich die Landwirtschaft und damit auch das Landschaftsbild«, sagt Henning Wriedt. »Als ich den Hof, der 1872 von meinem Urgroßvater gekauft wurde, in der vierten Generation übernahm, habe ich diesen bis zum Jahre 2000 als Milch erzeugenden Vollerwerbsbetrieb geführt. Meine Vorfahren haben auch nach einem tragischen Brand im Jahre 1908, bei dem der Hof vernichtet wurde, nicht aufgegeben und mit viel Arbeit und Entbehrung dafür gesorgt, dass dieser Betrieb weiter existieren konnte. Meinen Eltern kann ich nur dafür danken, dass sie mir die Liebe zur Landwirtschaft vermittelt haben. Meine Frau und ich möchten den Hof Noerreheede, den wir mit vielen Ideen neu gestaltet und ausgerichtet haben, weiterhin fit für die Zukunft machen!«

Kultur auf dem Lande

Kunst, Kaffee, Musik und mehr auf Hof Noerreheede

Das Landleben wird manchmal inspiriert durch eine reizvolle Idee. Ute Wriedt hat auf Hof Noerreheede mit viel Gefühl für wildromantische Details und einem kreativen Händchen für die Gestaltung des Gartens und der Räumlichkeiten ein Kleinod der Entspannung geschaffen. Schon der erste Eindruck macht neugierig auf das, was sich dahinter verbirgt.

Das Hoftor, gesäumt von wuchtigen Pfeilern, öffnet sich hin zu einer hellen Fassade, deren Schlichtheit nur durch wenige Accessoires ergänzt wird. Die mächtige Holztür öffnet sich zu einem liebevoll eingerichteten Interieur, das seinen bäuerlichen Hintergrund nicht verleugnet. Im Gegenteil: Der ehemalige Kuhstall ist mit einem 200 Jahre alten Bohlenboden ausgelegt, darüber erheben sich noch immer die gewölbten Deckenpartien.

Gartenszene – »eingefangen« im original belassenem Stallfenster

Quitten – pflückreif für leckere Fruchtaufstriche vom Hof Noerreheede

Bei der Ausgestaltung der Räume hat die ehemalige Augenoptikerin besonderen Wert auf eine Kombination von Tradition und Moderne gelegt. Von der alten Hobelbank, die unter anderem als Frühstückstresen genutzt wird, bis hin zum Designheizkörper wird alles diesem Anspruch gerecht.

Die Mutter von Henning Wriedt, die auf dem Altenteil des Betriebes wohnt, fügt hinzu, dass sie unglaublich stolz ist, dass »ihre Kinder den Hof mit so viel Liebe zum Detail wieder herrichten und somit auch zu einem Aushängeschild des Dorfes machen. Es gibt doch so viele verfallene Höfe, da bin ich dankbar, dass ich hier leben kann.«

»Eine Atmosphäre zum Abtauchen wollten wir schaffen«, sagt Ute Wriedt, als sie vor Jahren daran gingen, dem Hof Noerreheede innerlich und äußerlich eine neue Prägung zu verleihen. Anfänglich waren nur Übernachtungsmöglichkeiten und Seminare geplant. Es wuchs die Idee, auch kulturelle und kulinarische Veranstaltungen in diesem ganz besonderen Rahmen stattfinden zu lassen. Mittlerweile wurde dies erfolgreich umgesetzt, tatkräftig unterstützt von ihrem Mann Henning. Die Feuerprobe hat der Hof Noerreheede längst bestanden und eine Reihe von Events erlebt, die viele Gäste bezaubert haben. Dabei ist oftmals der wundervoll hergerichtete Garten mit seinem herrlich alten Baumbestand zur Bühne geworden. Unvergesslich ist beispielsweise ein Konzert des Altrockstars Tony Carey, begleitet von dem Kammer-Pop-Trio Mobago, die in schon fast intimer Atmosphäre eine stimmungsvolle Soirée Hits und Lieder präsentierten.

Das ist auch das Einmalige an diesem Ort. Hier treffen sich unterschiedliche Menschen, sei es bei einem plattdeutschen Abend zur Weihnachtszeit, bei Kunstausstellungen oder zu einer »Genussreise« bei

Altrockstar Tony Carey mit einem Musiker der Gruppe Mobago bei einem Gartenkonzert 2007

Eventraum »Kuhstall«

Käse und Wein. Die Palette ist bunt und reichhaltig und weckt den Wunsch, wieder zu kommen.

Da wären auch noch die hausgemachten Kulinarien, hofgebackenes Brot und verführerische Fruchtaufstriche, dessen Zutaten aus dem Garten und aus dem Wildwuchs stammen. Mit dem Glas Wein und dem Schmalzbrot in der Hand sieht man die Gäste ihren Klönschnack halten und merkt ihnen die Leichtigkeit und Lebensfreude an. Es sind eben jene Momente der inneren Erholung, in denen der Alltag weit abrückt.

Wegen der großen Nachfrage ist geplant, ab Ende 2008 den Hof zusätzlich an einem Tag in der Woche für den Verkauf von selbst gebackenem Brot, Fruchtaufstrichen und regionalen Spezialitäten zu öffnen.

Hof Noerreheede erreicht man von Flensburg aus in wenigen Autominuten über die B 199 Richtung Niebüll/Sylt, wobei man in Schafflund links abbiegt. Nach 1,5 Kilometern liegt der Hof auf der linken Seite.

Hof Noerreheede · Ute und Henning Wriedt
Ortsstraße 13 · 24980 Nordhackstedt
Tel. (0 46 39) 78 21 88 · Fax (0 46 39) 78 21 89
wriedt-sh@gmx.de · www.noerrehee.de

Ansicht vom Hof Noerreheede

Glücksburg – nomen est omen

Samt und Seide um ein Juwel

Glücksburg ist die nördlichste Stadt auf dem deutschen Festland. Sein einzigartiges Wahrzeichen hat sich im Namen der Stadt verewigt. Hierzu ist ein kurzer Blick in die Geschichte aufschlussreich.
An der Stelle des heutigen Glücksburger Wasserschlosses befand sich das 1209 gegründete Zisterzienserkloster Rüde (lateinisch Rus Regis), auch Rudekloster genannt. Es hatte umfangreichen Landbesitz in der direkten Umgebung und verstreut im nördlichen Angeln, zum Beispiel in den Orten mit »Munk«, was auf Dänisch Mönch bedeutet: Munkbrarup, Munkwolstrup oder Munkmühle bei Rinkenis am anderen Ufer der Flensburger Förde.
Nach der Reformation wurde das Kloster aufgelöst und fiel bei der Landesteilung 1544 erst an Herzog Johann den Älteren und nach dessen Tod 1581 an Johann den Jüngeren, einen Neffen. Dieser verlegte seine Hauptresidenz von Sonderburg hierher.

Glücksburg mit der Halbinsel Holnis (Foto: Glücksburg Consulting)

Das Holnis-Kliff (Foto: Glücksburg Consulting)

Der Anleger

Stele mit dem Glücksburger Stadtwappen

Auf der Strandpromenade

Das jetzige Wasserschloss entstand auf ebenso eindrucksvolle wie einfache Weise: Man flutete die Reste des Klosters und schuf inmitten des so entstandenen Sees den Bauplatz für die neue Residenz. Das Schloss erhielt wegen seiner lieblichen Lage und einem inneren Wunsch gemäß den Namen Glücksburg.
Von Herzog Johann gingen die Besitztümer an seine fünf Söhne über. Der westliche Teil mit dem alten Klostergut, dem Schloss Glücksburg und den nördlich der Förde gelegenen Besitzungen im Sundewitt kam an Herzog Philipp, der damit die ältere Sonderburg-Glücksburger Linie begründete. Diese starb im Jahre 1779 aus.
Der dänische König übertrug das Anwesen dem adligen Offizier Wilhelm von Sonderburg-Beck, der einer Nebenlinie des Sonderburger Haupthauses entstammte. Der Name Glücksburg gehörte nun dem Zweig der Oldenburger, die später mit Christian IX. auch den dänischen Königsthron übernahm.

In den 1850er Jahren war Glücksburg die bevorzugte Sommerresidenz des dänischen Königs Friedrich VII., des letzten Sprosses des ältesten Mannesstamms des oldenburgischen Königshauses.

Glückhafte Wendungen

Von Schloss Glücksburg und seinen adligen Besitzern gingen sehr erfreuliche Wirkungen aus. Der Ort um die Residenz hatte sich nach und nach zu einem Flecken entwickelt, der sich wichtige Handels- und Gewerbefreiheiten angeeignet hatte. Die verkehrsgünstige Lage direkt an der Förde, das fruchtbare Hinterland, die schnellen Verbindungen nach Kopenhagen und nicht zuletzt die Präsenz des Hofstaates mit seinen vielen beruflichen Möglichkeiten förderten Wohlstand und Bedeutung des Ortes. Zudem bewahrheitete sich immer mehr das Omen, das sich einst mit der Namensgebung verknüpft hatte.
Daran konnte auch der 1864 zwischen Dänemark und den deutschen Staaten ausgebrochene Krieg nichts Wesentliches ändern. Glücksburg und das gesamte Herzogtum Schleswig wurden zwar preußisch und 1871 Teil des Deutschen Reiches. Aber alles hat auch sein Gutes.

Brücke am Quellental
(Foto: Glücksburg Consulting)

Mit der Kaiserzeit begann in Glücksburg die Entwicklung zu einem der bekanntesten Seebäder Deutschlands. Der erwachende Tourismus war wie geschaffen für den landschaftlich wunderschön gelegenen Ort. Bald schon erhielt er das Stadtrecht und festigte damit seine Existenz. 1872 wurde Glücksburg Ostseebad.
Die herrlichen Strandpartien und alle Kureinrichtungen waren für die Gäste schnell und bequem zu erreichen. Und so ist es rund um Sandwig noch heute. Wälder, Wiesen und die sanfte Förde umschließen Glücksburg wie Samt und Seide ein Juwel. So hat es ein zeitgenössischer Poet einmal ausgedrückt.
Wenn man an lauen Sommerabenden die Promenade entlang wandert und die warmen Farben der Abendsonne sich über die tags strahlend weißen Bauten legen, erfasst einen jene fast unbeschreibliche Ostseestimmung: Tiefer Friede durchströmt die Gedanken und Gefühle. Man sieht es den Menschen an, denen man auf dem Weg oder im Strandcafé begegnet. Sie sind irgendwie auf ganz eigene Weise glücklich.
Wenn dann der letzte Fördedampfer Richtung Flensburg abgelegt hat und viele Augen seinem Schraubenwasser nachsehen, schweifen die Blicke auch gerne ab nach Norden. Dort ruhen wie zwei riesige Findlinge die dänischen Ochseninseln in der Förde, umsegelt noch von den späten Booten, die in den Hafen heimkehren. Und schließlich verschwinden die sanften Uferlinien im Blauschwarz der heraufziehenden Nacht.
Solche Impressionen sind in Glücksburg nicht die Ausnahme, sondern die Regel.

Inmitten einer Traumlandschaft

Seit 1949 ist Glücksburg ein staatlich anerkanntes Seeheilbad. Wald, Wasser, Steilküste, Seen und sanfte Hügel, die ganze Natur scheint sich der menschlichen Erholung verschrieben zu haben. Die Lage am südwestlichen Ende der Halbinsel Holnis ist nah an vielen malerischen Rad- und

Brücke zur Gaststätte »Quellental« (Foto: Glücksburg Consulting)

Alternativer Wegweiser am Strand

Wanderwegen, die zwischen Förde und offener Ostsee verlaufen.
Holnis mit seiner imposanten Steilküste besitzt eine wertvolle Salzwiesenregion mit einer bedeutenden Brutkolonie für Seevögel. Die gesamte Halbinsel, die sich etwa 6 Kilometer Richtung Nordosten in die Flensburger Förde erstreckt, gehört zum Stadtgebiet Glücksburgs. Ihre Spitze stellt den nördlichsten Festlandspunkt Deutschlands dar. Der malerische Golfplatz des einheimischen Clubs bei Bockholmwik eröffnet zwischen den Schlägen immer wieder herrliche Ausblicke über die Außenförde.
Im Ortsteil Glücksburg-Meierwik ist das Flottenkommando der Marine beheimatet. Von hier aus wird die gesamte deutsche Flotte weltweit geführt.
Schloss Glücksburg ist das beliebteste Ausflugsziel der Region. Der Bau der Spätrenaissance gehört heute einer Stiftung.
Das Rosarium Glücksburg erfreut seit 1991 viele Freunde der Gartenkultur. Es wurde in einem früheren Teil des Schlossparks eröffnet und beherbergt über 500 Rosensorten, darunter vor allem historische Sorten und Deutschlands größte Sammlung Englischer Rosen.
Glücksburg ist Sitz der Hanseatischen Yachtschule, die größte und älteste ihrer Art in Deutschland.
Glücksburg verfügt über mehrere Hotels in allen Kategorien sowie zahlreiche reizende Pensionen, Ferienwohnungen und Campingplätze. Das neue Erlebnisbad und Wellness-Zentrum Glücksburg, die Fördeland-Therme, lockt mit modernen Wohlfühl-Angeboten.
Ein besonderes Kapitel sind die interessanten Veranstaltungen, die vorwiegend im Sommerhalbjahr stattfinden. Seit 2002 wird in Glücksburg der Ostsee-Man-Triathlon durchgeführt. Dann säumen Tausende von Schaulustigen und Sportbegeisterten den Kurs quer durch Stadt und Umland. Klassikfans kommen bei den Konzerten des Schleswig-Holstein Musik Festivals auf ihre Kosten.

Der Hafen (Foto: Glücksburg Consulting)

Während des Rosenfestes im Rosarium, das jedes Jahr am letzten Juni-Wochenende Blumenträume schafft, werden die Glücksburger Rosenkönigin und Rosenprinzessin gekürt.
Im »artefact«, dem Glücksburger Zentrum für nachhaltige Entwicklung, werden globales Lernen und lokales Handeln vermittelt. Die Institution widmet sich unter anderem der praxisnahen Ausbildung zu Umwelttechnologien, -management und -pädagogik. Die Kurse und Workshops haben auch den sanften Tourismus, der gerade in Glücksburg gefördert wird, zum Thema. Alljährlich kommen viele Tausend Gäste und Kursteilnehmer aus bislang 50 Ländern weltweit. Menschen, die beruflich oder ehrenamtlich in Wirtschaft, Handwerk, Ausbildung, Politik und Gesellschaft tätig sind, erfahren hier eine gezielte Weiterbildung.
Die bekannteste Persönlichkeit aus Glücksburg, abgesehen von den Mitgliedern des Adelshauses, ist Kai-Uwe von Hassel (1913 bis 1997), der unter anderem Glücksburger Bürgermeister, Ministerpräsident von Schleswig-Holsteins Bundesminister und Bundestagspräsident war.
Das Menke-Planetarium und die Menke-Sternwarte befinden sich in Glücksburg in der Fördestraße 37. Auf einem Hügel an der Flensburger Förde gelegen, verfügt die Sternwarte über einen Zeiss-Planetariumsprojektor, der den Sternenhimmel mit etwa 3000 Sternen erstrahlen lässt. Weitere Projektoren erlauben es, den Jahreslauf der Sonne, des Mondes und der Planeten zu zeigen. Das Planetarium lädt regelmäßig zu Vorführungen und Vortragsveranstaltungen sowie Sondervorführungen für Gruppen und Schulen ein. Die Anlage wird seit 1995 von der Fachhochschule Flensburg betrieben.
(Termine unter Telefon (04 61) 8 05 12 73)

Romantische Touren

Glücksburger Gäste lieben es, sich auf erholsame Wanderungen entlang der Küste oder der malerischen Winkel des Ortes zu begeben.

Am Badestrand

Nordic Walking ist eine beliebte Sportart in und um Glücksburg. (Foto: Glücksburg Consulting)

Samtweiches Licht auf dem Wasser

Der idyllische Rundweg um das Wasserschloss, das dabei immer im Blick bleibt, ist wohl der Klassiker unter den Spaziergängen. Von dieser baumbestandenen Strecke aus werden die meisten und besten Fotos des Schlosses geschossen.

Aber auch die Strandpromenade nach beiden Seiten wird den ganzen Tag über »bewandert«, westwärts gerne bis Quellental zur dortigen Gaststätte. Die gemütliche Kaffeepause mit Blick auf Förde und Seglerhafen hat schon Generationen von Touristen Freude bereitet.

Das Fährhaus Holnis ist Ausgangs- und Endpunkt eines fast obligatorischen Abstechers zum nördlichsten Festlandszipfel Deutschlands. Dieser flache Strandausläufer ist zwar selbst nicht spektakulär, umso mehr aber das Panorama.

Radler erleben die Landschaft in etwas weiteren Dimensionen und erreichen eine Reihe von Küstenorten und Angelner Dörfern, die das Urlauberherz höher schlagen lassen. Hierzu zählen vor allem Langballigau und Unewatt mit seinem historischen Freilichtmuseum.

Volleyball im Abendlicht (Foto: Glücksburg Consulting)

Das Medimaris-Team vor dem Haupteingang

Birte Jacobsen in ihrem Culinarium

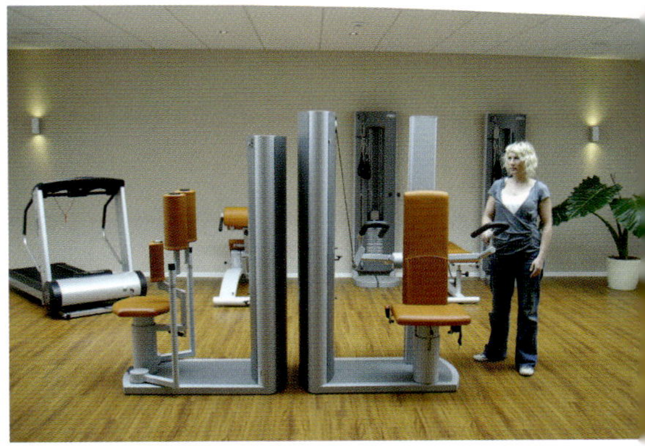
Lydia Wollny zeigt ihren reichhaltig ausgestatteten Übungsraum.

Wohlfühlatmosphäre und medizinischer Erfolg

Medimaris – das Gesundheitszentrum in Glücksburg

Die »Freude am Menschen« hat im Medimaris Gesundheitszentrum verschiedene Fachleute zusammen und somit den Glücksburgern und Gästen eine große Bereicherung gebracht. Medimaris bietet viele Angebote und die verschiedensten Diensleistungen im Gesundheitsbereich.

Der Patient und Kunde wird bei Medimaris mit schulmedizinischen und alternativen Heilmethoden von den besten Fach-Dienstleistern behandelt und mit hochwertigen Wellnessanwendungen verwöhnt. In einer Wohlfühlatmosphäre wird der Aufenthalt im Gesundheitszentrum so schön und angenehm wie möglich gestaltet. Dafür wurde eine gemütliche Wartelounge konzipiert, ein kleines Bistro sowie helle und einladende Räume, die ideal in das Gesamtkonzept passen.

Mit der Fördeland Therme hat das Gesundheitszentrum einen Nachbarn, der die sanften Therapien durch Sauna- und Badeweltangebote sinnvoll ergänzt.

Im Eingangsbereich vom Medimaris liegt die schöne Apotheke am Meer, die mit ihrer räumlichen Großzügigkeit die Kunden und Patienten optimal versorgt. Öffnungszeiten: Montag bis Freitag 8 bis 18.30 Uhr, Samstag 10 bis 13 Uhr – Tel. (0 46 31) 4 06 11 00.

Im Salztempel

Die stilvolle Ayurveda Praxis und SPA »upanischad«, von Simone Marek ist spezialisiert auf Heilmethoden der indischen Tradition, darunter fallen Massagen, Schönheitspflege, Gesundheits -u. Ernährungsberatung mit Besonderheit eines ayurv. Kochkurses unter dem Namen Ayur Diner. Althergebrachte Rituale und Zeremonien der Stille und Ästhetik werden speziell für Frauen angeboten. – Tel. (0 46 31) 4 06 11 80.

Birte Jacobsen hat mit der Praxis für Ernährungstherapie und dem Culinarium einen Ort geschaffen, an dem sich Ernährungsberatung und Kochpraxis genussvoll ergänzen. Die Beratungen werden mit 85% von den Krankenkassen bezuschusst. Zusätzlich runden Kochevents und das Stoffwechselprogramm Metabolic Balance das Angebot ab. Tel. (0 46 31) 4 06 11 30

Dr. Ralf Dehler praktiziert im Medimaris als Facharzt für Rehabilitationsmedizin und Konservative Orthopädie – Tel. (0 46 31) 4 06 11 60.

Dr. Jörg Schreiber ist Allgemeinmediziner und Kurarzt mit den Spezialgebieten Akupunktur und Entspannungsverfahren – Tel. (0 46 31) 4 06 11 40.

Die Praxis für Ergotherapie Heike Krüger & Bettina Schomberg bietet Kinderbehandlung und Behandlung bei neurologischen, psychischen und orthopädischen Erkrankungen – Tel. (0 46 31) 40 81 14.

Das Ostsee Institut für ganzheitliche Kosmetik Meriem Beckmann ist in den Bereichen Kosmetische Behandlung und Ganzheitliche Kosmetik tätig – Tel. (0 46 31) 4 06 11 20.

Wohlfühl-Ambiente gehört dazu.

Lydia Wollny arbeitet in ihrer Praxis für Physiotherapie auf den Gebieten Krankengymnastik, Massagen, Kälte- und Wärmeanwendungen mit den Zusatzleistungen Craniosacrale und Brügger Therapie sowie Fußreflexzonenmassage, Aquafitness und Rückenschule – Tel. (0 46 31) 4 06 11 10.

In der Praxis für Logopädie behandelt Sigrid Beckmann Sprechstörungen, Sprachstörungen und Stimmstörungen – Tel. (0 46 31) 44 27 97.

Im Salztempel bietet Roswitha Schreiber Entspannung und Therapie bei Atemwegserkrankung, Schilddrüsenunterfunktion, Stoffwechselstörungen, Kreislaufstörungen, Hauterkrankungen und Allergien aller Art an – Tel. (0 46 31) 4 06 11 90.

Medimaris · Sandwigstraße 1a
24960 Glücksburg · Tel. (0 46 31) 4 06 11 30

»Fördeland Therme Glücksburg«

Deutschlands nördlichste WellnessOase an der Ostsee

Grenzenlos gut und völlig im Glück werden Sie sich in der Fördeland Therme Glücksburg an der Grenze zu Dänemark fühlen. Ob als Urlauber, Durchreisender oder als Stammgast – immer nutzen Sie hier Ihre Freizeit von der erfrischendsten und entspannendsten Seite.

Die große Badewelt mit Innentherme und beheiztem Meerwasser-Außenbecken lädt Sie ein, sich von einem Wassererlebnis zum anderen herrlich treiben oder erfrischen zu lassen.

Die 105 Meter lange Familienrutsche, der Strömungskanal mit Jetstream oder auch der spezielle Eltern-Kind-Bereich sorgen mit zahlreichen Attraktionen im und rund ums Wasser dafür, dass es Groß und Klein nie langweilig wird.

Erleben Sie in der Saunenwelt hautnah, wie gut Ihnen die Wärme der unterschiedlichen Saunen, des Hot-Whirlpool und der Bäder im Innen- und Außenbereich tut.

Nach einem Saunagang beispielsweise in der Kelo-Blockhaussauna oder der Fischerbanja bietet sich eine Abkühlung unter den Erlebnisduschen, in dem Tauchbecken oder dem Freiluftschwimmbecken im Saunengarten an.

Sonnenanbetern steht im Freien neben dem Sonnendeck auch eine Liegewiese zur Verfügung. Scheint die Sonne mal nicht, dann erwartet Sie ein Solarium.

Kinderbecken im Innenbereich

Erlebnisbecken im Innenbereich

Macht sich nach dem bunten Treiben mal der Hunger oder Durst bemerkbar, verwöhnen wir Sie gerne mit Leckerbissen an der Saunabar und im Bistro der Badewelt.

Mehr Infos: www.foerdeland-therme.de

Die Therme ist Sonntag bis Donnerstag von 10 bis 22 Uhr sowie Freitag und Samstag von 10 bis 23 Uhr, die Saunenwelt täglich von 10 bis 23 Uhr geöffnet.

Fischerbanja

105-Meter-Familienrutsche

Fördeland Therme Glücksburg
Betriebsgesellschaft mbH & Co. KG
Sandwigstraße 1a · 24960 Glücksburg
Tel. (0 46 31) 44 40 70 · Fax (0 46 31) 4 44 07 99
info@foerdeland-therme.de
www.foerdeland-therme.de

Das Glück auf dem Rücken der Pferde

Der Reiterhof Clausen in Glücksburg – eine Oase des Reitsports

Schulbetrieb in der Reithalle

Seit über 30 Jahren bieten der Reiterhof Clausen und die Reitsportgemeinschaft am Rüder See in Glücksburg (RSGR) weit gefächerte Möglichkeiten des Reitens an. Was Ostern 1975 als Reit- und Voltigierbetrieb auf dem Hof der Familie Clausen begann, hat sich mit den Jahrzehnten zu einem vielfältigen Reitsportzentrum für Einheimische und Gäste entwickelt. Der Verein, der heute ca. 350 Mitglieder hat, widmet sich sowohl der Förderung des Breitensports als auch Aufgaben der freien Jugendhilfe.

Im April 1977 wurden der »Reiterhof Clausen« und das Café-Restaurant »Zur Futterkrippe« offiziell eingeweiht. Die »Futterkrippe«, damals wie heute im Besitz und unter fachlicher Leitung von Hans-Peter Clausens Tochter Helga Zemke, bietet neben schmackhaften Speisen und einer großen Getränkeauswahl als Besonderheit den Blick in die Reithalle. Auch Nichtreiter treffen sich deshalb gerne hier.

Als Bereiter FN übernahm 1979 Martin Clausen die Verantwortung für Reitbetrieb, 1985 auch den Gesamtbetrieb des Reiterhofs, seit 1991 unterstützt durch seine Frau Helga.

Hans-Peter Clausen sorgte noch bis Ende der 80er-Jahre als versierter Stallmeister für das Wohl der Pferde auf dem Reiterhof.

Derzeit umfasst der Reiterhof Clausen einen Stalltrakt nebst Außenboxen mit Platz für etwa 55 Pferde, dazu große Koppeln in idyllischer Lage am Rüder See. Zwei 20 mal 40 Meter große Reithallen, ein 20 mal 60 Meter großer Außen-Dressurplatz und ein Springplatz stehen den Reitern für Unterricht und Training zur Verfügung. Martin Clausen bietet von den ersten Longenstunden für Anfänger bis zum Dressur- und Springtraining für Fortgeschrittene nahezu die ganze Ausbildungspalette an. Zuverlässige Schulpferde vermitteln im täglich bis zu viermal stattfindenden Unterricht das richtige Sitz- und Reitgefühl. Lehrgänge für den Basispass, das Kleine Hufeisen, Reiterpass und das Deutsche Reitabzeichen ergänzen den Unterricht und werden auf dem Reiterhof mit guten Noten abgeschlossen.

Für Fortgeschrittene und Turnierreiter wird Förderunterricht angeboten, auch mit Lehrgängen, die zum Teil von renommierten auswärtigen Trainern abgehalten werden.

Vereinsinterne Turniere, zu denen auch Aktive aus anderen Vereinen eingeladen werden, schaffen die Gelegenheit, das eigene Können zu testen. Die Turnierreiter der RSGR starten regelmäßig mit großem Erfolg auf auswärtigen Turnieren.

Nach dem Bau der zweiten Reithalle haben sich inzwischen die reinen Dressurturniere mit Prüfungen der Klasse S als Highlights etabliert.

Heilpädagogisches Voltigieren ist ein weiterer Bereich, in dem der Reiterhof Clausen mit fachlicher Kompetenz tätig ist. Hierbei und beim »normalen« Voltigieren werden schon die Jüngsten an Freund Pferd herangeführt.

Auch Wanderritte durch den Glücksburger Wald und durch die schöne Angelner Landschaft inklusive Lagerfeuerromantik stehen dann auf dem Programm. Zweimal im Jahr gibt es Ringreiterwettbewerbe, die besonders bei den Jugendlichen beliebt sind.

Und wenn man nach dem Ausritt oder dem Training etwas ausspannen möchte, trifft man sich zum »Klönschnack« im gemütlichen Café-Restaurant »Zur Futterkrippe«, das Reitgeschehen in der Halle vor Augen.

Der Reiterhof Clausen aus der Vogelperspektive

Turnierreiterinnen

Reiterhof Clausen
Ruhetaler Weg 30
24960 Glücksburg
Tel. (0 46 31) 81 74 und 9 51
reiterhof-clausen@t-online.de
www.rsgr.de

Pferde vor der Caféterrasse

»Lieben Sie Lebensart?«

Stilvolle Gartenmöbel bei seaside-garden in Glücksburg

»Bitte nehmen Sie Platz...«
Es muss nicht immer die Sonne scheinen, damit man erholsame Stunden im Garten oder auf dem Balkon genießen kann. Ob allein, zu zweit oder in entspannter Runde mit Freunden, die Outdoor-Möbel und Accessoires von seaside-garden sorgen immer für ein gemütliches Ambiente.
Die verwendeten Materialien wie Teak, Teak in Kombination mit Edelstahl oder wetterfestes Geflecht strahlen zeitlose Eleganz aus und verleihen

den Gartenmöbeln einen bleibenden Wert und Beständigkeit bei jedem Wetter. Praktische Begleiter wie Kissentruhen, Schirme oder Grills vervollständigen das vielseitige Angebot
Ein einmaliges Highlight in der »Strandkorb-Familie« der reizvollen Ein-, Zwei- und Dreisitzer ist der exklusive Bullaugen-Strandkorb (www.bullaugen-strandkorb.de).
Ob Teakmöbel oder wetterfeste Flechtmöbel, seaside-garden achtet bei der Produktpalette auf hochwertige Materialien, erstklassige Verarbeitung und gutes Design. Anspruch an höchste Qualität

und Liebe zum Detail bilden bei seaside-garden eine ideenreiche und kostbare Symbiose.
Neben einer ausführlichen Beratung liegen Kerstin Grosse der individuelle Service und die Zufriedenheit ihrer Kunden besonders am Herzen.
seaside-garden sorgt dafür, dass Gartenträume wahr werden.

seaside-garden · Kerstin Grosse
Seestraße 23 · 24960 Glücksburg/Ostsee
Tel. (0 46 31) 44 23 10 · Fax (0 46 31) 44 23 23
Mobil (01 71) 4 60 28 88
mail@seaside-garden.de · www.seaside-garden.de

»Crown Princess Margareta«

Zauberhafte Formen, Farben und Düfte

Das Rosarium Glücksburg – der schönste Rosengarten im Norden

In einer der schönsten Gegenden Norddeutschlands, direkt an der Flensburger Förde, liegt das Wasserschloss Glücksburg. Auf dem Gelände der ehemaligen Schlossgärtnerei, direkt am Schloss, befindet sich das 1991 durch den Rosenfachmann Ingwer J. Jensen gegründete Rosarium Glücksburg.

Das Rosarium, von Blüten umrankt

Hier sind heute auf knapp 10 000 Quadratmetern über 500 Sorten von Englischen, Historischen, Modernen, Wild- und Kletterrosen zu erleben. Unter ihnen ist die größte Sammlung Englischer Rosen in Deutschland. Sie duften betörend und verzaubern mit ihren zarten Pastelltönen. Die Rosen sind mit vielen Rosenbegleitstauden und Clematis zu einem üppigen und romantischen Garten arrangiert. Von einem formalen Lavendel-Rosengarten am Haus eröffnet sich dem Besucher nach Osten ein ebener, streng gestalteter Bereich mit zumeist Englischen Rosen. In Form geschnittene Hecken trennen die einzelnen, farblich unterschiedlich bepflanzten Bereiche. Über eine lange Rasenachse gelangt man in einen weiteren Bereich; das zum Schlossteich abfallende Gelände wurde mit landschaftlichen Pflanzungen eingebunden. Strauchrosen, von denen allein die Sorte »Maria Liesa« ein etwa 25 Meter langes Beet bedeckt und Abertausende von Blüten hervorbringt, sowie historische Rosen und Wildrosen finden hier einen angemessenen Raum.
Entlang der trennenden Rasenachse verläuft eine Allee aus 20 hintereinander liegenden Rosenbögen. Durch den hinteren Teil des Gartens führt ein von Kletterrosen gesäumter Rundweg.
Viele Plätze im Garten laden zum Verweilen ein, nicht zuletzt das angrenzende Rosen-Café mit seiner lauschigen Terrasse.
Im Rosen Shop gibt es das ganze Jahr neben Rosen und weiteren Pflanzen auch alles, was man sich im Rosendekor vorstellen kann. Man darf sich überraschen lassen!

Öffnungszeiten:
15. Mai bis 30. September:
täglich 10 bis 18 Uhr, auch an den Wochenenden
1. Oktober bis 14. Mai:
Montag bis Freitag 10 bis 18 Uhr,
Samstag 10 bis 13 Uhr

Rosarium Glücksburg
Am Schlosspark 2b · 24960 Glücksburg
Tel. (0 46 31) 6 01 00 · Fax (0 46 31) 20 80
info@rosen-jensen.de · www.rosen-jensen.de

»Der Hut ist Ausdruck der Persönlichkeit«

Das kleine Hutatelier in Glücksburg

Patricia Tolle-Kohler, gebürtige Hamburgerin, lebt seit sechzehn Jahren mit ihrer Familie in Glücksburg. Nach dem Abitur lernte sie das Modistenhandwerk in Hamburg und Kiel, leitete dann ein Geschäft mit englischer Damen- und Herrenmode in Hamburg-Pöseldorf.
2004 eröffnete sie ihr eigenes Hutatelier in Glücksburg. Leben und Arbeiten unter einem Dach entsprach schon lange ihren Vorstellungen.
Im Ausstellungsraum präsentiert sie ihre in traditioneller Machart gefertigten Modelle. Jedes Modell kann in unterschiedlichen Materialien (Velour, Stroh, Pelz und Leder) gefertigt werden, schlicht oder aufwendig mit Blumen, Federn oder Stoffen verziert – den Möglichkeiten sind keine Grenzen gesetzt.
»Der Hut ist Ausdruck der Persönlichkeit. Er drückt den Lebensstil seines Trägers aus«, ergänzt die Modistin.
Wer sich für Patricia Tolle-Kohlers Hutkreationen interessiert, kann telefonisch einen Besuchstermin mit ihr vereinbaren.

»Das kleine Hutatelier«
Sandwigstraße 10 · 24960 Glücksburg
Tel. (0 46 31) 32 45

Das Schloss Glücksburg

G G G M F – GOTT GEBE GLÜCK MIT FRIEDEN

Schloss Glücksburg gehört zu den wichtigsten Residenzschlössern Norddeutschlands. Es ist geprägt worden von der europäischen Geschichte und als Sitz der Herzöge des Hauses Schleswig-Holstein, zeitweise auch als Regierungssitz der dänischen Könige.
Es wurde von 1582 bis 1587 im Auftrag von Herzog Johann (Hans) dem Jüngeren (1545 bis 1622) erbaut, und zwar an der Stelle, an der bis zur Reformation das mittelalterliche Rudekloster der Zisterziensermönche gestanden hatte. Die Granitquader der alten Klosterkirche wurden zum Teil für das Fundament, viele der Ziegelsteine für den weiß verputzten Backsteinbau wiederverwendet.
Seinen Namen erhielt das Schloss nach dem Wahlspruch des Herzogs: »Gott gebe Glück mit Frieden«. Der Spruch findet sich zusammen mit seinem Wappen über dem Eingangsportal mit den Anfangsbuchstaben GGGMF.
Als bedeutendes kulturelles Erbe wurde Schloss Glücksburg 1923 in eine Stiftung des herzoglichen Hauses eingebracht und als Museum der Öffentlichkeit zugänglich gemacht.
Die bedeutende Sammlung niederländischer Tapisserien und flandrischer Ledertapeten ist eine der besonderen Attraktionen des Schlosses. Die Stuckdecken im Roten Saal und in den angrenzenden Räumen zählen zu den frühesten in Schleswig-Holstein.
Die Schlosskapelle enthält Deckenfresken aus der Zeit der Erbauung. Der Schnitzaltar stammt aus der Zeit des Dreißigjährigen Krieges, die ehemalige Herrschaftsloge von 1717.
Zahlreiche Porträts vom 16. Jahrhundert bis in die Gegenwart dokumentieren die spannende Familiengeschichte der Oldenburger und Glücksburger und legen Zeugnis ab von den Wechselfällen der deutschen und dänischen Geschichte. Die Exponate zur schleswig-holsteinischen Erhebung von 1848 und zum deutsch-dänischen Krieg von 1864, darunter die plakativen Neuruppiner Bilderbogen, vermitteln einen Eindruck von den unterschiedlichen Lebensläufen der Mitglieder der herzoglichen Familie.
Ausgesuchte Möbelstücke aus der Zeit zwischen Rokoko und Biedermeier, erlesenes Porzellan und Silber ergänzen die Sammlungen.
Neben dem Museumsbesuch und einem klassischen kulturellen Angebot gibt es Möglichkeiten, den Rahmen des alten Wasserschlosses mit seinen Sälen, dem Trauzimmer, der Kapelle und der Orangerie für Veranstaltungen zu nutzen, sowohl für private als auch geschäftliche Anlässe.

Schloss Glücksburg aus der Vogelperspektive (Foto: Glücksburg Consulting)

Westliche Ansicht vom Rundweg aus (Foto: Glücksburg Consulting)

Die Stiftung Schloss Glücksburg möchte mit Hilfe dieser Einnahmen den Stiftungszweck, nämlich die Pflege des Schlossensembles und die Erhaltung des Kulturbetriebes erfüllen.
Je nach Wetter und Jahreszeit besteht die Möglichkeit, den Schlosspark, das angrenzende Rosarium und auch weitere Attraktionen in der Nähe des Schlosses zu genießen.
Man sollte sich auf jeden Fall von Schloss Glücksburg im Sinne des seit fünf Jahrhunderten bestehenden Wahlspruches seines Erbauers inspirieren lassen.
Das Schloss ist vom 1. Mai bis 30. September täglich von 10 bis 18 Uhr, im Oktober täglich außer montags von 10 bis 18 Uhr und vom 1. November bis Ende April samstags und sonntags von 11 bis 16 Uhr geöffnet. Weitere Informationen erhält man unter Tel. (0 46 31) 44 23 30 oder auf der Internetseite www.schloss-gluecksburg.de.

Der rote Saal im Schloss Glücksburg

Angeln – von traumhaften Küsten umgeben

Wie ein Naturpark zwischen Förde und Schlei

Die Landschaft Angeln, die sich zwischen der Flensburger Förde und der Schlei ausbreitet, besitzt im Norden, Osten und Süden Küsten von malerischer Schönheit. Im Westen geht Angeln etwa auf der Linie des historischen Ochsenweges in die Schleswigsche Geest über. Angeln stellte im Laufe der Geschichte nie eine politische Einheit dar, ist aber für die Einheimischen eine feste Größe gemeinsamer Identität. Für die Feriengäste spielen vor allem die Küstenbereiche eine Rolle. Dort befinden sich die touristischen Zentren und die vielfältigen Bademöglichkeiten. Menschen, die mehr die Abgeschiedenheit und ländliche Ruhe genießen möchten, werden besonders im bäuerlichen Hinterland fündig.

Von Glücksburg über Langballigau, Habernis, Nordgaardholz, Steinberghaff und Hunhoi bis auf die Südseite der Geltinger Bucht liegen, wie auf eine Kette gezogen, die abwechslungsreichen Strände Nordostangelns. Dahinter erstreckt sich eine herrliche Hügellandschaft von den »Bergen« um Oeversee und Munkbrarup über Sörup, das Dorf der Seen, und Sterup bis nach Gelting, wo das Meer in einem mächtigen Bogen tief ins Land reicht.

An der Nordostspitze der Geltinger Bucht liegt das Naturschutzgebiet »Geltinger Birk«. Hier geht die Flensburger Außenförde in die offene Ostsee über. Die dänische Küste weicht zurück und man hat einen endlosen Meereshorizont vor Augen. Allein dieser Wandel der Umgebung gibt dem Be-

Tal bei Munkbrarup (Foto: Touristikverein Amt Langballig)

In Gelting

In Westangeln bei Havetoftloit

Anleger bei Steinberghaff

Kate in der Nähe von Rabenkirchen

Die ganz nah am Ostseeufer stehende Kirche von Neukirchen

trachter ein ganz anderes Strandgefühl. Hier spürt man die Weite der See und entdeckt auch deren typische Merkmale: große Leuchttürme, große Schiffe, große Entfernungen.

Von der Birk an reihen sich wieder neue Strandorte aneinander: Falshöft mit dem unverkennbaren rot-weißen Leuchtturm, Pottloch, Kronsgaard, Oehe-Drecht und ein ganz kleiner Badeplatz auf der Lotseninsel von Schleimünde. Dieser ist aber nur mit dem Ausflugsschiff von Kappeln oder mit dem eigenen Boot zu erreichen. Hier sichert ein grau-schwarzer Leuchtturm den Ausgang der Schlei. Nur wenige Meter entfernt setzt sich die Nehrung an der Nordspitze der Halbinsel Schwansen fort.

Angeln hat drei Städte: Glücksburg, Kappeln und Arnis. Zwischen ihnen liegt ein dichtes Netz von kleinen, mittleren und großen Dörfern. Das größte ist Süderbrarup an der Bahnstrecke Kiel-Flensburg. Der Tourismus dünnt in diesen ländlichen Gebieten, was die Übernachtungszahlen angeht, zwar aus. Aber die Tagesgäste, vor allem die Radfahrer, haben in den letzten Jahren zugenommen. Die Gegend ist so voller kleiner versteckter Schönheiten, dass die Wiederentdeckung des Fahrrades geradezu einen Segen darstellt.

Die hügeligen und verwinkelten Straßen und Wege lassen sich am besten per pedales erschließen, auch wenn die eine oder andere Anhöhe etwas Mühe erfordert. Der oftmals grandiose Ausblick von oben und die erfrischende Abfahrt entschädigen aber auf der ganzen Linie. Gerade Mittelangeln um Böklund und Satrup besitzt ganz weltabgeschiedene Strecken und Plätze an mäandernden Auen, stillen Seen und rauschenden Wäldern.

Hin und wieder blitzt das Weiß mächtiger Herrenhäuser durch die Bäume. Die alten Güter der Landschaft prägen manchmal das gesamte Gesichtsfeld mit ihren großen Scheunen und ausladenden Grundstücken. Dann kommt auf einmal eine winzige Kate in den Blick, hingekuschelt an ein goldgelbes Weizenfeld oder einen blühenden Knick.

Die Knicks sind überhaupt eine durchgehende Erscheinung im Fördenland und ganz besonders in Angeln. Die einst vom dänischen König verordnete Verkoppelung führte zu einer kleinteiligen Gliederung der Agrarflächen, zwischen denen die Knicks die sichtbaren Grenzen bildeten. Heute sind diese Wallhecken schützenswerte Biotope, da sich in ihnen selten gewordene Pflanzen und

Auf der Birk

Maritime Skulptur am Maasholmer Hafen

In Maasholm, Eingang Exhöfter Noor

Kutter im Maasholmer Hafen

Weg hinunter zum Strand von Oehe-Drecht

Tiere ihren Lebensraum erhalten haben. Im Gegensatz zu anderen Gegenden der schleswig-holsteinischen Ostküste ist Angeln noch heute durch kleinere selbstständige Bauernhöfe geprägt.

Die höchste Erhebung Angelns ist nicht, wie man denken könnte, der Scheersberg (71 Meter), auf dessen Kuppe sich eine germanische Thingstätte befand, sondern der Höckeberg in Freienwill mit 82 Metern.

Der Name der Landschaft geht auf den Volksstamm der Angeln zurück, der auch in der Landschaft Angeln ansässig war. Kultzentrum scheint das Thorsberger Moor bei Süderbrarup gewesen zu sein. Darauf deutet nicht nur der Name hin, der sich auf die entsprechende Gottheit bezieht, sondern auch wichtige archäologische Funde. Ab etwa 200 n. Chr., verstärkt ab 400 n. Chr., wanderte ein Großteil der Angeln nach Britannien aus und siedelte dort unter anderem in East Anglia. Sie nahmen natürlich ihre Sprache mit. Noch heute finden sich im Englischen große Anteile des Germanischen, zum Beispiel auch das wohl berühmteste englische Wort der Gegenwart, ohne das auch dieses Buch, zumindest technisch, kaum entstanden wäre: »Windows«. Es leitet sich ja von der Bezeichnung für »Fenster« ab und das hieß im alten Angeln »Windauge«, und zwar deshalb, weil der Wind durch die damals noch nicht verglasten Wandöffnungen strich. Es ist schon ein kleiner Treppenwitz der Sprachengeschichte, dass ausgerechnet die Germanen, die dieses wunderbar bildliche Wort in Gebrauch hatten, sich für das spröde lateinische »fenestra« entschieden. Wahrscheinlich ist hierfür das rigide Kirchenlatein verantwortlich.

Die Wanderung der Angeln nach Britannien geschah gemeinsam mit Sachsen, Friesen und Jüten. Die heutige Landschaft Angeln ist dabei nicht von allen Bewohnern verlassen worden, was spätere Berichte fälschlich behaupten.

Offenbar wurden die Germanen anfangs von den römischen Besatzern der Insel als Hilfstruppen (foederati) angeworben, um das Land nach dem Abzug der kaiserlichen Truppen (410) gegen die barbarischen Pikten zu schützen. Doch die

Am Scheersberg

In Rabenholz

germanischen Truppen haben bald unabhängige Herrschaften errichtet. Dabei siedelten die Angeln insbesondere im Osten (East Anglia in den Grafschaften Cambridgeshire, Norfolk, Suffolk und im südlichen Lincolnshire). Im 6. Jahrhundert drangen sie nach Norden bis Lothian (Schottland) vor und gründeten das Königreich Deira in Northumbrien. Die eingewanderten Germanen verschmolzen bald zum Volk der Angelsachsen. Der bis heute gebräuchliche Name England für den südöstlichen Teil Britanniens leitet sich von den Angeln ab.

Allem Anschein nach war das Gebiet um 500 dann weitgehend unbewohnt. Nach 600 siedelten sich Jüten und Dänen in Angeln an, was heute noch an den Ortsnamen ablesbar ist. Viele enden auf -by und -rup, was übersetzt »Dorf« beziehungsweise »Siedlung« heißt. Fast zwanzig Orts- oder Hofnamen enden auf -gaard, was so viel wie »befestigte Hofanlage« bedeutet (siehe: englisch guard = beschützen). Noch heute bekennt sich eine Zahl von Einheimischen zur dänischen Volksgruppe. Nach 1800 allerdings wurde auch das Angeldänische vom Deutschen abgelöst. Manchmal werden die Angler auch Angeliter genannt, um sie besser von den Petrijüngern unterscheiden zu können.

Das Wappen der Landschaft wurde 1847 erstmals genutzt und besteht aus neun Feldern, die jeweils eine der Harden (Verwaltungsbezirke) symbolisieren.

Angeln ist weltweit bekannt für seine Viehzucht und seine besonderen Nutztierrassen. So stammen das Angler Rind und das Angler Sattelschwein aus dieser Gegend.

Trotz der überall noch immer aktiven Landwirtschaft und der lebendigen Dorfkultur gewinnt man überall den Eindruck, ganz besonders in den Küstenregionen der Förde, Ostsee und Schlei, dass sich ein langsamer und sehr tief greifender Wandel vollzieht. Dieser ist in Angeln vielleicht früher sichtbar als etwa in den kleineren Gebieten Schwansens oder der Probstei. Manchmal schwebt einem die Vision vor Augen, dass diese Landschaft, in der man lebt oder als Gast weilt, eigentlich schon zu einem großen Naturpark geworden ist. Es werden nur noch die letzten unmerklichen Maßnahmen vollzogen und man selbst darf den Hauch eines Paradieses genießen. Heute würden die Angler bestimmt nicht mehr auswandern und England hätte vielleicht »Saxland« geheißen.

Kornfeld bei Satrup

Am Neukirchener Ostseeufer

Statt Stadtleben oder: Auch Urlaub will gelernt sein

Eine Lanze, gebrochen für das Abseits von der Welt

Die Menschen strömen jedes Jahr in die Ferienregion Angeln und auch anderswohin im Fördenland mit dem tief empfundenen Wunsch nach Erholung, Ruhe, Entspannung und neuer Gesundheit. Gleichzeitig hat man den Anspruch, möglichst viel Freizeitspaß zu haben und möglichst gut zu essen und zu trinken. Wiederum gleichzeitig möchte man möglichst viel Neues erleben, ganz egal ob es eine Bootsfahrt auf der Schlei, ein Ausflug in die Landesmuseen oder zum ersten Mal eine Steilküstenwanderung ist. Und das bedeutet eigentlich schon wieder Stress pur.

Auch Urlaub will gelernt sein. Die Einheimischen betrachten den gehetzten Gast, der von einem Tagestermin zum anderen hastet, sich viel zu lange Fahrradtouren vornimmt und antut oder einfach kein Heimatfest auslassen kann, eher skeptisch.

Nur wenige beherzigte Tipps würden ausreichen, das Landleben auch im Urlaub in vollen Zügen zu genießen.

Tipp Nr. 1: Morgens lieber früh als spät aufstehen. Langschläfer verpassen nicht nur eine der schönsten Tageszeiten an der Ostseeküste mit den malerischen Sonnenaufgängen, dem erwachenden Dorfalltag, dem Tau auf den Wiesen und der Stille überm Wasser. Langschläfer kommen meistens auch deshalb nicht recht und vor allem rechtzeitig aus den Federn, weil der voran gegangene Abend irgendwie nachwirkt. Wenn es nur die Erschöpfung vom gestrigen Fahrradausflug etwa durch die »Gebirge« rund um Munkbrarup oder um den Scheersberg gewesen ist, stimmt etwas nicht mit der Kondition oder mit der persönlichen Einstellung. Denn es gilt in 99 Prozent aller Fälle: Körperliche Betätigung schafft auch im Urlaub große Zufriedenheit und weckt die Lebensgeister in der Frühe.

Tipp Nr. 2: Sich einfach treiben lassen! Sich nichts vornehmen! Die nächstbeste Idee ergreifen und schon geht es los! Zwei fröhliche Urlaubsgäste berichten, dass sie morgens in aller Taufrische einen Strandspaziergang gemacht haben, dann erst einmal gar nichts, dann wieder gar nichts und am Nachmittag eine Autofahrt ins Blaue, wobei sie in der kleinsten Stadt Deutschlands, gemeint ist Arnis, gelandet waren, von der sie noch nie etwas gehört hatten. Dort hat ihnen ein Feriengast einem Schleilokal erzählt, dass der schönste Strand Angelns angeblich in Kronsgaard liegen soll. Sie sind nach dem Essen dorthin gefahren und in eine Fernsehproduktion geraten, die gerade Aufnahmen für die neue »Landarzt«-Staffel drehte. Kurz nach ihrem Auftauchen als Zuschauer am Set hatte man sie schon als Komparsen für den nächsten Tag »verhaftet«, was sie hätten ablehnen müssen, wenn sie bereits eine vollständige Tagesplanung gehabt hätten und so weiter. Will sagen: Es ist wirklich besser, den Terminkalender der Urlaubstage nicht nur nicht voll zu füllen, sondern ihn so lange wie möglich leer zu lassen.

Tipp Nr. 3: Auf die Einheimischen schauen! Die wissen nämlich am besten, wo man hervorragend isst, wie man bei gleicher Leistung nur die Hälfte bezahlt, wo es am Abend ein Volksfest gibt, zu dem nicht Zehntausende, sondern vielleicht nur hundertfünfzig Leute kommen, weil mehr davon nicht wissen. Und gerade dort geht die Post am

Die Auffahrt zu Gut Freienwillen

Sommerstimmung in der Bucht von Langballigau

Boote auf der Langballigau

meisten ab. Das muss sich nicht immer gleich auf den Alkoholkonsum beziehen. Das kann auch einfach nur die einmalige Stimmung auf einem Feuerwehrgrillen tief im Herzen Angelns sein. Dorthin gehen nämlich die Einheimischen auch selbst und haben gar nichts dagegen, wenn Bayern oder Sachsen ebenfalls dort sind und mitfeiern. Oder man schließt sich von vornherein an. Ein gutes Beispiel aus Langballigau. Dort fahren täglich noch einige Fischer mit ihren Fördekuttern zum Fischfang hinaus. Warum nicht fragen, ob man einmal mitfahren darf. Die meisten würden es sogar ganz unterhaltsam finden, den einen oder anderen Fangtag Gesellschaft an Bord zu haben. Und ein kleines Extra-Bierchen danach umsonst in der Hafenkneipe ist für den Kapitän immer drin und nicht zu verachten. Die meisten Urlaubserlebnisse, die sich in die gute Erinnerung einprägen, entstehen auf diese oder ähnliche Weise. Kommunikation ist das eine Mittel, um ganz entspannte Tage zu haben. Aber es gibt auch noch ein letztes, wirklich wunderbares Mittel.

Tipp Nr. 4: Jetzt kommen wir zur Überschrift dieses Beitrages. Denn das, was den Menschen aus den Mauern der Städte hinaus aufs Land lockt, ist ja nicht nur das urige Erleben der hiesigen Bevölkerung in ihrem Alltag oder auf ihren Feiern und Festen. Es ist die Abgeschiedenheit von jenen Mauern und es ist die Abgeschiedenheit von den Massen von Menschen. Und genau das findet man natürlich nur dort, wo es von Natur aus schon viel weniger Menschen und viel mehr Raum für den Einzelnen gibt.

Allein das Gefühl, eine ganze Stunde draußen auf einer Bank am Meer gesessen zu haben, ohne dass ein anderer Mensch des Weges kam, ist für einen geplagten Städter bereits die reine Erholung. Nur weiß er es noch nicht so richtig. Er braucht darin Erfahrung und muss die Wertschätzung für solche Stille und Selbstvergessenheit finden. Es ist auch die Entdeckung oder Wiederentdeckung des Ichs, das irgendwie irgendwann abhanden kam. Und wie heißen nun die Lehrmeister des besten aller Urlaube? Leere, Ruhe, Einsamkeit!

Gutsatmosphäre in Ostangeln

Deichweg bei Gut Oehe

An der Kirche von Tolk

Zauberhafte Mode und echte Ländlichkeit

Reizvolle Impressionen auf Gut Freienwillen in Langballig

Das adlige Gut Freienwillen in Langballig ist eines der ältesten Güter in Nordangeln. Lange Nissen (geboren 1385 im nahen Terkelstoft) erhielt am 1. März 1433 wegen treuer Dienste diesen Hof vom Herzog Adolph VIII. und durfte adlige Insignien führen. Freienwillen gehörte einst zum Wasserschloss Glücksburg, was heute dort noch eine Tafel in der dortigen Kapelle ausweist.
Freienwillen war der ehemalige Sitz der bekannten Geschlechter von Ahlefeldt und Rantzau, die hier im 16. und 17. Jahrhundert residierten. Seit über 100 Jahren befindet sich das Gut im Besitz der Familie Hansen und wird momentan in vierter Generation erfolgreich als landwirtschaftlicher Betrieb genutzt. Die Ehefrau des Besitzers, Kerstin Hansen Paulsen, verwirklichte hier außerdem eine wundervolle Idee.

Gut Freienwillen

Tragbare Mode – und doch ein wenig extravagant

Kerstin Hansen Paulsen in ihrem Modeatelier

Gut Freienwillen, das nur wenige hundert Meter von der Straße nach Langballigau entfernt liegt, reicht mit seinen Ländereien bis an den Ostseestrand. Ganz nah am Gut vorbei führt auch der Ostseefahrradweg von Holnis kommend Richtung Süden. Man sieht von ihm hinauf zum weiß schimmernden Gutshaus, das eingebettet zwischen dichtem Baumwerk und bunten Wiesen den erwartungsfrohen Gast begrüßt. Idyllische Wasserpartien und ein feines, eher familiäres Hausportal laden zum Näherkommen ein.
In den vorderen Räumen des Gutshauses empfängt den Gast eine einfühlsame Atmosphäre von Mode, Kunstsinn und ländlichem Ambiente. Bereits in der gemütlichen Eingangshalle wird man eingenommen vom sanften Hauch der Geschichte, aber auch von Kunstsinnigkeit und Modeambiente.
Kerstin Hansen Paulsen präsentiert in ihren lichten Räumen, stets mit malerischem Blick in den parkähnlichen Garten, modische Besonderheiten, die Frauenaugen begeistern. Mit viel Sinn für Farben und Formen hat sie eine Auswahl an Mode und Wohnaccessoires zusammengestellt, die für sich schon wie ein kleines Gesamtkunstwerk wirkt. Es macht einfach große Freude, hier in aller Ruhe ein wenig zu stöbern, das eine oder andere Teil anzuprobieren, mit der gewandten Chefin zu plaudern und ganz einfach die Zeit zu genießen.
Ein Besuch auf Gut Freienwillen hinterlässt den verständlichen Wunsch, wiederzukehren und sich ungezwungen wohlzufühlen.

Die Chefin Kerstin Hansen Paulsen

Gut Freienwillen
Sven Hansen und Kerstin Hansen Paulsen
Freienwillen 14 · 24977 Langballig
Tel. (0 46 36) 97 76 14 · Fax (0 46 36) 97 76 10
info@freienwillen.de · www.freienwillen.de

Äpfel, Birnen & Co.

Keltern, brennen und genießen in der Dolleruper Kleinmosterei

Zwischen Streichmühle und Dollerup direkt an der B 199 (Nordstraße) gelegen, sieht man schon auf der linken Seite (von Flensburg kommend) das scheunenartige Gebäude der Dolleruper Kleinmosterei. Sie lädt ein zu einem Besuch und auch zur Besichtigung der Anlagen sowie der wunderschönen Räume. Hier dreht sich alles rund um das Obst und seine Verarbeitung zu trinkbaren Genüssen.
Brigitte und Manfred Weyrauch haben sich ihren Traum erfüllt. Angefangen hat alles 1990 in einem alten Spritzenhaus, wo einige hundert Liter Apfelsaft verarbeitet wurden. Seit 2003 gibt es das neue Produktionsgebäude mit viel Licht und Platz, wo jährlich über 30 000 Liter roher Saft aus Äpfeln, Birnen und Quitten hergestellt wird.
Im Herbst beginnt die Kampagne, in der das Obst aus Angelns Gärten und Obstbaubetrieben angeliefert wird. Dann entsteht der begehrte Apfelsaft im Bag-in-Box-Verfahren, Apfelessig, Apfelwein, Aperitif und Cidre, der nach Monaten Fasslager beziehungsweise Flaschengärung in den Handel kommt. Besonderes Prunkstück aber ist die Destillationsanlage. Die Dolleruper Kleinmosterei beherbergt die nördlichste Obstverschlussbrennerei Deutschlands.

Erlesene Obstprodukte

Apfelblüten

Hier wird Obstmaische und Obstwein zu Premium-Destillaten verarbeitet. Besonders stolz sind die Weyrauchs auf ihren im Eichenfass gelagerten goldgelben Apfelbrand und den fruchtigen Waldbeerengeist. Einzigartige Spezialitäten wie ein Geist aus Kreeten und ein Brand aus Kirschpflaumen entstehen hier. Auch der Bierbrand »1888« wird im Auftrag der Flensburger Brauerei in Dollerup destilliert. Die Betriebsanlagen kann jeder Besucher direkt bestaunen und bei Schaubrennen die Herstellung edler Brände begleiten. Im Verkaufsraum sind nicht nur die eigenen Produkte, sondern auch andere Spirituosen der Region zu erwerben. Eine reichhaltige Palette deutscher und französischer Weine rundet das Angebot ab. Segler können sich hier mit guten und günstigen Weinen im Karton oder Weinschlauch eindecken. Lieferung zum Liegeplatz, von Flensburg bis Gelting, ist ein selbstverständlicher Service.
In der mit alten Möbeln liebevoll eingerichteten Weinstube »Die Destille« werden regelmäßig kulinarische und kulturelle Leckerbissen geboten. Mit bis zu 70 Sitzplätzen ist dies ein idealer Ort für private Feste und Betriebsfeiern. Besuchergruppen ab 15 Personen werden individuell bewirtet. Betriebsführungen sind nach Absprache ganzjährig möglich. Umfassende Informationen findet man auf der Internetseite.

Die Dolleruper Kleinmosterei, wie man sie von der B 199 sieht

Dolleruper Kleinmosterei
Manfred und Brigitte Weyrauch
Neukirchener Weg 8a · 24989 Dollerup
Tel. (0 46 36) 12 56 · Fax (0 46 36) 17 88
info@alles-apfel.com · www.alles-apfel.com

Zwischen Fördestrand und Bauernland

Mit dem Touristikverein Amt Langballig / Ostsee e.V. in den Urlaub

Das Büro der Touristinformation im Amtshaus Langballig hält für seine Gäste nicht nur farbenfrohe Prospekte bereit. Hier werden auch Zimmer und Ferienwohnungen aller Kategorien vermittelt und wertvolle Hinweise für einen erholsamen Urlaub gegeben. Zu diesen Empfehlungen zählen das Landschaftsmuseum Angeln in Unewatt und das Naturschutzgebiet »Tal der Langballigau« mit seinen Möglichkeiten zum Wandern und Entdecken. Hier gibt es noch viele vom Aussterben bedrohte Pflanzen und im Bestand gefährdete Tierarten.

Ausflugsfahrten mit dem Schiff »MS Feodora« ab Langballigau zum Beispiel nach Sonderborg in Dänemark sind ein beliebtes Seevergnügen. Seit 2008 ist Langballigau der Heimathafen des Schiffes. Von dort werden noch weitere Touren angeboten. In der Touristinformation können sämtliche Schiffsfahrten gebucht werden.

Das bunte Treiben an der Strandpromenade und am Yacht- und Fischereihafen Langballigau/Westerholz ist Ferienfreude pur: baden und sich sonnen am Naturstrand, spazieren gehen an der Ostseebrandung mit Blick auf die Segler, sich kulinarisch verwöhnen lassen, den malerischen Hafen bestaunen, Tretboot fahren, den Kleinen auf dem Spielplatz zuschauen, frischen Fisch vom Kutter kaufen und vieles mehr und immer der Blick auf Dänemark gerichtet.

Im Dorfmuseum Unewatt

Oder man macht einen Ausflug zur nördlichsten deutschen Destille in Streichmühle, der Kleinmosterei Weyrauch. Auch das kleine Angeliter Dorfmuseum in Bönstrup ist einen Besuch wert. Hier erhält der Gast Einblick in das bäuerliche und handwerkliche Leben der letzten zwei Jahrhunderte.

Historisch sehenswert sind die evangelischen Kirchen in Grundhof (St. Marien) und in Munkbrarup (St. Laurentius). Im Tal der Munkbrarupau lädt eine natürliche Parklandschaft zu einem außergewöhnlichen Spaziergang ein.

Die Westerholz-Mühle (bekannt aus der Fernsehserie »Der Landarzt«) und die Mühle »Hoffnung« in Munkbrarup können besichtigt werden. Das Standesamt Langballig bietet dort Trauungen in romantischem Ambiente an, ebenso im Utspann in Unewatt sowie auf See.

Für Freunde des naturnahen Übernachtens stehen gut geführte und schön gelegene Campingplätze in Langballigau, Westerholz und Bockholmwik zur Verfügung.

Ein willkommener Start in den Langballig-Urlaub sind die beliebten Gästebegrüßungen des Touristikvereins, die schon einmal einen kurzen Einblick in die Region und erste Ausflugstipps geben.

Die Öffnungszeiten des Touristikbüros sind montags bis freitags von 8 bis 17 Uhr und samstags von 10 bis 13 Uhr.

Das Ausflugsschiff »Feodora« mit Kurs auf Langballigau

Radlerpaar am Strand der Außenförde

Die Mühle von Munkbrarup

Am Strand von Langballigau

Touristikverein Amt Langballig / Ostsee e.V.
Süderende 1 · 24977 Langballig
Tel. (0 46 36) 88 80 · Fax (0 46 36) 88 37
tourismus@langballig.de
www.langballig-tourismus.de

Vollwertige Bioland Brote, knusprige Brötchen und süße Gebäcke

Das Unternehmen Bäcker Thaysen – über 100 Jahre verwurzelt in der Region

»Bäcker Thaysen« – Der Name hat eine lange Tradition und einen hervorragenden Ruf. Vom Standort Grundhof erschloss sich das Familienunternehmen im Laufe eines Jahrhunderts eine breite und zufriedene Kundschaft. Hier wurde und wird bis heute alles gebacken, was an Backwaren angeboten wird. Von Anfang an besaß die Bäckerei ein Ladengeschäft, allerdings wurde die Ware noch mit einem Pferdefuhrwerk ausgefahren. Peter Thaysen und seine Frau Christine bauten den Betrieb gemeinsam auf. Sein Sohn – auch Peter genannt – konnte so zusammen mit seiner Ehefrau Inge 1939 eine passable Bäckerei in Grundhof übernehmen.
Wie der Vater so setzte auch der Sohn auf die Herstellung von Qualitätsprodukten und entwickelte das Unternehmen weiter: das Pferdefuhrwerk wurde durch ein Tempo-Dreirad und einen DKW-Transporter ersetzt, das Ladengeschäft deutlich vergrößert.
1969 machte Peter Thaysen III. seinen Meistertitel und wurde 1971 Nachfolger im elterlichen Betrieb.

Die Geschwister Claudia und Jan Peter Thaysen

Am Backofen 2008

In der Filiale Langballig

Als die vollwertige Ernährung im Bewusstsein des Kunden immer wichtiger wurde, entschloss man sich, in Grundhof eine eigene Mühle zu bauen. Diese weitsichtige Entscheidung zur kontrollierten Rohstoffverarbeitung brachte 1985 dem Betrieb den Bioland-Verarbeitungsvertrag ein.
Bioland bietet die ganze Vielfalt des ökologischen Landbaus – gesund und natürlich mit dem Besten aus dem vollen Korn. Denn nur das volle Korn mit Keimling und mineralstoffreichen Randschichten enthält alle wertvollen Inhaltsstoffe des Getreides. Das Getreide wird täglich frisch vor dem Backen vermahlen. Die Bioland-Zutaten stammen alle aus ökologischem Landbau. Besonders wichtig sind dem Betrieb kurze Wege vom Bauernhof bis in die Backstube. Die fertigen Backmischungen mit einer Vielzahl heute üblicher Zusatzstoffe sind bei Bioland tabu.
Mit dieser kontrollierten Qualitätsgarantie entwickelte sich das Unternehmen rasant: die Backstube in Grundhof wurde um 400 Quadratmeter erweitert, Filialen in Flensburg, Langballig und Gelting sowie mehrere Wochenmarktstände kamen hinzu.
Das Unternehmen Bäcker Thaysen wurde mehr und mehr ein wichtiger regionaler Produzent und Arbeitgeber. Inzwischen sind die Kinder Jan Peter und Claudia in das Unternehmen eingestiegen. Ihre Ausbildungswege als Bäckermeister und Betriebswirtschaftlerin legen auch in dieser Generation den Grundstein dafür, dass das Unternehmen mit seinen 150 Mitarbeitern in 23 Filialen gut aufgestellt in die Zukunft blicken kann.
Jederzeit bietet sich für Gruppen die Möglichkeit, die Produktion zu besichtigen.
Anmeldungen gerne unter Tel. (0 46 36) 9 59 50 oder backstube@baecker-thaysen.de.
Und etwas ganz Besonderes bietet das Unternehmen in seiner Filiale in der Großen Straße 28a in Süderbrarup: Dort bietet Bäcker Thaysen regionalen Künstlern die Möglichkeit, ihre Werke in einem hellen und großzügigen Ausstellungsraum zu präsentieren. »Die Insel« ist ein gemütliches Café und gleichzeitig eine Galerie, in der sich leiblicher Genuss und bildende Kunst zu einem Erlebnis für alle Sinne verbindet.

Bäckerei Thaysen, Backstube 1913

Peter Thaysen GmbH & Co. KG
Dolleruper Straße 3
24977 Grundhof
Tel. (0 46 36) 95 95 0
Fax (0 46 36) 95 95 15
info@baecker-thaysen.de
www.baecker-thaysen.de

Bäcker Thaysen

Kuschelige Appartements im historischen Reetdachhaus

Das Landhaus Börmoos in Habernis – Traumdomizile am Ostseestrand

Es gibt Attraktionen, die ganz unmittelbar das Gefühl ansprechen. Ein solches Erlebnis hat der Gast beim ersten Anblick des historischen Bauernhauses von 1876 in Habernis an der Angelner Ostseeküste, unweit von Steinbergkirche. Das »Landhaus Börmoos« von Christiane und Reinhard Kranz strahlt auch in seinem Inneren eine urgemütliche und anheimelnde Atmosphäre aus, gerade der richtige Auftakt für wohlige Urlaubstage am Meer.

Man wohnt in ländlich-antik eingerichteten Appartements mit Küchenzeile, jedes mit eigener Farbnote und viel Liebe zum Detail ausgestattet, die meisten mit Alkovenbetten.

In der behaglichen Diele, deren Schmuckstück ein alter dänischer Kaufmannsladen ist, kann der Tag mit einem ausgiebigen Frühstück beginnen.

Die geschmackvoll eingerichtete Bauernscheune nebenan findet alsbald die Aufmerksamkeit der Gäste. Hier trifft man sich gerne, inmitten rustikaler Antiquitäten, zum Klönschnack am brennenden Kamin.

Das 75 000 Quadratmeter große Anwesen mit seinen lauschigen Winkeln bietet viele Rückzugsmöglichkeiten zum Lesen und Träumen. Fasane stolzieren vorbei, Hasen hoppeln um die Laube, der Graureiher steht am Teich, Rehe äsen im Abendlicht. Und nachts bewacht die im Efeu wohnende Eule den gesunden Schlaf.

Die Kaminhalle

Der Frühstücksraum

Zur Ruhe zu kommen und sich selbst zu finden, das ist hier im »Landhaus Börmoos« ganz leicht, zum einen, weil man sich einfach fallen lassen darf, zum anderen, weil die Gastgeber wirklich an alles Erholsame gedacht haben.

Nach einem langen Spaziergang am Meer kann man sich in der Finnischen Sauna wärmen, eine ayurvedische Massage genießen oder sich mit einer kosmetischen Behandlung verwöhnen lassen. Und für Kulturbegeisterte empfiehlt sich das reichhaltige Angebot der Umgebung, etwa das Schifffahrtsmuseum Flensburg mit dem Museumshafen, das Wasserschloss Glücksburg, die Wiege des europäischen Adels, das Landschaftsmuseum Unewatt sowie die Konzerte des Schleswig-Holstein Musikfestivals oder der Folk Baltica. Ein Ausflug ins benachbarte Dänemark, das man vom Landhaus Börmoos am Meereshorizont liegen sieht, bietet viele Alternativen. Graasten, das beschauliche Städtchen mit der königlichen Sommerresidenz, die Düppeler Schanzen und das eindrucksvolle Kriegsmuseum oder Sonderburg mit seinem zukunftsweisenden Alsion, erreicht man in etwa 45 Autominuten. Sportlich Aktive können joggen, segeln, surfen, reiten oder auf dem nahen Golfplatz ihr Handicap verbessern. Ausgeschilderte Radwege laden dazu ein, die idyllische Umgebung zu entdecken.

Blick in ein Appartement

Übrigens: Man sollte nicht versäumen, den kleinen Landhaus-Laden, der geschmackvolle Wohnaccessoires, individuelle Geschenke und schöne Dinge für Haus und Garten bietet, aufzusuchen. Hier kann man für die Lieben daheim das eine oder andere Mitbringsel besorgen – quasi als gutgelaunten Gruß aus einem gelungenen Urlaub an der Ostsee.

Landhaus Börmoos · Christiane und Reinhard Kranz
Grüfft 9 · 24972 Steinbergkirche/Habernis
Tel. (0 46 32) 76 21 · Fax (0 46 32) 14 29
landhaus.boermoos@t-online.de
www.landhaus-boermoos.de

Traumautos und Hochzeitsträume

Oldtimer sind das Lieblingsthema bei Jürgen Swoboda und Hendrikje Müller in Quern

Unterwegs im Fördenland

Wer die nach Öl duftende Werkstatt von Jürgen Swoboda in Quern betritt, hat bereits auf dem Hof oder durch die Scheiben eine einschlägige Vorstellung von dem erhalten, was ihn erwartet: Oldtimer, wohin das Auge blickt. Das Erlebnis lässt die Herzen der Fans dieser Autogattung sofort höher schlagen. Seelenruhig aber inmitten dieser Schätze der Chef, der gerade mit einem der zumeist sehr speziellen Teilelieferanten telefoniert. Durch die geöffnete Tür zur Werkstatt leuchtet das Rot eines aufgebockten Porsche 356 herein, ein Kultwagen, der, wie Jürgen Swoboda kurz kommentiert, in verschiedenen Versionen von 1955 bis 1965 gebaut wurde. Dies wäre ein 1600 Super 75 Roadster aus dem Jahre 1961.
Es macht Spaß zuzuhören und zu staunen. Dabei wird schnell klar: Bei Jürgen Swoboda sind alle Leistungen, die Oldtimer betreffen, angefragt und möglich. Von Teil- und Komplettrestaurierungen, Karosseriebau und Motorinstandsetzung über Autosattlerei, Wartung und Pflege bis zur weltweiten Ersatzteilbeschaffung von Nordschweden bis Neuseeland. Der Handel mit Oldtimern im Bestzustand versteht sich von selbst. Jürgen Swoboda ist im Übrigen ein sehr unterhaltsamer Mensch. Man sollte ihn einfach erzählen lassen!

Jürgen Swobada inmitten seiner Oldtimer

Ob für Hochzeitsfahrten, Jubiläen, Foto- und Filmaufnahmen, Ausflüge, Geburtstage oder Ähnliches, ob Cabrio oder Oldtimer-Limousine, Hendrikje Müller hält den passenden Wagen für ihre Kundschaft parat. Der Service für die gepflegte Fortbewegung existiert seit 2005 und war seinerzeit ein Novum in Schleswig-Holstein. Hochzeitsfahrten und Chauffeurdienste mit dem Oldtimer anlässlich einer Grünen, Silbernen oder Goldenen Hochzeit, sei es von zu Hause oder von der Kirche zur Feier, jeder Wunsch wird gerne erfüllt. Bei einem Floristen eigener Wahl oder hiesiger Empfehlung wird das Auto fachgerecht und liebevoll geschmückt.
Auch für private und professionelle Foto- oder Filmaufnahmen stehen die ausgesuchten Oldtimer gerne zur Verfügung. Als Partnerbetrieb der Oldtimerfirma Jürgen Swoboda in Kalleby besteht eine Option auf diverse Oldtimer aller Fabrikate.

Hendrikje Müller mit einem der chromblitzenden »Hochzeitsträume«

Man sollte das überraschte Gesicht seines Partners oder seiner Partnerin genießen, wenn vor der Tür ein Buick Cabriolet aus den 30-er Jahren oder ein weißer Rolls Royce vorfährt und ein freundlicher Chauffeur zur Fahrt zum Candle-Light-Dinner bittet.
Einem langjährigen Kollegen oder Mitarbeiter einen würdigen Abschied zu bereiten und ihm die letzte Fahrt von der Arbeitsstelle nach Hause zu einem unvergesslichen Ereignis werden zu lassen, ist eine weitere reizvolle Idee. Auch als Blickfang bei Firmenpräsentationen, Messen oder Neueröffnungen ist ein Oldtimer erste Wahl.
Das nostalgische Gefühl einer Oldtimerfahrt hautnah zu erleben ist zwar ein kleiner Luxus, aber einzigartig und unvergesslich.

Ländliche Gastlichkeit und viel Geschichte

Gemütliche Einkehr im Café-Restaurant Jagdschloss Friedrichstal

Im historischen Gewölbekeller

Im Jahre 1618 kaufte Herzog Hans der Jüngere das adelige Gut Nübel und errichtete 1628 hier ein Herrenhaus. In damaliger Zeit gehörte zu solch einem Anwesen nach alter Ritterherrlichkeit ein breiter Schlossgraben mit Zugbrücke, der heute noch weitgehend erhalten ist.

Herzog Friedrich von Glücksburg ließ 1750 das Herrenhaus abreißen und auf den Kellergewölben ein neues größeres Herrenhaus errichten. Der Spruch im Messingschild des als Löwen gestalteten Türklopfers verkündet noch heute:

1750 Bin ich Erbauet
Durch Hertzog Friderich
Friderichs Dahl heis ich
Gott Segen und Regier
All die Hier Halten quartir.

Als Jagdschloss bezeichnet der Volksmund dieses Herrenhaus, in dem man sich früher nach der Jagd im Weiten Saal zum feucht-fröhlichen Schmaus versammelte.

Der Pachthof Friedrichstal wurde im Jahre 1789 parzelliert und die Stammzelle ist seitdem im Familienbesitz. Die landwirtschaftliche Nutzung hat bis in die heutige Zeit ihre Bedeutung nicht verloren. Im Jahre 1999 wurde das Anwesen nach umfangreichen Renovierungsarbeiten für die Gastronomie hergerichtet.

Im Café und Restaurant locken selbst gebackene Kuchen und Torten zur Kaffeezeit und eine bäuerliche Küche mit würzigen Wildgerichten und verschiedenen Kindermenüs. Auch Diätspeisen werden gerne nach Absprache zubereitet.

Sehr beliebt bei den kleinen Gästen sind die Streicheltiere wie Katzen oder Pferde, die nun einmal auch zum Landleben dazugehören.

Vorderfront des alten Jagdschlosses

Eines der Streicheltiere in Aktion

Das »Highlight« zur Kaffeestunde

Die gedeckte Tafel

Der sehenswerte Türklopfer

Im Gartencafé an der rauschenden Au

Für Familienfeiern, Gesellschaften und Tagungen stehen separate Räumlichkeiten mit rund 60 Plätzen zur Verfügung. Das Jagdschloss Friedrichstal ist für Festlichkeiten und Gruppen aller Art eine ideale Adresse. Die alten Gemäuer des historischen Gewölbekellers von 1628 strahlen eine unvergesslich stimmungsvolle Atmosphäre aus.

Von Juni bis August werden vom Jagdschloss aus jeden Donnerstag ab 18 Uhr idyllische Wanderungen an und zur Flensburger Förde angeboten. Treffpunkt ist der Hausparkplatz an der K 99. Für den geringen Kostenbeitrag gibt es nicht nur die kenntnisreiche Führung, sondern auch ein Begrüßungsgetränk und ein Picknick.

Öffnungszeiten: täglich ab 12 Uhr

Jagdschloss Friedrichstal
Henning Jürgensen
Friedrichstal 7 · 24972 Quern
Tel. (0 46 32) 3 95 · Fax (0 46 32) 87 15 32
info@jagdschloss-friedrichstal.de
www.jagdschloss-friedrichstal.de

Natürliche Köstlichkeiten aus der Hofkäserei Lieselotte Sievers in Quern

Handgeschöpft und genussreif

Seit 1998 produziert die kleine Käserei den Querumer Schafkäse. Die Milch liefern die eigenen Ostfriesischen Milchschafe, die ganzjährig auf der Hauskoppel grasen können. Bei schlechtem Wetter suchen sie gerne den Stall auf, wo sie auch ihre tägliche Ration an Hafer, Gerste und Heu erhalten.

Bei der Käseherstellung

In reiner Handarbeit werden aus der kostbaren Rohmilch die unterschiedlichsten Käsesorten hergestellt. Ein Beispiel ist der handgeschöpfte Weichkäse mit Edelschimmel nach Camembert-Art, der nach etwa 14 Tagen genussreif ist und auch tatsächlich noch »läuft«. Oder ein Schnittkäse mit natürlicher Rinde, der nach einem alten nordfriesischen Rezept gearbeitet wird.

Alle Produkte der Käserei erhält man ab Hof, in den benachbarten Hofläden oder über den Versand.

Die Produktpalette

Hofkäserei Lieselotte Sievers
Kleinquern 3
24972 Quern
Tel. (0 46 32) 76 00
Fax (0 46 32) 87 64 68
lieselotte_sievers@web.de

QUERUMER SCHAFKÄSE

Dekoratives mit Gartenflair

Ideenreiche Arrangements »von Inken« in Großquern

Seit zwei Jahren erfreut Inken Seehusen-Hansen ihre Kunden in Quern mit ihren außergewöhnlichen floristischen Ideen für die heimische Raumgestaltung. In ihrem kleinen Laden hält sie ständig eine jahreszeitlich angepasste Auswahl an Dekorations- und Geschenkartikeln bereit. Dafür nutzt sie gerne die nachwachsenden Rohstoffe der Natur und alles, was der eigene Garten bietet, sowie Topf- und Schnittblumen. Mitbringsel oder kleine Aufmerksamkeiten, aber auch Arrangements für größere Events wie Hochzeiten und «runde« Geburtstage werden stilvoll kreiert. Trotzdem bleibt immer Zeit für einen Plausch, »og op Platt«.

Inkens Ideen inspirieren beim Schenken und Dekorieren.

Im wunderschön gestalteten Laden »von Inken«

Öffnungszeiten:
Donnerstag 14 bis 18 Uhr, Freitag 9 bis 12 und 14 bis 18 Uhr, Samstag 9 bis 13 Uhr und nach Absprache

»von Inken«
Inken Seehusen-Hansen
Großquern 36 · 24972 Quern
Tel. (0 46 32) 14 52
Rupserhansen@t-online.de

Im Einklang mit der Natur

Urgesunde Produkte vom Ziegenhof Dollerupholz

Familie Bauer-Güldner betreibt auf dem idyllischen Ziegenhof Dollerupholz eine Ziegenzucht und eine Hofkäserei. Das harmonische Miteinander von Mensch, Tier und Umwelt steht im Zentrum des Hofgeschehens, das Kunden und Gäste hier hautnah miterleben.

Den März-Lämmern gehört natürlich die erste Milch. Aber im April können sich alle Liebhaber von Ziegenkäse auf die frischen Sorten in der bekannten Qualität freuen.

Ab November werden die Ziegen nicht mehr gemolken. Dann fehlt für einige Zeit der ganz frische Käse, auch wenn man die in Olivenöl eingelegte Ware und natürlich die gereiften Sorten wie Capella und Hartkäse weiterhin erhält.

Die täglich handgeschöpften Käsespezialitäten werden aus naturreinem Zickleinlab, Spezialkulturen sowie Kristallsalz und verschiedenen Kräutern ohne weitere Zusatzstoffe hergestellt.

Ziegenfleisch und Ziegenwurst werden nicht unmittelbar auf dem Hof hergestellt. Die frische Salami, noch mit Mettwurstcharakter, reift luftgetrocknet zur Dauersalami, deren würziges Aroma vielen Speisen eine besondere Note verleiht. Das aktuelle Sortiment kann man vor Ort kaufen oder über das Internet bestellen. Der Ziegenhof Dollerupholz ist täglich von 11 bis 17 Uhr geöffnet und kann samstags von 15 bis 17 Uhr besichtigt werden. Man ist Mitglied bei »Feinheimisch« und der »Käsestraße Schleswig-Holstein«.

Lustige Ziegenpyramide

Schmackhafte Produktpalette

Für Liebhaber der waldreichen und meeresnahen Lage steht eine zweigeschossige gemütliche Ferienwohnung zur Verfügung.

Ziegenhof Dollerupholz · Familie Bauer-Güldner
Seeklüfter Weg 16 · 24977 Westerholz
Tel. (0 46 36) 97 75 54 · Fax (0 46 36) 9 79 68 10
ziegenhof@dollerupholz.de
www.ziegenhof-dollerupholz.de

Von Holnis-Kliff zur Geltinger Bucht

Hohe Küsten, tiefe Täler, weite Sichten

Am Strand von Langballigau (Foto: Touristikverein Amt Langballig)

Angeln lässt sich am besten mit dem Rad erkunden, da jede wie immer gewählte Rundstrecke eine große Fülle von Eindrücken bringt. Außerdem gelangt man so auch in die versteckten Winkel der Landschaft, dorthin, wo sich die kleinen Geheimnisse verbergen oder sich die schönsten Sichten auftun. Am Wege werden dann die »offiziellen« und nicht weniger interessanten Attraktionen besucht. Natürlich ist vieles auch mit dem Auto und kleinen Wanderungen zu erleben. Hierfür bietet sich beispielsweise der Rundgang um Holnis-Spitze an. Vom Parkplatz geht man Richtung Innenförde und wendet sich dann zur Spitze der Halbinsel, die man auf einem schmalen Ufersteig erreicht. Das Gefühl, am nördlichsten Festlandspunkt Deutschlands zu stehen, wird bald schon überlagert von dem grandiosen Ausblick »um die Kurve«, wie die Einheimischen sagen. Rechter Hand breitet sich die Außenförde zur offenen Ostsee aus, linker Hand schaut man in die sich langsam verengende Innenförde hinein. Hier trifft man oft seelenruhige Angler, die sich gerne auf dem letzten Zipfel postieren und eine Reihe von Ruten betreuen. Beim Rückweg erklimmt man wieder das hohe Ufer und erreicht in einem kurzen Bogen das »Fährhaus Holnis«, ein idyllisches Reetdachhaus, das ein renommiertes Hotel und Restaurant in einmaliger Naturlage beherbergt. Früher war hier, wie der Name verrät, eine Durchgangsstation Richtung Norden, heute ist es ein stiller Erholungsort.

Etwas quirliger geht es in den Sommermonaten am benachbarten Strand von Drei zu, wo ein herrlicher Badestrand Touristen wie Einheimische gleichermaßen anlockt. Etwas weiter, oberhalb von Bockholmwik, grüßen die Fahnen des wunderschönen Golfplatzes des GC Glücksburg herunter. In sanften Schwüngen und Anhöhen zieht sich die Küste südwärts nach Langballigau, dem einzigen Hafen an der Außenförde.

Hier kann man die eiszeitlichen Vorgänge noch ebenso deutlich erkennen wie am Holnis-Kliff, wenn auch etwas weniger spektakulär. Durch das lang gestreckte Tal fließt die Langballigau in die Ostsee. Dort, wo sie mündet, liegt der kleine Hafen, umgeben von bunten Läden und Restaurants. Die Erscheinung der Tal- und Hügellandschaft findet sich im Inneren Nordangelns noch ausgeprägter. Um Munkbrarup und Husby bis hinüber

Holnisspitze

Die Mühle von Unewatt

Im Hafen von Langballigau

nach Oeversee gibt es zum Teil recht steile Anstiege und Abfahrten, immer verbunden mit großartigen Ausblicken von den Kuppen. Die kleinen Dörfer schmiegen sich oft an die sanften Hänge und besitzen ziemlich gewundene Dorfstraßen. In Munkbrarup darf man einen Besuch der sehenswerten Mühle nicht versäumen.

Auf dem Gut Freienwillen, das direkt am Ostsee-Radweg liegt, lohnt sich ebenfalls ein Halt, nicht nur, um das Anwesen mit seiner alten Allee zu bewundern, sondern auch, um einen Abstecher in das dortige Modegeschäft zu machen. Es befindet sich in liebevoll ausgestalteten historischen Räumen und bietet reizvolle und einfallsreiche Einzelstücke.

Manchmal sagt schon der Name einiges über den Ort aus. Dies trifft etwa für das Jagdschloss Friedrichsthal zu, wo sich ein idyllisches Restaurant und Gartenlokal an einer leise plätschernden Au befindet. Hier sollte man auf seiner Radtour unbedingt eine entspannende Rast einlegen.

In Dollerupholz bietet der dortige Ziegenhof besonders für Familien eine unterhaltsame Zwischenstation, weil man die quicklebendigen Tiere ganz aus der Nähe erleben kann. Gleichzeitig kommt man kaum an den angebotenen Käse-Köstlichkeiten vorbei. Die freundlichen Besitzer darf man gerne um eine kleine Führung bitten. Wer sich für außergewöhnliche Holzintarsien interessiert, findet hier Kunstwerke von großer Schönheit und einmaligem Können. Sie gehören allerdings zum privaten Inventar des Hofes.

Die Halbinsel Habernis, die sich im Verlauf der Küste anschließt, ist ein stiller, landschaftlich wundervoller Ostseewinkel, der gerade für Individualisten die richtige Erholung darstellt. Einsame Strandpartien, der herrliche Dänemarkblick und das interessante Hinterland machen jeden Tag zu einem erholsamen Erlebnis.

Einen etwas anderen, aber ebenso naturverbundenen Eindruck gewinnt man in Nordgaardholz, wo man wohl einen der schönsten Ostsee-Campingplätze entdeckt. Die Strandseite ist den Kindern und Familien mit Spielgeräten, Bolzplatz und einem kleinen Café vorbehalten, der rückwärtige Bereich besitzt ein sehr gepflegtes und großzügig bemessenes Areal für Wohnwagen und Zelte.

Der kurze Weg hinüber nach Steinberghaff eröffnet wiederum einzigartige Aussichten über Viehweiden bis hin zur blau schimmernden See. Bald erreicht man am Strandhotel Steinberghaff einen für diese Gegend typischen Strandabschnitt mit

Landidyll in Nordangeln

Der Aussichtsturm auf dem Scheersberg

Hof bei Dollerupholz

Bei Böklund

Typische Landschaft in Mittelangeln

Rapsfeld bei Habernis vor dem Gewitter

Bauernmarkt auf Gut Östergaard

einer Steinkante und einem schmalen, aber weichen Sandstreifen. Auf der ganzen Länge kann man bequem zum Baden ins flache Wasser gelangen, am Ufer führt ein befestigter Rad- und Wanderweg südwärts über weitere Strandorte Richtung Gelting. Die ehemalige Fährmole kann man bereits liegen sehen, ebenso den weiten Bogen der Geltinger Bucht, die mit dem Naturschutzgebiet »Geltinger Birk« ausläuft.

Die Kirche von Tolk

Bei Faulück

Nur wenige Kilometer von Steinberghaff entfernt liegt das Gut Östergaard, deren rührige Besitzer Märkte und Kulturveranstaltungen für die ganze Region anbieten. Herausragende Ereignisse sind beispielsweise der jährliche Bauernmarkt und die viel besuchten Jazz-Konzerte. Gut Östergaard ist übrigens ein beliebter Ferienhof mit einer großen Palette von Aktivitäten für Jung und Alt.

Die Landschaft zwischen Küste und Geest besitzt viele reizvolle Attraktionen von Besonderheiten wie dem Pomarium Anglicum, einem einmaligen Obstmuseum, über die Dolleruper Kleinmosterei mit Hochprozentigem aus eigener Brennerei bis zur versteckt gelegenen Hofkäserei in Großquern zu Füßen des bekannten Scheersberges, einer der höchsten Erhebungen Angelns.

Vom 1903 erbauten Bismarckturm auf seiner Höhe genießt man einen großartigen Rundblick über die Knicklandschaft und die eingestreuten Höfe und Dörfer. Im Osten erkennt man den blauen Streifen der Ostsee und die dänische Inselwelt. Seit 1960 befindet sich hier die Internationale Bildungsstätte Jugendhof Scheersberg, die auch lohnenswerte kulturelle Veranstaltungen durchführt. Der Name Scheersberg rührt vom dänischen Skærsbjerg her und bedeutet »Berg mit Steinen«, womit die hiesigen Großsteingräber gemeint sind.

Das Gebiet um die größeren Dörfer Sörup und Satrup ist zwar vorwiegend landwirtschaftlich geprägt, aber es gibt am Südensee und am Winderatter See beste Badegelegenheiten und überall Übernachtungsmöglichkeiten in allen Kategorien. Ein unvergessliches Erlebnis, egal ob zum Wohnen oder zum Speisen, ist der Söruper Hof, wo man sich in einem durchgehend künstlerischen Ambiente wohlfühlen kann.

Gelting liegt etwa in der Mitte zwischen Nord- und Südostangeln. Hier verteilen sich die Wege zur Geltinger Birk, zu den südlich davon liegenden Stränden, Richtung Maasholm, Kappeln, Arnis, Süderbrarup und Zentralangeln. Ein entspannter Ort zur Einkehr ist hier der Geltinger Hof. Von seiner Sonnenterrasse aus kann die zahlreichen Radtouristen beobachten, die durch Gelting zu ihren nächsten Zielen fahren, und sich in aller Ruhe den eigenen Tagesplan überlegen.

In Tolk

Urige Sitzbank in Hunhoi

Historische Tanksäulen in Ülsby

»Land un Lüüd« erleben im Herzen Angelns

Gut beraten beim Touristikverein Sörup am Südensee

Die sanften Hügel der typischen Knicklandschaft, romantische Bauernwälder, der Südensee und der Winderatter See, malerische Dörfer und Höfe und mitten darin Sörup mit seiner wuchtigen St. Marien-Kirche. Die romanische Granitquaderkirche stammt aus dem 12. Jahrhundert und legt Zeugnis ab von der langen Kulturgeschichte des Ortes. Der 57 Meter hohe Turm blickt über ein Erholungsgebiet von vielfältiger Schönheit und liebevoll gepflegten Attraktionen.
Die gerade renovierte Windmühle im Ortsteil Schwensby ist ein ebenso lohnenswertes Ziel wie das weit und breit einmalige Obstmuseum in Winderatt mit über 700 verschiedenen Sorten.

Die Mühle »Renata« in Schwensby, ein 1883 erbauter einstöckiger Galerieholländer mit Segelflügeln und Steert (Näheres und Aktuelles unter www.windmuehle-schwensby.de)

Der Ostseestrand liegt nur etwa 10 Kilometer entfernt, in wenigen Autominuten sind die Rumstadt Flensburg, Glücksburg und sein berühmtes Wasserschloss, Kappeln mit den einzigartigen Heringszäunen und die Wikingerstadt Schleswig (Haithabu) erreichbar.
Und direkt vor der Tür seines Feriendomizils, ob Zimmer mit Frühstück oder gemütliche Ferienwohnung, erlebt der Gast eine intakte Natur und eine ländliche Gemeinschaft von weltoffenen Menschen.
Sörup ist bereits mehrfach als »Schönes Dorf« und als »Sportliche Gemeinde« ausgezeichnet worden und bietet mit dem umfassenden Kultur- und Vereinsleben ein reichhaltiges Freizeitangebot für aktive Urlauberinnen und Urlauber.
Die Angler kommen am Südensee und am Winderatter See auf ihre Kosten, wo sie ruhige und abgelegene Plätze finden. Tennisfreunde sind beim Söruper Tennisclub willkommen. Wer auf dem Rücken der Pferde die Umgebung erkunden möchte, ist beim Reit- und Fahrverein in Schwensby gut aufgehoben. Für Wanderer und Fahrradfahrer steht ein weitläufiges und gut ausgeschildertes Wegenetz zur Verfügung. Der Südensee besitzt eine schöne Badeanlage mit einer DLRG-Station und bietet Schwimmern und Nichtschwimmern ein erfrischendes sommerliches Vergnügen. Diverse Kinderspielplätze und eine Skaterbahn im Jugendzentrum stehen den jüngeren Gästen für Spiel und Spaß offen.

Am Südensee

St. Marien – ein Juwel romanischer Baukunst. Ihr Inneres birgt seltene Kostbarkeiten, zum Beispiel einen Taufstein (13. Jahrhundert) aus gotländischem Kalkstein.

Die Söruper Volkshochschule und nicht zuletzt der Touristikverein bieten in der Sommerzeit ein umfangreiches Programm für Bildung und Geselligkeit. Eltern mit Kindern empfiehlt sich ein Urlaub auf dem Bauernhof mit Familienanschluss.
Wer dagegen unabhängig sein möchte, wählt eine der komfortablen Ferienwohnungen mit Liegewiese und Terrasse oder wohnt privat mit Vollpension. Der Touristikverein erteilt gerne die entsprechenden Informationen.

Der Südensee

Der Söruper Südensee, an dessen Ufern das Dorf liegt, gilt als ein Erholungsgebiet besonderer Art. An diesem See kann man nicht nur wunderbare Rad- und Spaziertouren unternehmen. Im Sommer bietet der Südensee auch ein erfrischendes Badevergnügen. Angler finden hier und am Winderatter See stille Plätze für ihren Sport. Die Artenvielfalt der Vögel und Pflanzen am Südensee ist beeindruckend. Ein besonderes Beispiel sind die über 100 Jahre alten »Windbäume«, die als Naturdenkmale unter besonderem Schutz stehen.

Touristikverein Sörup am Südensee
Bahnhofstraße 2a · 24966 Sörup
Tel. (0 46 35) 12 77 · Fax (0 46 35) 29 22 27
info@touristik-soerup.de · www.touristik-soerup.de

Herzliche Gastfreundschaft im Söruper Hof

Ruhe, Genuss und Kreativität

Der Söruper Hof, auch »Das Blaue Haus in Sörup« genannt

Ob im Café Rubens, im vielfältig gestalteten Gästehaus oder in einer der besonderen Ausstellungen der Kunsthalle, der Gast wird überall eingefangen von der reizvollen Atmosphäre, die das Ehepaar Kolev im Söruper Hof geschaffen hat. Es kommt nicht von ungefähr, dass dieser gastliche Ort eine solche Ausstrahlung besitzt. Mintcho Kolev ist von Haus aus Theaterwissenschaftler und Philosoph, seine Frau Julia eine akademische Malerin. Beide haben den Söruper Hof auf sympathische Weise geprägt.

Warum nun trägt das Café diesen weltberühmten Namen? Die Kolevs antworten gerne auf die viel gestellte Frage: »Unser Café Rubens soll Ort der Kunst, der Ästhetik, des Geistes und des Genusses sein – frisch, sinnlich, voller barocker Lebensfreude, lebensbejahend im Sinne unseres ‚Appelles' Peter Paul Rubens.« Dies bedeutet einen hohen Anspruch, dem das ganze Team allerdings vollends gerecht wird.

Im familiär geführten Gästehaus erwarten die Gäste ein Appartement mit Küche, ein Studio mit Küchenzeile, eine Zweizimmer-Suite, ein Ferienappartement, mehrere Doppelzimmer sowie ein behindertengerechtes Zimmer. Alle Zimmer tragen übrigens den Namen eines bekannten Schriftstellers, bei dessen literarischem Werk man sich in stilvollem Ambiente

entspannen und erholen kann – eine nicht nur für Buchfreunde bestechende Idee!

Im zauberhaften Café Rubens werden die Gäste mit internationalen Kaffeespezialitäten oder einer guten Tasse Tee zu einem Stück selbst gebackenem Kuchen oder hausgemachter Torte verwöhnt. Oder man genießt unter einem echten »neu-barocken« Deckengemälde zu sanften Piano-Klängen einen der klassischen Cocktails, einen exklusiven Wein oder ein gut gekühltes Bier. Für den kleinen Hunger stehen zahlreiche liebevoll zubereitete Köstlichkeiten zur Auswahl.

Der Söruper Hof lädt auch gerne zu kulturellen Veranstaltungen ein. Hier wird stets ein Augenmerk auf die Kulturförderung gelegt, ob bildende Kunst, Theater oder Musik.

Die Teilnehmer von Seminaren und Tagungen sind in den großzügigen Räumlichkeiten und zahlreichen Zimmern bestens aufgehoben. Das Team des Hauses steht bei der Durchführung sämtlicher Events und Feiern inklusive der stilvollen Bewirtung hilfreich zur Seite. Außerdem wird ein Catering-Service für Veranstaltungen im persönlichen Umfeld angeboten.

Wer den Söruper Hof noch nicht kennt, sollte sich überraschen lassen!

Öffnungszeiten: Montag bis Samstag 14.30 Uhr bis 23 Uhr, Sonntag 10 Uhr bis 14 Uhr Brunch, 14.30 bis 23 Uhr

Ein zum Träumen einladendes Zimmer

Tortengenuss im Café Rubens

Das Café Rubens

Söruper Hof · Mintcho und Julia Kolev
Bahnhofstraße 21 · 24966 Sörup
Tel. (0 46 35) 29 47 72 · Fax (0 46 35) 29 47 74
info@soeruper-hof.de · www.soeruper-hof.de

Besonders schöne Exemplare des Danziger Kantapfels

Obstspaliere nach alter Tradition (Foto: Hans Martin Krüger, Berlin)

700 historische Apfel- und Birnensorten

Angelner Herren und Weigelts Zinszahler im Obstmuseum

Mitten im Angelner Hügelland im Söruper Ortsteil Winderatt befindet sich das Obstmuseum Pomarium Anglicum. In der Angelner Obstsammlung gedeihen ca. 700 verschiedene Apfel- und Birnensorten gut geschützt hinter landschaftstypischen Knicks.

Im Sommer und Herbst, wenn die Früchte im Laub verführerisch leuchten, ist das lebende Obstmuseum an festgelegten Tagen für die Öffentlichkeit geöffnet. Karin und Meinolf Hammerschmidt erzählen bei den Führungen zu vielen Sorten Sagen, Geschichten oder Anekdoten, die sich um Apfelsorten ranken, beispielsweise die Geschichte des Gravensteiners: 1669 kam ein dänischer Prinz von einer Reise nach Italien mit einem Reis von einem Apfelbaum zurück und ließ ihn in einer dänischen Schlossgärtnerei veredeln. Seitdem steht er im Schlosspark von Gravenstein. Der betörend duftende, köstliche Apfel wurde von dort in der ganzen Welt verbreitet.

Im Anschluss an jede Führung durch das Obstmuseum erwartet den Gast ein vielfältiges Obstbuffet und überrascht seinen Gaumen mit dem sehr unterschiedlichen Geschmack der Früchte. So mancher findet hier seinen Kindheitsapfel wieder, wenn Duft und Geschmack alte Erinnerungen wachrufen. Auch mitgebrachte Früchte können zur Sortenbestimmung vorgelegt werden.

In Europa ist der Apfel vor allem in Klöstern und Herrschaftsgärten vermehrt, veredelt und verehrt worden. Seine kulturhistorische Bedeutung schlägt sich in allen Bereichen der Kunst, Philosophie und Mythologie nieder. Seit 2008 werden neu angelegte Themengärten, zum Beispiel das Obst im Barock- und im Klostergarten für die Öffentlichkeit zugänglich gemacht.

Das Obstmuseum will die alten Obstsorten mit ihrer genetischen Vielfalt im lebenden Sortengarten für die Zukunft erhalten. In der angeschlossenen Baumschule werden die alten Sorten auf »junge Füße« gesetzt und wieder »unter die Leute gebracht«. Zwei Ferienwohnungen im »Alten Apfelgarten« sind zur Zeit der Obstblüte und zur Erntezeit besonders beliebt bei den Gästen.

Von August bis September finden donnerstags Führungen durch das Obstmuseum mit anschließendem Buffett statt. Bitte um Anmeldung.

Obstbuffet (Foto: Hans Martin Krüger, Berlin)

Obst im Barockgarten

Obstmuseum Pomarium Anglicum
Baumschule Alte Obstsorten
Meinolf Hammerschmidt
Waldweg 2 · 24966 Sörup/Winderatt
Tel. (0 46 35) 27 45 · Fax (0 46 35) 12 99
hammerschmidt@alte-obstsorten.de
www.alte-obstssorten.de

Meer, Strand, frischer Wind und Erholung

Ferienwohnungen Husfeld mit Ostsee-Blick

Die Urlaubsdomizile auf dem ehemaligen Bauernhof versprechen ländliche Ruhe und Natur pur direkt an der Ostsee auf der »Habernis Huk«. Drei gepflegte und liebevoll eingerichtete Ferienwohnungen erwarten den Gast fernab vom Trubel des Alltags, aber nah an den Schönheiten der

Der nahe Badestrand

Das reetgedeckte Bauernhaus in Habernis-Huk...

Angelner Ostseeküste. Wohnküche, Sitzterrasse, Schlafzimmer – von überall hat man eine herrliche Aussicht auf Wiesen und Wälder sowie über die blau schimmernde See bis hinüber nach Dänemark. Der Aufenthalt hier bei »Husfeld« ist ein ganz besonderes landschaftliches Erlebnis an einem kurtaxfreien Naturstrand, der nur 150 Meter entfernt liegt.
Die große kinderfreundliche Spiel- und Liegewiese hat jede Menge Platz für Jung und Alt und am

...ist das zweite von rechts am Ende der Straße.

Wasser finden auch passionierte Petrijünger stets ein geruhsames Plätzchen.
Habernis selbst ist ein stilles Dorf an der abwechslungsreichen Flensburger Außenförde und der Geltinger Bucht mit vielen romantischen Wander- und Radwegen.
Die Nichtraucher-Wohnungen sind mit Dusche und WC, Einbauküche, Kühlschrank, Geschirrspüler, Backofen, Kaffeemaschine, Wasserkocher, Geschirr und Besteck, TV, Radio, Internetanschluss und Terrasse mit Gartenmöbeln ausgestattet.

Aase und Helmut Husfeld
Na de Huk 15 · 24972 Steinberg/Ostsee
Tel. (0 46 32) 5 71 · Fax (0 46 32) 87 63 69
fewo-husfeld@t-online.de · www.husfeld-habernis.de

Das Hotel und Restaurant Steinberger Hof

Gutbürgerlich speisen und wohnen mit heimatlicher Note

Direkt an der B 199, die entlang der Angelner Badeorte verläuft, liegt der Steinberger Hof. Ob nach einem entspannenden Strandaufenthalt oder während einer Entdeckungsfahrt durch die herrliche Angelner Ostseelandschaft, hier kann der Gast eine stärkende Pause einlegen oder es sich auf der Sonnenterrasse gemütlich machen. Für Übernachtungen stehen fünf Doppelzimmer und ein Einzelzimmer zur Verfügung.

Der Steinberger Hof

Der Chef des Hauses Stephan Jacobsen

Die große À-la-carte-Auswahl bietet eine Vielzahl gutbürgerlich zubereiteter Gerichte, in denen Stephan Jacobsen, der Betreiber und Küchenchef, stets frische Produkte aus der Region verarbeitet. Es ist ihm wichtig, den Gästen vor allem schmackhafte einheimische Speisen zu präsentieren.
Der Gasthof ist verwurzelt im Dorf Steinberg und trägt dessen Namen mit gewissem Stolz. Hier feiern auch die Dorfbewohner gerne, hier gibt es Tanzveranstaltungen und Jubiläumsfeste im geräumigen Saal, der bis zu 130 Personen fasst.

Die Gaststube mit dem Tresen und behaglichen Tischplätzen lädt ein zu einem zünftigen Mittag- oder Abendessen mit heimatlicher Note, die Terrasse zum Genießen von Kaffee und Kuchen.
Die Küche ist bis 14 Uhr und ab 17 Uhr geöffnet. Kleine Gerichte können auch außerhalb dieser Zeiten bestellt werden.

Hotel & Restaurant »Steinberger Hof«
Stephan Jacobsen
Süderstraße 1 · 24972 Steinberg
Tel. (0 46 32) 87 63 51

Man sieht, es schmeckt.

Familienfreundlich in gepflegter Atmosphäre

Unbeschwerte Tage auf dem Campingplatz Nordstern in Norgaardholz

Direkt am DLRG-bewachten Strand an der Geltinger Bucht finden Campingfans eine Oase der Erholung mit allem, was ihr Herz begehrt. Der wunderschön gelegene Campingplatz Nordstern der Familie Brieskorn in Steinberg, Ortsteil Norgaardholz, kann viele Vorteile für sich verbuchen. Ein besonderes Plus ist seine Familienfreundlichkeit, da sich Eltern und Kinder in gegenseitiger Ungestörtheit befinden, das heißt die natürliche Weitläufigkeit erlaubt dem Nachwuchs viele Aktivitäten und eigene Wege, ohne dass die Aufsicht vernachlässigt wird. Die allseitige Einsehbarkeit und die sichere Badesituation schaffen eine wohltuende familiäre Entspannung.

Am Platz befindet sich ein Kiosk zur Versorgung des täglichen Bedarfs und ein Landgasthaus mit großer sonniger Terrasse und direktem Blick auf den zum Campingplatz gehörendem Kinderspielplatz. Für Fußballfreunde steht ein großer Bolzplatz zur Verfügung.

Blick über den Campingplatz Richtung Ostsee

Der Bolzplatz

Spielende Kinder am Ostseeufer

Die unmittelbare Umgebung lädt zu romantischen Strandspaziergängen und Fahrradtouren ein. Für Wassersportbegeisterte sind entsprechende Freizeitmöglichkeiten direkt vor der Tür.

Ein gerne wahrgenommenes Angebot ist die Abnahme der verschiedenen Schwimmprüfungen durch die DLRG vor Ort, womit gerade den Kindern Sicherheit für ihr ganzes Leben mitgegeben wird.

Ein weiteres »Bonbon« ist das Brandungsangeln am Naturstrand mit guten Chancen auf Lachs, Butt, Aal und Dorsch. Angelboote können über eine befahrbare Rampe mit dem PKW ins Wasser gelassen werden.

Und wenn das Wetter einmal nicht so sonnig ist, ist eine Vielzahl von lohnenswerten Ausflugszielen in wenigen Autominuten zu erreichen. Familie Brieskorn gibt gerne die einschlägigen Tipps, vor allem für eine familiengerechte Tour.

Auf dem Campingplatz Nordstern wird großer Wert auf eine gemütliche und saubere Atmosphäre mit gepflegten sanitären Anlagen gelegt. Diese werden mehrmals täglich gereinigt. Die warmen Duschen sind kostenlos nutzbar.

Größere Einkaufsmöglichkeiten bieten sich in Steinbergkirche, das etwa 4 Kilometer entfernt liegt.

Öffnungszeiten:
Montag bis Sonntag 7 bis 13 Uhr und 15 bis 22 Uhr, Saison: 1. April bis 30. September

Gasse auf dem Campingplatz

Campingplatz Nordstern · Familie Brieskorn
Nordstern 1 · 24972 Steinberg
Tel. (0 46 32) 74 06 · Fax (0 46 32) 87 13 24
info@campingplatz-nordstern.de
www.campingplatz-nordstern.de

Hier wird Gastlichkeit großgeschrieben

Das Landgasthaus Streichmühle – eine empfehlenswerte Adresse

Vor dem Landgasthaus fallen einem bei der Ankunft besondere Querbalken auf. Dort können Sonntagsreiter, die zum Frühschoppen reiten, ihre Vierbeiner festbinden. Die freundlichen Wirtsleute Lena Christiansen und Peter Holst wissen von dieser Angelner Einmaligkeit ein paar urige Geschichten zu erzählen.

Die freundlichen Wirtsleute Lena Christiansen und Peter Holst

Dem Gast über die Schulter geschaut

In der Gaststube wird man von stilvoller Behaglichkeit empfangen. Eine unverkennbar skandinavische Note durchzieht die lichten Räumlichkeiten. Am Tresen kann es einem passieren, mit reinem Plattdeutsch begrüßt zu werden, und zwar mit etwas mehr Worten als dem üblichen »Moin«. Wenn man eingeladen wird, sollte man nicht aus Bescheidenheit ablehnen. Der folgende Klönschnack kann sehr aufschlussreich und unterhaltsam sein. Außerdem muss er einen ja nicht vom Essen und Trinken abhalten.

Beides ist nämlich im Landgasthaus Streichmühle ganz vorzüglich. Besonders die leckeren Spezialitäten aus der Gegend, die stets frisch zubereitet werden, finden wohlige Zustimmung bei den Gästen. Kein Wunder: Hier kocht der Chef selbst! Sein Wahlspruch, den er an einem der gemütlichen Tische verrät, heißt: »Gut und reichlich!« Und so schmeckt es nicht nur hervorragend, man wird auch angenehm satt.

Dazu gehört natürlich ein frisch gezapftes Bier oder eine ausgesuchte Flasche Wein.

Die geschmackvollen Tischdekorationen setzen sich auch im Clubraum, der für 25 Personen ausgelegt ist, fort. Dahinter schließt sich der große Veranstaltungssaal mit Bühne und einem Fassungsvermögen von 120 Personen an. Dorffeste, Hochzeiten, Jubiläen und kulturelle Events können im Landgasthaus Streichmühle bestens durchgeführt werden. Hier mischen sich manchmal Einheimische und Feriengäste zu einem bunten Miteinander.

Der Eingang mit den besagten Pferdebalken

Der Küchenchef in Aktion

Der Pferdeparkplatz

Die Zimmer des Hauses sind komfortabel eingerichtet und sämtlich mit Dusche und WC, Sat-TV und Telefon ausgestattet. Vom Landgasthof aus lässt sich die wunderschöne Landschaft Nordangelns mit dem Auto, dem Fahrrad oder auch zu Fuß bequem erkunden. Das bekannte Landschaftsmuseum Unewatt ist beispielsweise nur wenige Gehminuten entfernt.

Landgasthaus Streichmühle
Lena Christiansen und Peter Holst
An der Nordstraße 1 · 24989 Streichmuehle
Tel. (0 46 36) 2 65 · lenachristiansen@gmx.de

Erlebnisurlaub in historischem Ambiente

Ferienhof Gut Oestergaard – eine verlockende Symbiose

Das direkt an der Ostsee liegende Gut Oestergaard hat seinen Namen im 16. Jahrhundert erhalten, als es an das östliche Ende des Dorfes Steinberg verlegt wurde (Oestergaard = Ostenhof). Im Jahre 1856 entstand auf diesem Hof ein Gutshaus mit Kellergewölbe und eisernen Freitreppen.
1926 wurde das Gut an die preußische Domänenverwaltung verkauft und an Christian Lempelius verpachtet. In direkter Folge wurde das Anwesen erst dem Sohn Ove, dann dem Enkel Herbert und schließlich 1998 dem Urenkel Jörg Lempelius weitergegeben. Dieser versucht mit seiner Familie, die angestammte Landwirtschaft mit den Bereichen Tourismus und Kultur sinnvoll zu verbinden, um dem Hof eine lebendige Zukunft zu ermöglichen.
Zu jeder Jahreszeit bietet die Landschaft rund um das Gut und das nahe Meer erholsame Vielseitigkeit und lädt ein zum Entspannen oder zu aktiver Freizeitgestaltung wie Baden, Rad- und Wandertouren, Ausflugsfahrten zu Lande und zu Wasser oder Kulturveranstaltungen. Selbst Kutschfahrten

und Ausritte am Naturstrand gehören zum Programm.
Jeweils vier Ferienwohnungen im Herrenhaus und im Kutscherhaus sowie die Ferienhäuser »Alte Wassermühle« und »Mühlenkate« in idyllischer Teichlage stehen den Urlaubsgästen zur Verfügung. Pferde und Ponys sowie Hausschweine, Kaninchen, Hühner und ein Hund freuen sich auf die Kinder. Petrijünger lieben den Hausteich mit seinem vielfältigen Fischbesatz. Alljährlich im Sommerhalbjahr kann das viel bestaunte Maislabyrinth erkundet werden. Tischtennis, Fußball, Ruderboot fahren und diverse Kinderspiele runden das Freizeitangebot ab.
Aber auch die Liebhaber der Stille und Besinnlichkeit finden auf dem weitläufigen Hofgelände ihre verschwiegenen Plätze: ruhige Liegestühle und abgeschiedene Orte zum Alleinsein.
An den Wochenenden von Mai bis Oktober öffnet das Gartencafé mit selbst gebackenen Kuchen seine Pforten. Und in der Kulturscheune aus dem Jahre 1780 mit seiner reizvollen Holzbalkenkonstruktion bietet Familie Lempelius seinen Gästen alljährlich eine Reihe kultureller Veranstaltungen. Die Auswahl reicht vom Pfingstmarkt über Jazz bis hin zu Klassik-Konzerten. Von Mai bis Oktober können Scheune und Hofgelände gern auch für individuelle rustikale Hochzeits-, Familien- oder Betriebsfeiern genutzt werden

Ferienhof Gut Oestergaard · Familie Lempelius
Oestergaard 2 · 24972 Steinbergkirche
Tel. (0 46 32) 72 49 · Fax (0 46 32) 8 73 09
info@gut-oestergaard.de · www.gut-oestergaard.de

Der Naturstrand von Steinberghaff

Hoteleingang

Sonnenaufgang über dem Meer

Die Sonnenterrasse mit dem herrlichen Ostseeblick

Eines der Komfortzimmer

Frische Seeluft am Naturstrand, Meeresblick und rauschende Brandung

Gesunde Erholung im Strandhotel Steinberghaff

Das unvergleichliche Ostseepanorama, das von der deutschen Halbinsel Birk bis hinüber zur dänischen Insel Kegnaes reicht, ist das »Markenzeichen« des Strandhotels Steinberghaff, nur einen kurzen Abstecher von der B 199 Flensburg-Kappeln entfernt. Stammgäste sind immer wieder begeistert von der einmaligen Atmosphäre des Restaurants und der im Sommer geöffneten Seeterrasse. Nicht nur Geburtstage, Hochzeiten und Feste aller Art finden hier einen ganz besonderen Rahmen. Auch Urlauberinnen und Urlauber wissen das »Ostsee-Ambiente« mit seinem direkten Strandzugang, dem vorbeiführenden Ostseeküstenradwanderweg und dem nahen Brandungsschlag sehr zu schätzen.

Die Küche verwöhnt den Gast im neu gestalteten Restaurant mit Qualität und Frische. Egal ob Leckeres aus dem Meer, zünftige Fleischgerichte oder die Gemüsevielfalt, alles wird von einheimischen Erzeugern bezogen und kreativ und gekonnt zubereitet. Dies gilt auch für die hausgemachten Eis-, Kuchen- und Tortenspezialitäten. Hier kocht der Chef noch selbst!

Die liebevoll eingerichteten Zimmer sind ausgestattet mit WC und Duschbad, Föhn, Sat-TV, Telefon und Minibar, einige Zimmer bieten einen wunderschönen Meeresblick! Ganz besondere Erlebnisse versprechen die faszinierenden Sonnenaufgänge und die ausgedehnten Strandwanderungen.

Das Strandhotel Steinberghaff steht für Entspannung und rundum erholsame Tage am Meer.

Strandhotel Steinberghaff
Inhaber Andreas Dudek
Steinberghaff 22
24972 Steinberg/Ostsee
Tel. (0 46 32) 17 55 · Fax (0 46 32) 15 01
info@strandhotel-steinberghaff.de
www.strandhotel-steinberghaff.de

Die Geltinger Birk

Ein Idyll für Pflanzen und Tiere

Die Geltinger Birk ist ein 773 Hektar großes, bereits seit 1934 bestehendes Naturschutzgebiet einige Kilometer nordöstlich von Gelting. Sie nimmt fast die gesamte Ostseite der Geltinger Bucht ein. Eigentümerin der Flächen ist die Stiftung Naturschutz des Landes Schleswig-Holstein. Die Betreuung des Gebietes liegt seit 1977 in den Händen des NABU Schleswig-Holstein.

Blick am Strand entlang zur Birk

Die Landschaft auf der Geltinger Birk ist sehr abwechslungsreich. Sie besteht aus verlandeten Schilfsümpfen, Salzwiesen, flachen Dünen, sand- und geröllbedeckten Außenstränden, lichten Laubwäldern sowie seichten Wasserflächen. Die Geltinger Birk eignet sich hervorragend für kleine Fahrradtouren und beschauliche Spaziergänge. Der Rundweg beginnt und endet am Parkplatz an der Windmühle. Wer etwas mehr Bewegung benötigt, der folgt dem mit einem Schwan als Symbol markierten Wanderweg von etwa 6 Kilometern Länge bereits ab Wackerballig.
Für die ornithologisch Interessierten gibt es auf der Geltinger Birk eine Vogelschutzwarte, die während der Saison besetzt ist. Im Laufe des Jahres können im Schutzgebiet rund 200 Vogelarten beobachtet werden. Zu den etwa 70 Brutvogelarten gehören Graugans, Knäkente, Mittelsäger, Tüpfelralle, Küsten-, Zwerg- und Brandseeschwalbe, Rotschenkel, Neuntöter, Sprosser und Braunkehlchen. Interessant sind während der Zugzeit die guten Beobachtungsmöglichkeiten für rastende und überwinternde Wasservögel sowie eine Vielzahl von Watvögeln. Auch Klein- und Greifvögel ziehen hier durch.
Die Flora weist etwa 380 Arten auf, darunter Meerkohl, Stranddistel, Echter Eibisch, Natternzunge und Blutroter Storchenschnabel.
Ein relativ junges Projekt ist die Ansiedlung von Wildpferden auf der Geltinger Birk. Es handelt sich dabei um Koniks, verwilderte polnische Hauspferde, die wiederum von den Tarpanen abstammen.
Die im Frühjahr 2002 ausgesetzten Konik-Pferde stammen aus Holland. Ziel ist es, den Bestand von anfangs 11 bis 2005 auf am Ende 100 Tiere zu erhöhen und so die Grundlage für eine stabile Wildpferdepopulation auf der Geltinger Birk zu schaffen.

Entspannen, feiern und genießen in der königlichen Kate

Im Gasthaus Unewatt ist eine alte Tradition neu belebt worden

Das« Gasthaus Unewatt« wurde bereits 1694 als ehemalig königliche Kate in den Chroniken erwähnt. Das Haus hat als Krug mit Hökerei eine bewegte Geschichte erlebt und wurde nach liebevoller detailgerechter Restaurierung im April 1993 wiedereröffnet. Seither fühlen sich die Gäste hier so wohl, dass einige Auszeichnungen nicht lange auf sich warten ließen.
Und das merkt man, wenn man hier einkehrt und sowohl das historische Ambiente als auch die kulinarischen Köstlichkeiten genießt. Als erstes Gasthaus im Lande bietet das Gasthaus Gerichte vom Angler Schwein an. Es handelt sich dabei um das Fleisch von Tieren, die artgerecht auf den Feldern der Umgebung gehalten werden in natürlich-biologischer Tierzucht. Es werden frische Eier von freilaufenden Hühnern aus der Nachbarschaft bezogen und nur Backprodukte von hoher Reinheit und Qualität angeboten.
Besonders die saftig gegrillten und gut gewürzten Steaks werden immer wieder gern bestellt. Im Gasthaus Unewatt kann man übrigens den schönsten Tag des Lebens von »rustikal bis extravagant« feiern. In der alten königlichen Kate erhält jede Hochzeit ihren angemessenen Rahmen. Dies gilt natürlich auch für andere Anlässe wie Taufessen, Geburtstagsfeiern, Jubiläen, Geschäfts- oder Weihnachtsdiners.
»Für die Gäste des Landschaftsmuseums ist das Gasthaus Unewatt fast schon zur sechsten Museumsinsel geworden«, freut sich das Betreiberpaar Elsbeth und Peter Hansen. Der König hätte sicherlich nichts dagegen gehabt.

Das Gasthaus Unewatt ist auch beliebte Zwischenstation bei Radfahrern.

Die Enkelkinder von Peter Hansen

Im Ausschank: Helbing, der Hamburger »Kult«-Kümmel

Gasthaus Unewatt · Peter Hansen
Unewatterstraße 8 · 24977 Unewatt
Tel. (0 46 36) 17 55 · Fax (0 46 36) 16 54
gasthaus@unewatt.de · www.unewatt.de

Heike Götz von der NDR-»Landpartie« kocht mit Peter Hansen im Gasthaus.

Auf den Spuren einer versunkenen Welt

Eine erlebnisreiche Wanderung durch das Landschaftsmuseum Angeln in Unewatt

In Sichtweite der B 199 zwischen Langballig und Munkbrarup liegt ein außergewöhnliches Museum, das seit seiner Gründung vor etwa zwei Jahrzehnten mehr und mehr in die Herzen der Einheimischen und Gäste gefunden hat. Es ist nicht nur das idyllische Dorf Unewatt selbst, sondern die sanfte Einbettung des Museumsgeschehens in den Ort, was die Menschen auf stille Weise begeistert. Und außerdem kann man die historischen Bauten und Gerätschaften in einem malerischen Rundgang durchs Dorf erleben.
Kern der Idee für ein Angelner Landschaftsmuseum war der Marxenhof, das am Dorfeingang rekonstruierte bäuerliche Anwesen, das früher in Süderbrarup gestanden hat. Es besteht aus einem Südangeliter Fachhallenhaus von 1626 mit späteren Umbauten sowie einer Wandständerscheune. Das Konzept hieß in Kurzform »Ein Dorf mit Museum und ein Museum mit Dorf«. Im Gegensatz zu anderen Freilichtmuseen wollte man hier im Ort selbst an bereits bestehenden Gebäuden vergangenes bäuerliches Leben zeigen und bewahren.
So schuf man ab den 1980er-Jahren ein dezentrales Museum mit fünf »Museumsinseln«, die durch einen Rundwanderweg miteinander verbunden sind. Ausgehend vom Marxenhof, der am empfohlenen Eingangsparkplatz liegt, wandert man zur Christesen-Scheune, die zu einer Unewatter Vierseithofanlage von 1895 gehört und als Ausstellungshalle dient. Die einst auch als Kuh- und Schweinestall genutzte Drempelscheune dient seit 1993 als Ausstellungshalle für landtechnische Geräte und Maschinen. Im Obergeschoss werden Sonderausstellungen durchgeführt.
Weiter am Weg liegt die Buttermühle, die als ein anschauliches Beispiel die dörfliche Nutzung der Wasserkraft demonstriert. Die funktionstüchtige Anlage besteht aus einem Mühlenteich mit aufgestautem Auwasser, einem oberschlächtig angetriebenen Wasserrad und einem damit über ein Getriebe gekoppeltes Drehbutterfass.
Die nächste Station ist die als Galerieholländer 1878 errichtete Windmühle »Fortuna«. Sie wurde in ihren Funktionen wieder hergestellt. Drei Mahlgänge, Maschinen und Geräte zeigen die früheren Stufen der Getreideverarbeitung.
Bevor man zur kleinen historischen Lohnräucherei kommt, die der Kätner Ludwig Westerfeld 1894 zum lebensnotwendigen Nebenerwerb gebaut hat, sollte man im gemütlichen Gasthaus Unewatt einkehren und die gewonnenen Eindrücke bei einem guten Essen und einem erfrischenden Getränk verinnerlichen.
Weitergehende Informationen unter:
Tel. (0 46 36) 10 21 oder
www.museum-unewatt.de

Blick über das Landschaftsmuseum auf die Unewatter Mühle

Ausstellung historischer landwirtschaftlicher Geräte in der Christesen-Scheune

Die Buttermühle

Das Glück ist wendischer als das Wetter

Wolfgang Clausen – Fischer, Austernzüchter, plattdeutscher Poet und Hafenoriginal von Langballigau

Sein wettergebräuntes Gesicht verrät nicht viel von dem, was Wolfgang Clausen erlebt hat. Und doch hört man beim näheren Gespräch die Lebensenttäuschung noch heraus. Man trifft den Fischer eigentlich täglich am Hafen von Langballigau, etwas zurückhaltend, aber freundlich in seiner Art. Wenn jemand die Geschichte des Ortes kennt, dann er. So jedenfalls erfährt man es, wenn man herumfragt.

Wolfgang Clausen verbrachte seine ersten Lebensjahre in Neustrelitz, wo er auch geboren wurde. Nach Kriegsende zog die Mutter mit ihren zwei Söhnen nach Langballigholz an der Flensburger Außenförde. Vater und Mutter stammten aus Angeln und die Kinder wuchsen mit dem Angeliter Platt auf.

Nach einer Dreherlehre und der Bundeswehrzeit lernte er einen zweiten Beruf, den des Baumaschinisten. Dies ermöglichte ihm den Eintritt in seinen Traumberuf, das Fischerhandwerk. Ab 1967 arbeitete Wolfgang Clausen als selbstständiger Fischer in Langballigau. Danach betreute er die dortige Außenstelle der Bundesforschungsanstalt für Fischerei Hamburg, die in den Jahren 1972 bis 1985 zu einer Versuchsstation der Austernzucht ausgebaut wurde. Als diese 1985 aufgelöst wurde, gründete er die Austernzucht Langballigau, bei der bis 1992 Austern von sehr hoher Qualität gezüchtet wurden. Allen Kennern waren diese Austern unter dem Namen »Ostseeperle« ein Begriff.

Langballigau, das eine lange Tradition der Küstenfischerei besitzt, erlebte leider nur eine kurze Zeit der »Austernblüte«. Zwar beherrschte Wolfgang Clausen die fast virtuose Kunst des Austernziehens in allen Details, er entwickelte sogar ein Spezialboot zur effektiveren Waschung der Brut, aber das Schicksal schien gegen ihn. Durch überhöhte Forderungen zweier Gesellschafter ging das Unternehmen, an dem Wolfgang Clausen beteiligt war, in Konkurs und sein großer Traum von einem neuen Fischereizweig in der Flensburger Förde nicht in Erfüllung.

Langballigau verlor zwar eine faszinierende Chance, gewann aber einen plattdeutschen Autoren. Wolfgang Clausen begann zu schreiben und hat inzwischen eine Vielzahl von wunderbaren plattdeutschen Gedichten, Geschichten und Theaterstücken verfasst.

Heute wohnt er nur ein paar Schritte vom Hafen entfernt und fährt noch täglich mit seinem Freund Hans zum Fischen hinaus.

Wolfgang Clausen am Hafen von Langballigau

Die alte Angeliter Kate der Familie Clausen

Gefülltes Austernnetz

Das von Wolfgang Clausen entwickelte Spezialboot

De Wienbargschneck

Dor leeg se midden up de Wech,
lang utstreckt in dat feuchte Gras,
de Föhler in de Höchte reckt.
Een vun de Soort bloß,
de selten wurrn weern,
noadem vör veele Johrn
se sammelt wurrn vun Minschen.
As Kinner harrn wi speelt mit se,
se Naamen geben,
erkennten se an sehrs Gehüüs,
weil jede harr een anner Muster,
een anner Farv,
fast wie bi Minschen up de ganze Welt.
Ik keek ehr to, wie se lang langsom
de Wech dör't Gras
ganz sinnig öwerquert,
fast glööw ik, de Tied stunn still,
föhlt mi torüchversett um föfftig Johr,
wie uns de Tied
nich schnell genuch verging.
Hüt meent man, dat de Tied
löpt schneller,
doch kiekt man na de Wienbargschneck,
hett sik nix ännert,
se krüppt noch ganz genau so langsom
wie vör hunnert dusend Johr,
bloß wi leben schneller,
de Wienbargschneck, se wiest mi dat.

Wolfgang Clausen

(Bilder der Austernzucht und Abdruck des Gedichtes mit freundlicher Genehmigung von Wolfgang Clausen, Langballigholz)

Von der Birk bis nach Schleimünde

Eine Küstenfahrt mit Abstechern

Auf der Ostseite der Geltinger Bucht und um die Landspitze, an der die offene Ostsee beginnt, erstreckt sich die Geltinger Birk, ein seit 1934 bestehendes Naturschutzgebiet. Die abwechslungsreiche Küstenlandschaft mit Laubwäldern, vereinzelten Sumpfflächen, Heidegebieten und flachen Stranddünen ist ein sehr beliebtes Urlauberziel. Die Fahrradtouren und Spaziergänge beginnen und enden zumeist am Parkplatz an der Mühle »Charlotte«, die aber als Privatwohnung dient und nicht besichtigt werden kann.
Unentwegte starten bereits in Wackerballig am inneren Buchtrand und folgen dem markierten Wanderweg mit dem Schwansymbol. Die dort aufgestellte Informationstafel gibt einen Überblick über die Geltinger Birk und das Wegesystem.
Für ornithologisch Interessierte ist im Sommerhalbjahr die Vogelschutzwarte eine gern besuchte Anlaufstelle. Der Vogelwart gibt dann bereitwillig Auskunft. Seit einiger Zeit läuft hier auch ein Wildpferde-Projekt.
Südlich der Birk liegt das Dörfchen Falshöft mit dem weithin sichtbaren rot-weißen Leuchtturm. Er ist stillgelegt und wird von einem Förderverein unterhalten und dient Heiratswilligen als romantischer Ort fürs Ja-Wort. Gemütliche Pensionen und ein strandnahes Café laden zum Verweilen ein.
Der Leuchtturm war von 1910 bis 2002 ein Quermarkenfeuer an der Flensburger Außenförde, besteht aus Gusseisen und besitzt eine Turmhöhe von 24,40 Metern über Normalnull.
Von Falshöft aus reihen sich einige Strandorte mit Hotels, Campingplätzen, Restaurants und Cafés bis nach Kronsgaard und Oehe-Drecht. Danach ist der freie Zugang zur Küste am Beginn des Naturschutzgebietes um die Lotseninsel (Schleimünde) verwehrt.
1994 übernahm die Gemeinde Maasholm die von der Bundeswehr aufgegebene Flugabwehr-Raketenstation Oehe. Gemeinsam mit Partnern aus Forschung, Naturschutz und Tourismus wurde in der Folgezeit ein Konzept für den Umbau der Militärliegenschaft zu einem überregional bedeutsamen Naturerlebniszentrum an der Schleimündung entwickelt und verwirklicht.

Am Leuchtturm von Schleimünde

Der Leuchtturm von Falshöft

In Kronsgaard

Die Mühle »Charlotte« auf der Birk

Gedenkstein an die Sturmflut von 1872 am Hafen von Maasholm

Unmittelbar neben dem großen Seevogelschutzgebiet Oehe-Schleimünde entstand allerdings auf einer Bundeswehr-Konversionsfläche eine grüne Oase mit einem spannenden und informativen Angebot rund um das Thema Schlei und Ostsee. Ab dem Wanderparkplatz Exhöft an der L 277, etwa 1 Kilometer vor Maasholm, kann man das Naturzentrum zu Fuß, mit kostenlosen Leihrädern oder als Skater auf der autofreien 2 Kilometer langen Zuwegung erreichen.
Nach dem Auswandern der Angeln nach England blieb unser Schleimündungsgebiet lange unbewohnt.

Der Strand von Pottloch

Die Hafenmeisterei auf der Lotseninsel (Schleimünde)

Blick von der Birk auf die Geltinger Bucht

Das alte Fischerdorf Maasholm hat seinen baulichen Charakter zum Glück wenig verändert, wenn auch eine großflächige Marina den modernen Erwerbszweig der Bewohner anzeigt. Bereits im 8. und 9. Jahrhundert legten die Wikinger hier ihre ersten Stützpunkte an. Das Aufblühen der Stadt Schleswig im Mittelalter und die Ansiedlung des Adels förderte auch das Wirtschaftsleben an der Schleimündung. Ende des 14. Jahrhunderts sind vermutlich das gelegene Gut Oehe und auch die Vorgängersiedlung Maas entstanden. Die Leute lebten damals von der Seefahrt. Wegen häufiger Überflutung verlegte man den ganzen Ort 1701 auf das hochwassersichere nahe Maasholm. Die Maasholmer Segler steuerten in dänischer Zeit vor allem Oslo und Kopenhagen an. Erst ab 1864, als der Landesteil Schleswig zu Preußen gelangte, wandten sich die Maasholmer auch der Berufsfischerei zu.

Heute lebt Maasholm vom Tourismus und seinem großen Yachthafen.

Im Gebiet um Maasholm und Oehe entdeckt man, etwas ungewöhnlich für die Ostsee, dass man gegen die Überflutung bei anhaltenden Oststürmen Deiche errichtet hat. Doch auch an anderen Stellen der Fördenlandküste findet man solche Schutzmaßnahmen, zum Beispiel in der Probstei am Schönberger Strand.

Wenn man sich an Kappeln vorbei nach Westen bewegt und die B 199 überquert, ist man rasch wieder im tiefsten bäuerlichen Angeln. Kleine Dörfer, verstreute Gehöfte, einzelne Katen und immer wieder Herrenhäuser mit großen Gütern prägen die Architektur. Die Landschaft selbst ist wellig, waldig und mit hohen Knicks durchzogen.

Viele Orte sind einst aus den Gutsanlagen hervorgegangen, etwa Gut Priesholz bei Gelting, um das sich ab 1800 das Dorf Rabenholz entwickelte. Die meisten Gutshäuser sind in privater Hand und nicht zu besichtigen, worauf der Feriengast Rücksicht nehmen sollte. Doch schon der herrliche Anblick dieser historischen Kulturzeugen mag Anreiz genug sein, anzuhalten und ein paar Momente zu verweilen.

Es finden sich überall geschichtsträchtige Kirchen und Güter, eingebettet in die wogende Hügellandschaft. Einige Dörfer wie Böel nördlich von Süderbrarup liegen bereits viele Meter über dem Meeresspiegel, was besonders der Radler zu spüren bekommt. Die Böeler Kirche wurde bereits im 13. Jahrhundert als spätromanischer Backsteinbau errichtet und trägt den Namen St. Ursula. Dieses Gotteshaus war zuvor ein Teil des benachbarten Mohrkircher Klosters. Das Gut Böelschubyhof wurde 1478 erstmals als Bole Schowby urkundlich erwähnt. Das heutige Herrenhaus wird von einem unregelmäßig rechteckigen Wassergraben umgeben und 1864 erbaut.

Bis hierhin sind nur erste touristische Ausläufer gelangt, die aber manchmal besondere gute Erholung versprechen. Hiermit sind nicht nur »Ferien auf dem Bauernhof« gemeint, sondern ganz spezielle und komfortable Wohlfühlangebote auf dem Lande.

Auf Hof Thomsen in Stenderup

Fischerboot am Strand von Kronsgaard

Herzlich willkommen im Urlaub am Meer

Das gemütliche Landhaus Ostseeblick in Pottloch – ein Feriendomizil zum Wohlfühlen

Das ländlich gelegene Hotel Ostseeblick

Am nahen Strand

Ob kurzweiliger Wochenendausflug oder zweiwöchiger Urlaub für die schönste Zeit des Jahres: Die Angeliter Ostseeküste mit ihrer reizvollen Meereslandschaft ist immer eine Reise wert. Das Landhaus Ostseeblick südöstlich von Gelting, vor Kurzem aufwändig renoviert, bietet seinen Gästen Erholung pur in heimeligem Wohnambiente und unmittelbarer Ostseenähe. Der gepflegte Strand ist nur 200 Meter entfernt, eine ideale Lage für alle, die gerne an der Brandung liegen und baden möchten. Auch Radler, Wanderer, Surfer und Angler finden hier oder in der direkten Umgebung ihr gewünschtes Revier.

Das Landhaus Ostseeblick verfügt über Einzel-, Doppel- und behindertengerechte Zimmer in familiärer Atmosphäre. Die Zimmer sind mit Dusche und WC und größtenteils mit Fernseher und Radio ausgestattet. In den zwei Nebengebäuden stehen außerdem Appartements zur Verfügung. Die rustikale Kaminstube mit Bar sowie der freundliche Wintergarten mit der Terrasse laden zum entspannten Verweilen ein. Und das reichhaltige Frühstücks- und Abendbuffet rundet bei den Hausgästen das erholsame Wohlgefühl ab.

Ein gern besuchter Bereich ist die großzügig gestaltete Wellnesszone mit dem hoteleigenen Hallenschwimmbad und der Saunalandschaft, die auch bei Regenwetter für ungetrübten Badespaß sorgt. Zum Rundum-Angebot gehört auch die Möglichkeit, im Hause vielfältige Massagen und Schönheitsbehandlungen zu buchen.

Landhaus Ostseeblick · Familie Thomsen
Pottloch 3 · 24395 Kronsgaard
Tel. (0 46 43) 22 37 · Fax (0 46 43) 22 07
info@ferienspass-ostsee.de
www.ferienspass-ostsee.de

Ländliche Erholung auf den Ferienhöfen Thomsen und Lehbekwiese

Die malerische Scheune auf dem Ferienhof Thomsen

Der Ferienhof Lehbekwiese

Zwischen Kappeln und Gelting, etwa 3 Kilometer von der Ostsee entfernt, bietet der Ferienhof Thomsen all das, wonach sich so mancher Stadtmensch sehnt: 40 Ponys, 15 Pferde, ein Hund, Katzen, Ziegen, Schafe, Kaninchen, Meerschweinchen, Hühner und viele andere Tiere sind hier zu Hause.

Die behaglich eingerichteten Zimmer und Appartements besitzen unterschiedliche Größe und verfügen über Dusche und WC, teilweise TV und individuelle Raumgestaltung.

Reitunterricht für Anfänger und Fortgeschrittene werden für Kinder zweimal, für Erwachsene einmal täglich angeboten.

Der Ferienhof Lehbekwiese liegt in idyllischer Lage direkt an der Geltinger Bucht. Auf dem reetgedeckten Bauernhof leben 14 Ponys, vier Pferde, ein Hund, Katzen, Enten, Schafe, Kaninchen, Ziegen und viele andere Tiere. Der landwirtschaftliche Betrieb umfasst 30 Hektar Weide- und Ackerland.

Die urgemütlich im Landhausstiel eingerichteten Ferienhäuser und Appartements verfügen über 30 bis 80 Quadratmeter und sind mit zwei bis drei Schlafzimmern, Dusche und WC und Wohnküche ausgestattet. Einige Appartements verfügen über eine Galerie, Ostseeblick, Geschirrspüler oder sind rollstuhlgerecht ausgelegt.

Beide Ferienhöfe sind auch für Gruppenreisen und Klassenfahrten bestens geeignet.

Ferienhof Thomsen
Stenderup 7
24395 Gelting

Ferienhof Lehbekwiese
Lehbekwiese
24395 Gelting
Tel. (0 46 43) 22 37
Fax (0 46 43) 22 07
info@ferienspass-ostsee.de
www.ferienspass-ostsee.de

Landleben, knuspriges Brot und leckere Torten

Janbeck*s Café-Pension & mehr in Lehbek bei Gelting

Ein Traum von Behaglichkeit

Der am Wochenende geöffnete Hofladen

In der Landschaft Angeln gibt es wahre Kleinodien, welche die Kultur der vergangenen Jahrhunderte widerspiegeln. Wenn man in ihnen auch noch ganz besondere Ferien verleben kann, wird wohl jeder aufmerksam werden und Näheres zu erfahren wünschen.

Blumenschmuck im Hof

Blick in eines der lichten Feriendomizile

Der uralte Dreiseithof aus dem Jahre 1789, mit viel Liebe zum Detail neu zum Leben erweckt, nah an der Geltinger Bucht gelegen, erwartet seine Gäste mit einem selten gewordenen Anblick: flankiert von den beiden Stallgebäuden und überragt von einer mächtigen Linde, die wie zum Schutz ihre Äste über den ganzen Hofplatz ausbreitet, ein Bauerngarten, in dem man im Sommer herrlich entspannen kann, und ein Café, in dem alles von Uta Janbeck selbst gebacken wird: knuspriges Brot, die Frühstücksbrötchen, leckere Kuchen, Torten, die auf der Zunge zergehen.
Keine Tütchen oder Fertigprodukte, meist werden hier Bioprodukte – oft Dinkel und Buchweizen – mit viel Handeinsatz verarbeitet: so gesund wie möglich und aus der Region. Und wenn etwas ausgeht, dann gibt es das eben nicht mehr.

Der gemütliche Caféraum

Der restaurierte Dreiseithof aus dem Jahr 1789

In Janbeck*s Café kann man ganz gemütlich Tee und Kaffeespezialitäten genießen, wenn es draußen kalt wird, dem Knistern des Ofens lauschen oder den Blick über die Landschaft schweifen lassen. Gerade nach einem anregenden Spaziergang durch Wind und Wetter ist ein Stück Entspannung immer willkommen.
Egal in welcher Jahreszeit, hier kann man die Natur spüren und erleben, hier darf man aufatmen und sich inspirieren lassen von den einfachen Dingen und Gedanken. Das Störende fällt von einem ab und das Heilsame zieht ein mit dem tiefen Gefühl von Zufriedenheit mit sich und der Welt.
Wem das so richtig gut gefällt, der verbringt eine oder mehr Nächte in den hellen, rauchfreien Räumlichkeiten der familiären Pension. Trotz der Bauernhofidylle mit Hühnern, Ziegen, Katze und Hund muss und soll bei »Janbeck*s« niemand auf hohen Wohnkomfort verzichten.
Es ist ein Ort, wo es einem an nichts fehlt und wo man das Gefühl hat, wirklich willkommen zu sein.

Janbeck*s Café-Pension & mehr
Lehbek 10 · 24395 Gelting
Tel. (0 46 43) 18 65 01 · Fax (0 46 43) 1 85 62 37
pension@janbecks.de · www.janbecks.de

Das Beste, was einem Fisch passieren kann...!

Die Maasholmer Fischräucherei Petersen GmbH – ein Garant für Frische und Qualität

Das ruhig gelegene und gemütliche »Hafen-Bistro«

Im Fischladen

Es gibt wohl kaum einen Gast, der Maasholm besuchte und nicht bei »Petersen« war.
Denn in Sachen Fisch und Gastronomie ist die »Maasholmer Fischräucherei« gleich mehrmals vor Ort vertreten.
Das Fischfachgeschäft an der Straße zum Yachthafen ist der Anlaufpunkt für alle Genießer, die Fisch kennen und lieben. Das Angebot umfasst Frischfisch, Räucherfisch, verschiedene Marinaden und Salate- natürlich alles aus eigener Herstellung!
Bummelt man dann weiter in Richtung Yachthafen, so findet man auf der linken Seite, etwas zurückversetzt, das »Hafen-Bistro«. Die sonnige und windgeschützte Terrasse lädt ein, frisch gebratenen Ostseefisch, Scampis und andere »Petersen-Spezialitäten« zu genießen.
Nicht weit davon entfernt, praktisch in Sichtweite, steht der »Imbiss am Hafen«. Dieser durch die »beste Currywurst Schleswig-Holsteins« über die Landesgrenzen hinaus bekannt gewordene Imbiss, bietet dem eiligen Gast, außer der besagten Currywurst, noch leckere Pommes Frites, gebackenen Fisch und natürlich knusprige Fischbrötchen, die durch die würzige Seeluft doppelt so gut schmecken.
Von See her nach Maasholm kommend, findet man direkt am Hafen eine kleine Filiale der »Maasholmer Fischräucherei« und somit das gleiche Sortiment, welches auch im Hauptgeschäft angeboten wird.
Um das kulinarische Vergnügen abzurunden, wird diese Verkaufsstelle vom »Kleinen Eisladen« flankiert, der bestes, original italienisches Eis, sowie Cappuccino und andere Kaffeespezialitäten anbietet.
Maasholm und »Petersen« gehören schon seit über fünfzig Jahren zusammen – und wenn Frische, Qualität und Preis stimmen, dann ist dies das Beste, was einem Maasholmer Gast passieren kann!

Der »Imbiss am Hafen«

»Der kleine Eisladen«

Maasholmer Fischräucherei Petersen GmbH
Uleweg 47 · 24404 Maasholm
Tel. (0 46 42) 61 25

Im wahrsten Sinne Urlaub an der See

Auf Gut Oehe ist man der Ostsee ganz nah

Es gibt Orte im Fördenland, die sind für sich schon einmalig und strahlen dies in ihre Umgebung ab. So ist es mit Gut Oehe, das nicht nur eine lange und interessante Geschichte, sondern auch eine herrliche Lage direkt am Ostseeufer besitzt. Etwas nordöstlich von Maasholm erhebt sich ein malerisches Ensemble von alten Bäumen und Gutshäusern. Das mächtige Herrenhaus ist eingefasst von einem wunderschönen Landschaftspark, in den man vom vorbeilaufenden Meeresdeich hineinschauen kann. Im Park gibt es eine gärtnerische Rarität, nämlich eine idyllische Allee von kunstvoll beschnittenen Fächerlinden. Das Anwesen selbst ist für die Öffentlichkeit allerdings nicht geöffnet.

Die Ferienwohnungen auf Gut Oehe liegen auf der Strandseite, nur wenige Meter von der zumeist sanft rauschenden Ostseebrandung entfernt. Losgelöst vom touristischen Verkehr der Küste, ganz für sich inmitten einer intakten Natur, beginnt die Erholung schon in der ersten Stunde. Aus einigen der geräumigen und modern eingerichteten Ferienwohnungen hat man einen unvergleichlichen Ostseeblick. Jedes Domizil ist selbstverständlich mit Kochnische sowie Dusche, Bad und WC ausgestattet.

Der Sonnenaufgang über der freien Ostsee, die stets durch die Häuser schimmert, wird für den Gast ebenso ein unvergessliches Erlebnis bleiben wie die besinnliche Gutsatmosphäre, die ihn während des Aufenthaltes umgibt.

Der Badestrand befindet sich direkt vor der Tür. Reiten, Surfen, Segeln, Tennis, Golfen – das alles ist gleich in der Nähe möglich. Das Gut Oehe befindet sich am Rande des Vogelschutzgebietes Oehe-Schleimünde, das sich südwärts bis zur Lotseninsel erstreckt und nach Voranmeldung mit geführten Wanderungen besucht werden kann.

Strandspaziergänge und Fahrradtouren ins malerische Hinterland und ein Bummel durch das Fischerdorf Maasholm gehören in einem Gutsurlaub einfach dazu. Und wer die Attraktionen der weiteren Umgebung erkunden möchte, ist in kurzer Zeit vor Ort. Das Gut Oehe liegt erfreulich abseits und doch für alle Ferienwünsche nahe genug.

Das Herrenhaus von Süden her

Blick aus einem Appartement zur Ostsee

Radler auf dem nahen Deich

Ferienwohnungen Gut Oehe · Sebastian Matz
24404 Oehe/Maasholm
Tel. (0 46 42) 60 29 · Fax (0 46 42) 6 91 59
gut-oehe@t-online.de · www.gut-oehe.de

Eines der historischen Feriendomizile

Die Ferienwohnungen am Ostseedeich

Seefahrerromantik und Fischgenuss im Schleidorf Maasholm

Das Restaurant Schunta – mit bester Empfehlung und reizvoller Geschichte

In der gemütlichen Gaststube

In der Hauptstraße des idyllischen Fischerdorfes Maasholm erwarb der Seefahrer Jacob Hinrich Bruhn 1762 das Grundstück, auf

Das Restaurant Schunta oberhalb des Maasholmer Hafens

dem das heutige »Restaurant Schunta« steht. Seit 1831 wird sein Besitzer »Krugwirt« genannt. Das war die eigentliche Geburtsstunde des Gasthofes. Zwischen 1874 und 1956 verdienten sich die Wirte außerdem ein Zubrot als Posthalter. Im Jahre 1956 erwarb Anton Martensen das Gasthaus. Als »Onkel Anton« bei Einheimischem, Feriengästen und Sportschiffern weit über die Grenzen Maasholms hinaus bekannt, gab er dem Haus den Namen »Martensens Gasthaus«.

1968 wurde das Gasthaus von Peter und Giesela Schunta übernommen, umgebaut und renoviert. Unter ihrer Leitung entstand ein Ort moderner, gepflegter Gastlichkeit, in dem Traditionsbewusstsein und Seefahrerromantik erhalten geblieben sind. Seit 2000 führt Marco Schunta das Gasthaus unter dem Namen »Restaurant Schunta« weiter, die Eltern betreiben heute das nahe gelegene »Hotel Maasholm«.

Zu den besonderen Spezialitäten des Restaurants gehören nach wie vor die vielen fangfrischen und leckeren Fischgerichte: Egal ob Graved Lachs, Matjes, gebratener Aal, Ostseebutt oder Dorschfilet – alles wird hier nach überlieferten Rezepten selbst zubereitet und zünftig serviert.

Für Familien- und Betriebsfeiern bis zu 100 Personen bietet das Restaurant ein angenehmes Ambiente, nur wenige Schritte von der »Ostseetochter« Schlei entfernt. Selbstverständlich kann man bei Schunta's auch übernachten.

Restaurant Schunta
Hauptstraße 38 · 24404 Maasholm
Tel. (0 46 42) 9 65 60 · Fax (0 46 42) 96 56 18
info@restaurant-schunta.de
www.restaurant-schunta.de

Foto: Christian Asbrock, airspective

Kappeln von Nordosten

Einlaufender Segelkutter

Die Schleistädte Kappeln und Arnis

Eng verwandt und ganz verschieden

»Heringsstein« im Kappelner Straßenpflaster

Nur wenige Kilometer schleieinwärts, an den ersten Stellen, wo leichte Übergänge möglich sind, liegen die Städte Kappeln und Arnis. Beide Orte verbindet eine besondere gemeinsame Geschichte.

Kappeln war im 17. Jahrhundert den Herren von Rumohr auf Gut Roest unterstellt. 1666 forderte Detlef von Rumohr von den etwa 750 Einwohnern den Homagial-Eid, der sie quasi zu Leibeigenen gemacht hätte. 64 Familien verweigerten diese Unterwerfung. Um ihre Freiheit zu behalten, wandten sie sich an den Landesherrn Herzog Christian Albrecht von Gottorf, der ihnen die südlich von Kappeln gelegene Insel Arnis als neuen Siedlungsplatz zuwies. Morgens am 11. Mai 1667 leisteten sie vor Ort den Huldigungseid gegenüber dem Herzog und hatten sich damit ihre Selbstbestimmung bewahrt.

Arnis ist also aus Kappeln hervorgegangen, hat aber ansonsten nur dies und die Schleilage mit dem Ursprungsort gemeinsam. Allein schon die Größenverhältnisse der Ausdehnung und der Einwohnerzahl beider Städte sind sehr unterschiedlich. Kappeln hat heute etwa 10 000 Einwohner, während Arnis nach einem Anstieg von über 1 000 heute mit etwa 300 ungefähr auf den Stand seiner Gründung zurückgekehrt ist. Während Kappeln sich ständig weiter ausbreitete, ist das Stadtgebiet von Arnis im Wesentlichen auf die lang gestreckte Schleinsel beschränkt geblieben. Kappeln liegt auf dem hohen Nordufer der Schlei, Arnis nahezu auf Meereshöhe. Und Arnis führt im Gegensatz zu Kappeln den Vorsatz »Bad« im Ortsschild. Außerdem besitzt es den Titel, kleinste Stadt Deutschlands zu sein.

Kappeln

Die Hafenseite der Schleistadt ist unbestritten ihr Aushängeschild mit der sich darüber erhebenden barocken St. Nikolaikirche. Der Name leitet sich vom Wort Kapelle ab. Eine solche stand nämlich schon im 14. Jahrhundert auf dem Hochufer. Kappeln wurde erstmals 1357 urkundlich erwähnt und kam 1406 zum Schleswiger Domkapitel und 1533 zum Adelsgut Roest. Kappeln war anders als die freien Bauern im übrigen Angeln einem Gutsherren unterworfen. Jahrhundertelang ein Fischerdorf, führte es einen langwierigen Kampf gegen deren Vereinnahmung. 1799 wurde die Leibeigenschaft durch Landgraf Carl von Hessen aufgehoben, der königlich-dänischer Statthalter in den Herzogtümern Schleswig und Holstein und inzwischen Besitzer von Gut Roest war. 1807 erwarb der dänische König Christian VII. Kappeln, das nun einen eigenen Gerichts- und Verwaltungsbezirk bildete. 1842 erhielt der Ort den Status eines Fleckens, was eine Vorstufe des Stadtrechts darstellte. Dieses wurde dem aufstrebenden Ort an der Schlei dann 1870, diesmal allerdings von preußischer Seite, zuteil.

Das beschauliche Schleistädtchen erfuhr erst mit der Ansiedlung der bundesdeutschen Marine in Ellenberg und Olpenitz seit den 1960er-Jahren einen wirtschaftlichen Aufschwung. Heute lebt Kappeln vor allem vom Tourismus und hat seine Bedeutung als Hauptort der östlichen Schleiregion gefestigt. Bis auf die Fischerei und die als Cremilk fortgeführte ehemalige Nestlé-Fabrik gibt es keine wesentlichen anderen Wirtschaftsfaktoren. 1881 verhinderten Kappelner Schiffer zwar noch, dass die Bahnstrecke Kiel-Flensburg über die Stadt geführt wurde. Doch 1885 wurde die Stadt Endstation der Flensburger Kreisbahn, die Kappeln mit dem nördlichen Angeln und Flensburg verband. Es folgten die Schleswiger und die Eckernförder Kreisbahn, die den Ort mit Schleswig und Eckernförde verbanden. Damit war Kappeln gut gerüstet für eine wirtschaftliche Weiterentwicklung. Nach dem Ersten Weltkrieg kam es 1927 zum Bau einer Drehbrücke und 1935 zur Errichtung des großen bis heute das Stadtbild dominierenden Getreidespeichers am Hafen. Den Zweiten Weltkrieg überstand Kappeln ohne größere Schäden, doch der Aufschwung geriet ins Stocken. Der Ort fiel in

Der Heringszaun

Die Mühle von Grödersby

Fachwerkzeile in der Kappelner Altstadt

Die spätbarocke St. Nikolaikirche

eine gewisse Beschaulichkeit zurück und schien von den Verkehrswegen und den Wirtschaftsströmen abgekoppelt zu werden.
1972 wurde die letzte Eisenbahnverbindung nach Süderbrarup eingestellt. Auf der Strecke verkehrt zwar heute noch die Angelner Museumsbahn, aber ein regulärer Bahnanschluss existiert nicht mehr. 1974 wurden Kopperby und Mehlby nach Kappeln eingemeindet. 2002 wurde die Drehbrücke von 1927 durch eine moderne Klappbrücke ersetzt, die, besonders beim Durchlass des Schiffsverkehrs, spektakuläre Bilder liefert und auf ihre Weise eine neue Attraktion darstellt.
Im Juni 2006 wurde der erst wenige Jahrzehnte betriebene Marinehafen Olpenitz offiziell geschlossen. Der Stützpunkt, von dem zeitweise bis zu 4000 Arbeitsplätze abhingen, stellte einen großen Wirtschaftsfaktor der Stadt dar. Seit 2004 ist man bemüht, als Ausgleich und neue Chance das touristische Großprojekt Port Olpenitz im Gebiet des früheren Marinehafens auf den Weg zu bringen. Es ist der Bau eines maritimen Ferienparks durch einen privaten Investor geplant. Die Insel- und Lagunenstadt könnte das größte Tourismusprojekt an der gesamten Ostseeküste werden.
»In Silber, beiderseits begleitet von je drei blauen, zueinander gekehrten Heringen, der heilige Christophorus in Vorderansicht, barhaupt, mit rotem Mantel und silbernem Bart, die nackten Beine in abwechselnd blauen und silbernen Wellen verschwindend, in der rechten Hand einen astförmigen, naturfarbenen Stab, mit der linken den Jesusknaben, der die rechte Hand segnend erhebt und mit der linken die Weltkugel in Gold auf seinem linken Knie umfasst, auf seinen Schultern haltend.« (Kommunale Wappenrolle Schleswig-Holstein)
Christophorus, der Schutzheilige von Kappeln, war auch der Schutzheilige von Reisenden, die einen Fluss oder eine Furt (Förde) zu durchqueren hatten, wie das bei Kappeln, das jahrhundertelang ohne Brücke auskommen musste, der Fall war. So dreht er sich in der Wetterfahne auf dem Turm der Nikolaikirche und steht in deren Eingangshalle, geschnitzt vom Oberammergauer Bildschnitzer Andreas Lang, eine Bürgerstiftung aus dem Jahr 1934.
Der Hering spielte eine bedeutende Rolle im Stadtgeschehen, als doch sein Fang die Grundlage vieler Existenzen war. Einzigartig in Europa ist der Kappelner Heringszaun in der Schlei aus dem 15. Jahrhundert, eine Art riesiger Reuse, die eine uralte Fischfangmethode repräsentiert. Die touristischen Wege in der heutigen Schleistadt sind durch viele »Heringssteine«, die von Kappelner Bürgerinnen und Bürgern finanziert wurden, gekennzeichnet. Und jedes Jahr zu Himmelfahrt beginnen die landesweit bekannten »Heringstage«.

Die Klappbrücke von 2002

Am Arnisser Schleiufer

Unter der spätbarocken St. Nikolaikirche, die von 1789 bis 1793 erbaut wurde, tummeln sich dann Zehntausende von Gästen bei einem unterhaltsamen Stadtvergnügen, in dessen Mittelpunkt die berühmte Heringswette steht.
Museumshafen und Schleimuseum befassen sich mit der Geschichte von Seefahrt und Fischfang in und um Kappeln.
Das Angelner und das Schwansener Ufer der Schlei sind durch eine moderne Klappbrücke verbunden, die sich tagsüber regelmäßig um Viertel vor voll für den Schiffsverkehr öffnet. Die Holländermühle Amanda – als Sägewerkbetrieb 1888 gebaut und mit einer Höhe von 30 Metern die höchste Windmühle Schleswig-Holsteins – beherbergt heute ein Trauzimmer und die Touristinformation. Von ihrer begehbaren Galerie sollte man den grandiosen Rundblick über Kappeln und Ostangeln genießen. Dabei erkennt man in der Sommersaison auch die unzähligen Masten, die in den Marinas und an den Stegen von Kappeln und Arnis im Ostseewind schwanken. Beide Orte besitzen beliebte Liegeplätze für Freizeitkapitäne.

Arnis

Arnis ist mit etwas mehr als 300 Einwohnern die kleinste Stadt Deutschlands. Sie liegt auf einer flachen Halbinsel in der Schlei. Als Erinnerung an eine frühere Badeanstalt führt Arnis den Zusatz »Bad« im Ortsschild.
Bei Ortsgründung 1667 war Arnis eine schon 200 Jahre zuvor durch Abtrennung vom Festland entstandene Insel, 800 Meter lang und 200 Meter breit. Die kurze Strecke zum Schwansener Ufer ist seit den 1960er-Jahren mit einer Motorfähre passierbar. Eine Fähre an dieser Stelle besteht schon seit 1826. Der Chausseedamm wurde 1866/1869 erbaut und machte die Landzunge wieder zur Halbinsel.
Der Ort wird erstmalig 1472 als »Arnytze« urkundlich erwähnt. Der Name leitet sich vom altdänischen ari für »Adler« und dem dänischen næs für »Nase« ab und bedeutet demnach »Landspitze, wo es Adler gibt«.
Die ovale Erhebung des heutigen Friedhofs enthält Reste einer mittelalterlichen Burganlage, von der aus, zusammen mit der gegenüberliegenden Schwonsburg, man die Schlei-Enge bei Arnis-Sundsacker gut kontrollieren konnte. Die Burg wurde um 1415 von König Erich von Pommern gebaut, der seinerzeit über die drei nordischen Reiche

Auf den »Heringstagen«

Um Viertel vor voll

Die Schifferkirche

Votivschiff im Kircheninneren

Dänemark, Norwegen und Schweden herrschte. Mit einem schwierigen Durchstich der Landverbindung nach Angeln gab man der Festung einen natürlichen Burggraben und Arnis wurde damit zur Insel. Die Festungsanlagen waren Teil eines größeren Wehrsystems an der Schlei.

Die Neuankömmlinge von 1667 betrieben neben dem Fischfang vor allem einen erfolgreichen Handel in der westlichen Ostsee. Davon zeugen heute noch die reich verzierten Grabsteine der Kapitänsfamilien auf dem Arnisser Friedhof.

Im 19. Jahrhundert erlebte die Stadt eine kurzzeitige bescheidene Blüte. 1860 hatte der Ort über 1000 Einwohner, 88 Handelsschiffe, ein Gildehaus und eine Meierei. Die Arnisser Segelflotte verlor ihre Bedeutung jedoch mit dem Aufkommen der Dampfschifffahrt.

Bei Beginn der Preußenzeit 1866 wurde Arnis bei der Stadtrechtverteilung übergangen und blieb Flecken. Erst im Zuge der 1934 unter den Nationalsozialisten durchgeführten Gebietsreform wurde aus dem Flecken Arnis die Stadt Arnis, auch die Bezeichnung »Bad« wurde durchgesetzt, obwohl die Kriterien eines Kurbades bis heute nicht erfüllt sind.

Aus dem Fischer- und Schifferstädtchen entwickelte sich in den letzten Jahrzehnten ein Schmuckstück des Tourismus. Ferienvermietung und Segelsport sichern den Bewohnern inzwischen ihr Einkommen. Die vier Werften sind nach wie vor ein wichtiger ökonomischer Faktor im Ort. Sie sind auch große Attraktionen an der Hafenseite.

An der Langen Straße sind es die pittoresken Häuschen mit den sogenannten Utluchten. Das sind Anbauten am Wohnzimmer des Hauses über die eigentliche Fassadenfront hinaus zur Straße hin. Hinter den Fenstern der Utluchten befanden sich die begehrtesten Plätze des Hauses, da man von ihnen aus das Treiben auf der Straße verfolgen konnte. Zum Erhalt dieser überlieferten Baukultur haben viele zugezogene Neu-Arnisser beigetragen, die durch detailgerechte Renovierung den Häusern ihren angestammten Charakter zurückgaben beziehungsweise sicherten.

Das Wahrzeichen der kleinen Schleistadt ist die sehenswerte Schifferkirche, deren Innenraum an einen umgedrehten Schiffsrumpf erinnert. Unter der Decke sind wundervolle Votivschiffe aufgehängt. Die nahe Durchdringung von Gärten, Werften und Anlegern für Segelboote auf der Südostseite ist eine heute nur noch seltene städtebauliche Eigenart. Ein Spaziergang macht die Schönheit dieser Einzigartigkeit deutlich.

Die traditionelle Speck-Regatta wird seit 1920 veranstaltet. Der Sieger des Segelrennens bekommt Speck und einen Erinnerungsteller. Das Ereignis zieht alljährlich nicht nur Aktive, sondern auch viele Touristen nach Arnis. Die Regatta ist heute eine der wichtigsten auf der Schlei, die Zahl der teilnehmenden Boote stieg von 15 im Jahr 1920 auf mehr als 100 heute.

Der berühmteste Sohn der Stadt ist der Theologe und Orientalist Jakob Georg Christian Adler, der hier 1756 geboren wurde. Er war ein sehr wirkungsvoller Generalsuperintendent in den Herzogtümern und in seinen Veranlagungen ein kongenialer Mensch.

Arnisser Haus in der Langen Straße mit Utlucht

Die Schleifähre zwischen Arnis und Sundsacker

Winkel in Arnis

»Kappeln rund«

Ein unterhaltsamer Stadtbummel mit dem Touristikverein Kappeln e. V.

In der romantischen Kleinstadt Kappeln an der Schlei kennt jeder den Begriff »Kappeln rund«. Es ist der vertraute Ausdruck der Einheimischen für den seit jeher beliebten Stadtbummel am Wochenende, wo man hört und sieht, was es Neues gibt im Ort. Der Touristikverein Kappeln e. V. nimmt die Gäste gerne einmal mit.

Die Stadt mit ihren rund 10 000 Einwohnern ist einerseits geprägt durch Handel und Handwerk, andererseits durch den Hafen mit seinen vielfältigen Möglichkeiten. Der Tourismus ist in beiden Bereichen eine wichtige Triebfeder. Und das hat gute Gründe, wie man bei einem Stadtrundgang erfahren kann.

Hoch über Kappeln grüßt die Mühle »Amanda« ins Land hinaus. Sie wurde 1888 in holländischer Bauart errichtet und besitzt im vierten Stock einen Rundgang mit einmaliger Aussicht über die Umgebung bis zur Ostsee. Sie ist mit 32 Metern die höchste Mühle Schleswig-Holsteins und beherbergt die Touristinformation der Stadt und ein Trauzimmer.

In der nahe gelegenen Prinzenstraße, benannt nach dem seinerzeitigen Stifter des Baulandes, Prinz Carl von Hessen, sind wundervoll restaurierte Stadthäuser zu bewundern, besonders Nummer 38 mit dem Gnadenstuhl, wo Gottvater als Weltenrichter dargestellt ist.

Der Hafen ist das Zentrum des Geschehens. An der Seglerbrücke ist der »Arnisser Segelclub« (ASC) beheimatet. Gleich daneben befindet sich der Bahnhof der »Angelner Dampfeisenbahn«, die in der Saison Sonderfahrten nach Süderbrarup macht. Die neue Klappbrücke über die Schlei (seit 2002) ist für Touristen inzwischen fast so attraktiv wie die vorherige Drehbrücke.

Von der Brücke hat man den besten Blick auf den »Ellenberger Heringszaun«. Er steht jährlich auf den Kappelner Heringstagen, die zu Himmelfahrt stattfinden, im Mittelpunkt. Bei der traditionellen »Heringswette« (Schätzen des Fangergebnisses) werden dann für ein Jahr die Heringskönigin und der Heringskönig proklamiert. Der 1482 erstmals erwähnte Heringszaun ist wahrscheinlich der weltweit letzte seiner Art.

Die Ende des 18. Jahrhunderts errichtete spätbarocke St. Nikolaikirche ist ein weiteres Wahrzeichen der Stadt. Das Kirchenschiff bietet mit seinen ausladenden Emporen etwa 1200 Menschen Platz. Über den Dehnthof, einer der ältesten Straßen Kappelns, und den lebendigen Rathausmarkt erreicht man die Schmiedestraße, das eigentliche Geschäftszentrum. Hier wird der Stadtbummel zumeist zum Einkaufsbummel, auch vielleicht für das eine oder andere Mitbringsel. Das schönste Souvenir Kappelns ist aber immer die Erinnerung an einen schönen Aufenthalt in der kleinen Schleistadt und der Wunsch, wiederzukommen.

Touristinformation Kappeln · Mühle Amanda
Schleswiger Straße 1 · 24376 Kappeln
Tel. (0 46 42) 40 27 · Fax (0 46 42) 54 41
tourisinfo@kappeln.de · www.kappeln.de
info@touristikverein-kappeln.de
www.touristikverein-Kappeln.de

Die Holländermühle »Amanda«

Ein Trauzimmer in luftiger Höhe

Wenn man sich von der Schwansener Seite Kappeln nähert, erkennt man, dass sich die über der Stadt thronende Mühle zum echten Wahrzeichen entwickelt hat. Seitdem der seinerzeit prägende Wasserturm verschwunden ist, ist sie mehr ins Blickfeld gerückt, obwohl auch sie schon lange da ist. Die Bedeutung der Nicolai-Kirche für das Stadtbild bleibt von diesen Gedanken unberührt. Die 1888 errichtete Holländermühle »Amanda« besitzt neun Stockwerke und eine Höhe von 30 Metern und ist somit die höchste Windmühle in Schleswig-Holstein. Sie wurde bis 1964 betrieben. Seit 1976 gehört sie der Stadt Kappeln und ist vom Land unter Denkmalschutz gestellt worden. Im Jahre 1977 zog hier mit dem Trauzimmer eine Dependance des Standesamtes Kappeln sowie der Fremdenverkehrsverein ein. Brautpaare aus der ganzen Bundesrepublik lassen sich hier trauen.

Die Mühle »Amanda«, eines der Wahrzeichen der Stadt

Qualität und Behaglichkeit im Herzen von Kappeln

Das gemütliche Hotel-Café zur Mühle

In der historischen Mühlenstraße von Kappeln, wo schon seit Jahrhunderten Handel und Handwerk ansässig sind, liegt das behagliche Hotel-Café zur Mühle und wartet mit viel Gastlichkeit auf. Es werden nordisch eingerichtete Einzel- wie Doppel- und Dreibettzimmer mit Dusche und WC und Kabel-TV inklusive Frühstück angeboten. Das Frühstück kann bei schönem Wetter auch auf der sonnigen Hofterrasse eingenommen werden. Für den Urlaubsaufenthalt stehen auch zwei Ferienwohnungen (zwei bis sechs Personen) zur Verfügung.

Eines der Zimmer

Gemütlich Kaffee trinken und klönen

Das Café lädt am Nachmittag zum entspannten Verweilen bei Kaffee und hausgebackenem Kuchen ein. Die Küche steht ansonsten ganz im Zeichen von maritimen Gerichten und Balkanspezialitäten. Der kulinarische Clou des Hauses ist die Fischplatte für zwei Personen.
Die zentrale Lage (etwa 200 Meter zum Hafen) ist vor allem für Feriengäste, die einen erholsamen Schlei-Urlaub erleben möchten, ein weiteres Plus. Von hier aus erreicht man auch die malerischen Gassen und Winkel rund um die St. Nikolaikirche in wenigen Gehminuten. Gerne machen Radler Station auf der Hofterrasse für ein kühles Getränk oder eine Stärkung zwischendurch. Das Hotel-Café zur Mühle ist ganzjährig geöffnet.

Das Hotel-Café Mühle

Hotel-Café zur Mühle · Inhaberin Zeljka Ziegler
Mühlenstraße 60 · 24376 Kappeln
Tel. (0 46 42) 73 33 · Fax (0 46 42) 92 26 47

Genussvolle Tage zwischen Schlei und Ostsee

Verwöhnen und Verschönen im romantischen Apparthotel Svenson

Seit 1963 steht das behagliche Feriendomizil nahe dem Ufer der Schlei für eine individuelle Betreuung seiner Gäste. Das inzwischen mit drei Sternen ausgezeichnete Haus wird gerne auch von Prominenten wie den Schauspielern der beliebten Landarzt-Serie oder von anderen Persönlichkeiten als erholsames Quartier gewählt. Einige Gäste schätzen das Komfort-Hotel als willkommene Zwischenstation auf ihrer Reise nach und von Skandinavien oder am Ostsee-Radwanderweg. Nicht nur die Damen wissen dann neben den vielen Annehmlichkeiten des Hotels auch die Wohlfühl-Angebote der angeschlossenen Schönheitsfarm zu schätzen.

Eines der liebevoll gestalteten Komfortzimmer

Einfach mal Entspannen

In der Schönheitsfarm des Hauses

Entspannen und zur Ruhe kommen sind tief empfundene Wünsche des Erholung suchenden Menschen. Man möchte sich seine ganz persönliche kleine Auszeit gönnen, Streicheleinheiten erleben, neue innere Horizonte ansteuern.

Körper, Geist und Seele sollen ihren Gleichklang wiederfinden. Dazu bietet das Apparthotel Svenson angenehme Möglichkeiten, sich zu verschönen mit sorgfältig abgestimmten Gesichts- und Körperbehandlungen. Ätherische Öle und Wirkstoffe des Meeres internationaler Kosmetikdepots aus Frankreich und den USA bilden die Basis der Anwendungen, die von kompetenter Beratung und Fürsorge begleitet werden.

Eine Dependance des Apparthotels

Die einmalige Lage an der Schlei und nahe der Ostsee lädt zu erlebnisreichen Ausflügen, Radtouren und Spaziergängen ein. Die vielfältigen Beauty-, Wellness- und Relax-Angebote des Hauses ergänzen die eindrucksvollen Urlaubserlebnisse auf ideale Weise.

In der Brasserie »Le Jardin« erwarten den Gast herzhafte landestypische Gerichte. Und im Sommer genießt man Speisen oder einen abendlichen Drink am liebsten auf der gemütlichen Terrasse. Den Tag so harmonisch ausklingen zu lassen, vielleicht auch in geselliger Runde mit anderen Gästen, ist wahres Urlaubsgefühl.

Das Apparthotel Svenson bietet seinen Gästen eine ideenvolle Rundum-Erholung in wunderschöner Umgebung.

Apparthotel Svenson
Uferweg 1 · 24376 Kappeln
Tel. (0 46 42) 9 84 00 · Fax (0 46 42) 98 40 40
info@apparthotel-svenson.de
www.apparthotel-svenson.de

Mauritius ist nicht nur eine Briefmarke...

Wundervolle exotische Küche im Kappelner »La Case Kreol«

Von einer kleinen Insel im Indischen Ozean hat Mark Twain einmal gesagt:
»Du kommst auf den Gedanken, dass Mauritius zuerst geschaffen wurde und dann der Himmel und dass der Himmel eine Kopie von Mauritius ist...« (Following the Equator)
Manche Leute behaupten auch, er solle dies gesagt haben, als er von Le Pouce herabschaute. Das ist

Im Restaurant

An der Bar des Dodo Clubs

einer der Berge, die Francie im Eingang ihres Kappelner Restaurants »La Case Kreol« gemalt hat.
»La Cuisine Mauricienne« entspricht genau der Besiedlung dieser Insel (Franzosen, Inder, Chinesen, Afrikaner). Die kulinarischen Traditionen verschiedener großer Kulturen sind in ihr aufgenommen und teilweise auch »typisch mauritisch« verändert worden. So ist aus der chinesischen, indischen und muslimischen die französisch beeinflusste kreolische Küche der Insel geworden.
Es ist ein außergewöhnliches Essvergnügen, im »La Case Kreol« zu speisen, angefangen von den

Die »Strand«-Terrasse, im Hintergrund die Kappelner Schleibrücke

Entdeckungen auf der Speisekarte über die fremdartig-schöne Atmosphäre des Lokals bis zum kulinarischen Genuss selbst. Das in warmen Erdfarben gehaltene Interieur und die leise traditionelle Sega-Musik verzaubern den Aufenthalt auf unvergessliche Weise.
Alle Gerichte können auch zum Mitnehmen verpackt werden. Büffets (ab 15 Personen) werden wunschgerecht im Restaurant oder zu Hause ausgerichtet.
Es steht auch eine zentral gelegene große Ferienwohnung (100 Quadratmeter) zur Verfügung.

Francoise Althaus
Arnisserstraße 4 · 24376 Kappeln
Tel. (0 46 42) 96 46 79 · Fax (0 46 42) 96 46 81
francie@lacasekreol.de

Das Fest rund um den Hering

Die Kappelner Heringstage schlagen alle Rekorde

Seit über 500 Jahren wird in der Schlei mit Heringszäunen gefischt. Die zunehmende Segelschifffahrt jedoch ließ den Fischreichtum der Ostseeförde allmählich abnehmen, womit auch die Heringszäune nach und nach verschwanden. Der Zaun in Kappeln blieb auch nur stehen, weil die Stadt kein Geld hatte, ihn abzureißen.

Der Heringszaunwart waltet vor allem während der jährlich stattfindenden Kappelner Heringstage von Himmelfahrt bis zum folgenden Sonntag seines Amtes. Die Heringstage finden schon fast drei Jahrzehnte mit stets wachsendem Publikum statt. Das beliebte Volksfest beginnt am Himmelfahrtstag mit der Heringswette, bei der Prominente

Selbst Paris ist hier präsent!

Bekannte Künstler gehören bei den Heringstagen dazu.

bei einem hohen Einsatz raten müssen, wie viele Heringe sich in der aktuell am Zaun gehobenen hoch Reuse befinden. Wer mit seiner Schätzung am nächsten an der tatsächlichen Zahl liegt, wird zum Heringskönig bzw. zur Heringskönigin gekürt und regiert ein Jahr lang bis zu den nächsten Heringstagen. Selbst eine Ministerpräsidentin war hier schon einmal Heringskönigin. Das eingenommene Wettgeld wird für die Erhaltung des Heringszauns verwendet.
1978 verloren sich eine Handvoll Buden am Kappelner Hafen. Heute strömen um die hunderttausend Menschen jedes Jahr in die Stadt.

KLAUS+CO
Flensburg · Niebüll · Kappeln

Foto: Christian Asbrock, airspective

Halbinsel oder Insel

Die winzige Stadt dort unten hat alles erlebt, was das Wachstum hemmt und das Vergehen verhindert. Und doch scheint man das rechte Maß nicht finden zu können. Eine lange Straße, eine Kirche, eine Fähre, aber mehr als eine Werft, mehr als ein Lokal, mehr als ein Schiff. Die Leute schauen hier eigentlich immer nur vorbei und nehmen sich auswärts vor, in diesem Ort einmal länger zu bleiben. Doch schon nach einer Runde um die Ufer ist man wieder dort, wo das Auto steht.
Es fordert am Ende doch heraus, zu erproben, wie das Wohnen hier ist. Man mietet sich für eine Woche ein. Und genau das offenbart es auf einmal: Wenn man bleibt, wird die Bleibe zur Insel. Man durchsticht den Damm zum Festland. Wenn man aber geht, schüttet man die Abfahrt auf und hinterlässt nur noch eine halbe Insel. Die Arnisser waren einmal Kappelner und haben das Festland verlassen, aber immer wieder einmal an der Abfahrt gewerkelt.

Die Schlei – romantische Tochter der Ostsee

Wovon schon Wikinger nicht lassen konnten

Wer sich, wie vor einigen Seiten in diesem Buch, mit dem »flussartigen Schmelzwasserstrom der Ostsee« namens Schlei befasst hat und selbst schon einmal an ihren Ufern wanderte, wird sehr schnell all die geologischen und anderen wissenschaftlichen Daten vergessen wollen. Information ist das Eine, Emotion das Andere.

Und sehr wahrscheinlich ist es den Wikingern vor über tausend Jahren auch nicht viel anders ergangen, als sie durch die schmale Nehrungsöffnung, damals ein wenig weiter nördlich, erstmals in die noch unbenannte Schlei hineinsegelten. Die Jahreszeit, wenn es Frühling oder Sommer war, mag die gute Stimmung befördert haben: wundervolle seichte Strände, hervorragend zum Anlanden, wildreiche Uferwälder, klares Quellwasser aus den zufließenden Auen, ein guter Wind und schützende Schilfränder für die Nacht.

Vielleicht erlebt der gegenwärtige Segler oder Kanute die Schlei über weite Strecken auch nicht viel anders, nämlich als ein wundervolles Gewässer in »unbeschreiblichen baltischen Farben«, wie ein Dichter es einmal formulierte.

Letztlich weiß man auch heute manchmal nicht, wenn man in einen versteckten Arm, eine waldumsäumte Bucht oder eines der Noore hineinfährt, was einen erwartet. Die ausgefransten

Anfahrt auf die Lotseninsel (Schleimünde)

Der markante Leuchtturm aus der Nähe

Rabelsund

Auf der Schlei bei Maasholm

Bei Lindaunis am Angelner Ufer

Sieseby

Am Siesebyer Anleger: Oststurm treibt das Meer in die Schlei.

Linien der Schlei versprechen nicht nur viel Abwechslung, sondern auch häufige kurze Zweifel am Kurs.
Die Breiten bei Arnis oder Missunde befreien den Blick aufs Neue, wenn man die Engen passiert hat. Und hinter hohen Uferwänden öffnen sich urplötzlich flache Weiten, die ins Nichts zu entschwinden scheinen.
Schleimünde ist immer ein perfekter Anfang. Hier am dunkelgrauweißen Leuchtturm muss man vorbei und hindurch, wenn man von See kommt oder dorthin will. Maasholm, der lieblich-raue Ort davor oder dahinter, begleitet von seiner halben Insel aus die Fahrt. Rabelsund ist der erste wirklich romantische Platz, der einem begegnet. Hier möchte man gleich einmal an Land gehen und schauen, wie schön die umgekehrte Sicht ist. Doch schon kommt Kappeln um die Kurve, hoch aufreckend der Getreidesilo aus den 1930er-Jahren, die barocke Turmhaube der St. Nicolaikirche, die Mühle mit ihren aufgestellten Flügeln, ähnlich der Brücke, die gerade, zu früh fürs eigene Boot, ihre Klappen hochfährt.
Die Fischkutter liegen im Päckchen am Kai, auf dem sich noch Fischkisten stapeln. Endlich einmal Fischerei, wie man sie sich ausmalt. Das Rotorange der Hosen leuchtet herüber, ein Motor blubbert Kühlwasser außenbords.
Durch die Brücke zu fahren ist wenig spektakulär, weil man ziemlich aufpassen muss auf die anderen Boote, die manchmal seitlich vom Kai her eindrehen. Hier ist die Fahrrinne noch tief und sicher. Woanders kann es plötzlich sehr flach werden. Durchschnittlich besitzt die Schlei eine Breite von 1,3 Kilometern und eine Tiefe von 3 Metern. Von der Lotseninsel bis nach Schleswig, dem Ziel am Ende der Schlei, sind es rund 42 Kilometer, noch nicht einmal ein Tagestörn. Und dennoch scheint die Zeit ab und zu stehen zu bleiben.
In Arnis kreuzt die Motorfähre den Kurs und schwingt vor und hinter dem Boot hindurch. Die

Die Missunder Fähre am Angelner Ufer

Am Strand von Brodersby/Missunde

Werften gleiten vorüber, die eine mächtige Halle verdeckt ein wenig die Sicht auf die fein säuberlichen Gartengrundstücke, die alle gleich bemessen sein sollen. Vor dem Fährkrug steigt eine Fahrradgruppe von den Rädern und diskutiert, ob man erst übersetzen oder erst pausieren soll. Überall dümpeln kleine und große Boote in den Wellen. Die Schifferkirche strahlt aus den lindgrünen Blättern, das Uferrestaurant scheint auf dem Wasser zu schweben, Hammerschläge dringen aus der Werfthalle über die Enge, die sofort wieder zur Breite wird.

Auf der Schwansener Seite baut sich die Schwonsburg über dem grünen Saum auf, an den die kurzen Brandungen schlagen.

Es kommt heftiger Wind auf, Nordost, etwas böig, etwas kühl. Die Sonne treibt Wolkenschatten über Wasser und Land, die Segel killen und stehen bald wieder optimal. Das Boot macht gute Fahrt. Arnis versinkt am Horizont wie eine Viertelstunde zuvor Kappeln. Und mit zugekniffenen Augen erspäht man die Klappbrücke von Lindaunis, die das letzte Hindernis auf dem Törn darstellt.

Bei der Durchfahrt erkennt man, wie schmal die einspurige Fahrbahn ist. Auf ihr muss auch noch der Zug mit seinen Schienen Platz finden. Autos, Züge und Schiffe haben hier umschichtig Grün. Links, versteckt von mächtigen Bäumen, liegt Gut Stubbe, ein liebenswerter Platz für Feriengäste, Pferdefreunde und Obstgenießer. Und auf der anderen Seite breiten sich die Zelte und Wohnwagen eines malerisch gelegenen Campingplatzes aus, sozusagen mit Wasseranschluss. Zu beiden Seiten vertiefen sich Noore ins Land und verschwinden irgendwo zwischen Wiesen, Bäumen und Schilf.

Es geht auf Ulsnis zu, wo ein Schleidampfer mit fröhlich winkenden Senioren versucht, an die schmale Landungsbrücke zu kommen. Nach ein paar Augenblicken hat er einen Schwung Leute abgesetzt und macht sich wieder auf den Weg in die Schleimitte.

Die Augen bleiben an roten Ziegeldächern, an Reetdachwänden, an Stegen aus dem Schilf, an Strandvillen hängen und suchen schon nach der schmalsten Stelle, die gleich kommt.

Urlaubsentspannung am Schleiufer

In Brodersby/Angeln

In Weseby

Blick von Ulsnis über die Schlei nach Süden

Auf Schloss Louisenlund

Der Schleswiger Dom und der Holm, vom Fahrdorfer Ufer aus gesehen

Die Große Breite bei Weseby

Missunde ist wirklich ein Ort, der das Prädikat romantisch voll und ganz verdient. Auch hier gibt es eine Fähre, die sich aber nicht frei, sondern am Seil bewegt. Das Schwansener Ufer steigt hier ebenso steil an wie das Angelner Ufer. Die Missunder Enge wirkt deshalb besonders einmalig und einprägsam. Der leichte Schwung, den die Schlei hier macht, führt auch an hohen Küstenwäldern vorbei, ehe sich der schmale Schlauch zur Großen Breite weitet.

Wieder erfasst das Boot ein auffrischender Wind, es legt sich langsam über und schießt hinein in dieses letzte herrliche Stück Schlei. Nach Süden öffnet sich die Wasserfläche zu einer riesigen Bucht, an der das Wesebyer Steilufer und das Schloss Louisenlund sich in großem Abstand gegenüberliegen. Im Fernglas erkennt man die pittoreske Gartenarchitektur mit den grünen Hecken und der bekannten Sonnenuhr, dahinter die hellen Schlossmauern im Grün der Bäume. Am Steg davor sieht man Internatsschüler hantieren, die offenbar einen Kutter seeklar machen.

Und nach zwei Schlägen ist das Boot vorbei und nähert sich der Angelner Küste, die aus Naturschutzgründen unberührbar entlang gleitet. Den Schleswiger Dom konnte man schon vor einiger Zeit ausmachen, ein kleiner Stachel vom Horizont in den Himmel.

Im Mittelalter hatte die Schlei eine große Bedeutung für den Handel in Nordeuropa und im Ostseeraum. Der Landweg zur Nordsee von Schleswig zur Treene bei Hollingstedt war nur 16 Kilometer lang. Und schon der Chronist Adam von Bremen bezeichnete 1075 Haithabu, die Wikingersiedlung vor Schleswig, wörtlich als Meereshafen (lateinisch portus maritimus), von dem aus Schiffe bis nach Schweden und Griechenland gesandt würden. Für die größeren Schiffe Ende des 14. Jahrhunderts, etwa die Hansekoggen, war die Schlei zu flach und Schleswig zu weit von der Ostsee entfernt. Dadurch verlor die Schlei ihre Bedeutung als wichtiger Schiffshandelsweg.

Überall auf der Schlei hat man unterwegs kleine Fischerkähne, Stellnetze und Reusen gesehen, außerdem in Kappeln die berühmten Heringszäune. Jetzt, auf der letzten Etappe des Törns steuert das Boot den Schleswiger Holm an, die historische Fischersiedlung, in der Jahrhunderte alte Traditionen des Handwerks bewahrt worden sind.

Man geht an Land und traut seinen Augen kaum. Die kleinen Fischerhäuser liegen nur wenige Schritte vom Wasser entfernt, einige besitzen niedliche Gärten zur Wasserseite hin und damit einen direkten Zugang zur Schlei. Die Schleifischer können so von ihrem eigenen Steg aus zur Arbeit fahren.

Die Häuser der Fischersiedlung, deren Geschichte bis in die Zeit um 1000 n. Chr. zurückreicht, gruppieren sich um einen idyllischen Friedhof. In seiner Mitte steht eine kleine Kapelle. In seinen Anfängen lag der Holm noch auf einer Insel wie so viele andere Orte an der Schlei.

Stolze zwanzig Meter vom Boden bis zur Kuppel

Die Mühle Anna in Rieseby – zwischen Historie und Gegenwartskunst

Am westlichen Ortsrand von Rieseby steht die große Mühle Anna. Ein beeindruckender Galerie-Holländer, der in jeder Hinsicht etwas Besonderes ist. Im Jahr 1911 wurde die Mühle direkt an das villenartige Haus des Müllers gebaut, nachdem ihre Vorgängerin 1910 einem Feuer zum Opfer fiel. Auf den imposanten dreigeschossigen Unterbau setzte man einen Teil einer anderen Mühle. Ab dem Galerieumlauf stammt der Aufbau von der gleichnamigen Mühle Anna aus Westerhever (Eiderstedt, Baujahr 1786).

Mit der Kraft ihrer Flügel trieb Anna vier Mahlgänge an. So konnte sie bis zum Jahre 1978 viel Korn für die umliegenden Landwirte mahlen. Dann wurde sie verkauft und durchlebte schwere Zeiten. 1994 gelang es der Gemeinde Rieseby, die damals stark heruntergekommene Mühle zu erwerben. In den folgenden Jahren wurde die Mühle durch örtliche Initiative gründlich restauriert und seit 1997 zeigt sich Anna in alter Schönheit.

Die Stellmacherei

Die Mühle Anna

Im Ateliergarten

Heute birgt die Mühle Anna ein volkskundliches Museum mit über 2000 Exponaten. Die gemütliche »gute Stube« im Erdgeschoss wird zudem für kulturelle Veranstaltungen und für standesamtliche Trauungen genutzt.

Bei einem kleinen Bummel auf dem großzügigen Mühlengelände mit Remise, Wippbrunnen, Steingarten und einer Wiese mit alten Obstbaumsorten trifft man auch auf die »Alte Sägerei« die im Jahre 1890 erbaut wurde. Sie dient heute als Erweiterung des Museums. Den Besucher erwarten hier auf zwei Etagen interessante Sammlungen aus den Bereichen Textil, Haushalt und Handwerk. Im Erdgeschoss wurden eine historische Schuhmacherwerkstatt sowie eine komplette Stellmacherei und eine Schmiede eingerichtet. Neben Themenausstellungen des Museums finden hier auch Sonderausstellungen von Künstlern aus der Umgebung statt. Direkt hinter der »Alten Sägerei« befindet sich noch ein 80 Quadratmeter großer Göpelschuppen, der ein altes Rosswerk (Göpel genannt) beherbergt. Früher wurden vier Deichseln von im Kreis gehenden Pferden angetrieben und die Kraft über ein Getriebe für kleine landwirtschaftliche Maschinen genutzt. Heute gibt es hier zwar keine Pferde mehr, aber jede Menge zu entdecken. Wie in dem direkt an der Mühle Anna liegenden Fachwerkhaus mit dem »Atelier im Mühlenhaus« (siehe unten). Das Mühlengelände ist durchgehend geöffnet, das Museum Samstag und Sonntag 14 bis 17 Uhr. Gruppenführungen nach Vereinbarung auch außerhalb der Öffnungszeiten

Weitere Informationen und aktuelle Termine im Internet unter: www.muehle-anna.de

Fast noch ein Geheimtipp!

Bilder und Besonderes im Atelier im Mühlenhaus

Direkt an der Mühle Anna in Rieseby gibt es eine kleine, aber feine Adresse: das romantische »Atelier im Mühlenhaus«. Hier lebt das Künstlerpaar Heidi und Holli Schröder. Nach zwei aufregenden Jahrzehnten in der eigenen Werbeagentur zogen die beiden 2005 von Bremen in das beschauliche Rieseby, um sich hier mit dem Atelier einen Traum zu erfüllen.

Ins Träumen gerät auch so mancher Besucher, denn in dem einst vom Müller bewohnten Fachwerkhaus gibt es viel zu gucken und zu genießen. Neben den Bildern der beliebten Malerin Heidi Schröder und weiteren Künstlern (Holli ist unter anderem als freier Cartoonist tätig) entdeckt der Gast auch viele schöne Geschenkideen. In der einmaligen Atmosphäre des Ateliers duftet es angenehm nach Kerzen und natürlichen Seifen aus der Provence. Es gibt feine Tees, fruchtige Liköre, leckere Schokoladen und ausgewählt gute Musik. Und bei schönem Wetter kann man auch im Garten des Ateliers bei Kaffee und Kuchen die Seele baumeln lassen und das herrliche Ambiente genießen. Insgesamt bildet die Anlage rund um die Mühle Anna ein sehr sehenswertes Ensemble, das immer einen Ausflug wert ist.

»Schleiwellen« von Heidi Schröder, Aquarell 2007

Das Atelier im Mühlenhaus

Im Atelier

Atelier im Mühlenhaus
Möhlnbarg 5
24354 Rieseby
Tel. (0 43 55) 98 99 81
mail@atelier-im-muehlenhaus.de
www.muehle-anna.de
Öffnungszeiten: Mittwoch bis Sonntag 14 bis 18 Uhr

Bilder und Besonderes · Grafik
Atelier
im Mühlenhaus

Holsteiner Pferde und Angler Sattelschweine

Zu Gast bei Andrea Prahl auf ihrem Bauernhof in Pageroe

Der Hofladen Pageroe

Im Hofladen Pageroe, zwischen Arnis und Lindaunis direkt an der Schlei gelegen, wird das Einkaufen zum Erlebnis. Der gepflegte Bauernhof ist bekannt durch die NDR-«Landpartie« und als »Wiesnerhof« der ZDF-Serie »Der Landarzt«. Dort werden interessierte Gäste gern über das Anwesen und durch die Stallungen geführt und können so Holsteiner Pferde, Fleischrinder in Mutterkuhhaltung und die alte Landrasse der Angler Sattelschweine hautnah erleben. Der Hofladen bietet selbst erzeugtes Rind- und Schweinefleisch in Spitzenqualität, Wurstspezialitäten, köstliche Fruchtaufstriche sowie ausgewählte kleine Präsente.

Öffnungszeiten:
Montag bis Sonntag von 8 bis 19 Uhr

Momme und Charlotte

Im Laden

Das »Landarzt«-Haus im benachbarten Lindaunis

Hofladen Pageroe · Andrea Prahl
Pageroe 6 · 24392 Ekenis
Tel. (0 46 41) 6 83 · Fax (0 46 41) 17 74

Kulinarische Genüsse – Schleiblick inklusive

Romantisches Flair im maritimen Landcafé Schleiterrassen Missunde

Zunächst mag man überrascht sein, hier am Südufer der Schlei auch auf einen (im Übrigen sehr angenehmen) Hauch von französischer Küche zu treffen. Doch die einheimischen Fisch- und Wildspezialitäten des Hauses kommen auf der Karte keineswegs zu kurz. Selbst Liebhaber vegetarischer Gerichte finden, was ihr Herz begehrt. In der Saison lohnt sich auch eine Einkehr zum täglichen Mittagstisch, was viele Radler, Wanderer und Tagesgäste gerne nutzen. Das Café und Restaurant Schleiterrassen Missunde besitzt separate Parkplätze.

Im Café-Restaurant sind die Fensterplätze immer zuerst besetzt.

Von allen Räumlichkeiten aus, besonders natürlich vom Biergarten und der Café-Terrasse eröffnet sich dem Gast ein einmaliges Schlei-Panorama: grüne Ufer, die hin und her gleitende Fähre und die vorbeiziehenden Schiffe. Bei selbst gebackenem Kuchen aus der eigenen Konditorei und duftendem Kaffee kann man entspannten Gedanken nachhängen oder sich, von der herrlichen Umgebung angeregt, unterhalten. Für die Kleinen gibt es einen Haufen Kinderspielzeug.

Radlergruppe beim Erfrischungstrunk

Die »Schleiterrassen«

In unmittelbarer Nähe startet ein idyllischer Waldwanderweg, von dem aus man weite Blicke über die Große Breite bis hin zu den Türmen Schleswigs genießen kann.

Öffnungszeiten in der Saison:
täglich von 10 bis 22 Uhr (Kein Ruhetag)

Schleiterrassen Missunde · Das maritime Landcafé
An der Fähre 1 · 24354 Kosel
Tel. (0 43 54) 14 14 · cafe-missunde@t-online.de

Vom Blütenmeer zu den frischen Früchten

Selberpflücken auf dem Obsthof Gut Stubbe an der Schlei

Das Blütenmeer in der Plantage

Das Torhaus von Gut Stubbe an der Schlei

Auf Gut Stubbe an der Schlei, nahe der Schleibrücke von Lindaunis, wird großflächig Obst zum Selbstpflücken angebaut. Wenn man im Mai über die ausgedehnten Ländereien schaut und die endlosen Baumreihen entlangwandert, erlebt man die Plantage von ihrer vielleicht schönsten Seite. Unglaublich zarte Farben und ein erster warmer Hauch fangen den Gast ein. Die Stimmung ist überwältigend.

Kehrt man im September zurück, verwandeln sich all diese Impressionen in ganz andere Bilder: Äste hängen voller erntereifer Äpfel, Birnen, Zwetschgen und Pflaumen und wiegen sich im Wind. Helfer leiten Selbstpflücker zu den gewünschten Sorten und weisen sie kurz ein, ein munteres Treiben verteilt sich über die ganze Fläche, überall füllen sich die mitgebrachten Behälter. Man spürt, dass den Leuten, die aus der Umgebung angereist sind, das eigene Ernten Freude bereitet. Nicht selten sind auch Feriengäste darunter, die sich ein »pflückfrisches« Mitbringsel erarbeiten oder den Urlaub damit kulinarisch anreichern möchten.

Erntefrische Äpfel

Viele machen natürlich auch einen Abstecher zum Gut Stubbe, das nur wenige Gehminuten Richtung Schlei, eingebettet in eine herrliche Naturlandschaft, liegt. Ein Blick auf das markante Torhaus und die weitläufige Gutsanlage verschafft besonders auswärtigen Gästen einen bleibenden Eindruck vom Schwansener Landleben.

Die Plantage mag jetzt im Herbst ziemlich geschäftig sein, im übrigen Jahr jedoch ist viel Arbeit angesagt, um die Bäume zu pflegen, neue zu pflanzen und Vorbereitungen für die kommende Saison zu treffen. Allein schon das Zurückschneiden der unzähligen Bäume erfordert genaues Fachwissen und eine geschickte Hand.

Natürlich werden am Plantagen-Stand an diejenigen, die keine Zeit zum Selberpflücken haben, auch geerntete Früchte verkauft. Qualität und Frische überzeugen die Kundschaft schon seit vielen Jahren. Der Obsthof Gut Stubbe ist eine beliebte Adresse in nah und fern.

Am Stand macht man außerdem gerne Station, weil es hier hausgebackenen Kuchen und Obsttorten gibt.

Manchmal gibt es eben Erlebnisse, die vielleicht einfach anmuten, aber das menschliche Wesen tiefer berühren, als man denkt. Dazu gehört offenbar das Selberpflücken, das kurze Probieren zwischendurch und das gute Gefühl, etwas ganz Natürliches zu tun.

Der Baum wird im September tragen.

Obsthof Gut Stubbe
Gut Stubbe 1 · 24354 Rieseby
Tel. (0 43 55) 2 12 · verwaltung@gut-stubbe.de
www.gut-stubbe.de

»Örnlich fröhstücken«

Das Landgasthaus und Café Noorkate in Lindaunis

An der Angelner Seite von Lindaunis, direkt an der Schleistraße, sollte man, wenn man nichts versäumen will, in der »Noorkate« einkehren. Das urgemütliche Reetdachhaus aus dem Jahre 1784 mit seiner sonnigen Gartenterrasse ist nicht nur eine wahre Augenweide, sondern bietet auch eine kleine, aber feine holsteinische Küche, frisch zubereitet aus Produkten der Region. Selbst gebackener Kuchen vom Hauskonditor, gut verträgliche Kaffeespezialitäten und heiße Schokolade zur Nachmittagszeit, ein erfrischendes Pilsener vom Fass und vielleicht ein Gläschen der ausgewählten Spirituosen zum Essen heben das Wohlgefühl der Gäste. Besonderen Wert legt man in der Noorkate auf ein Angebot guter deutscher Weine. »Örnlich fröhstücken« heißt es jeden Sonntag von 9 bis 13 Uhr. Gemeint ist natürlich das, was man anderswo neudeutsch »Brunch« nennt.

Ein Interieur wie gemalt

Die Inhaberin Ute Mosler und ihr Mann haben das Haus vor einigen Jahren gründlich renoviert, auch, um ein schönes altes Stück Schleswig-Holstein zu erhalten.

An diesem herrlichen Ort mit dem liebevoll gestalteten Domizil Urlaub zu machen, ist auch möglich. Ehepaar Mosler vermieten vier gemütliche Zimmer und zwei Appartements mit Schleiblick im schmucken »Witthüs« gleich nebenan.

Landgasthaus & Café Noorkate · Ute Mosler
Am Noor 6 · 24392 Lindaunis
Tel. (0 46 41) 9 87 90 75
www.noor-kate.de · info@noor-kate.de

Die »Chefin« serviert zur Kaffeezeit.

Foto: Christian Asbrock, airspective

Die Jolle geht unter

Es war an dem Siesebyer Steg, als die vom Sturm hereingepeitschten Ostseewellen die Schlei hochstürzten und durch das zerzauste Reet rollten. Die Planken des Anlegers wurden wie ein riesiger Kamm durchspült, die weißen Flocken rasten davon.

Und irgendjemand schrie ganz in der Nähe unverständliche Befehle. Das Geheul in der Luft zerriss die Worte in ihre einzelnen Laute. Man konnte den Sinn nicht ausmachen, auch den Menschen nicht, der rief.

Unbändig, hart und Schlag auf Schlag trieben die Riesentropfen gegen das Gesicht, als sollte es durchlöchert werden. Das Reet zischte, Äste tobten ins Wasser, eine Schleimöwe trieb seitlich mit verstellten Flügeln vorbei. Draußen auf dem Wasser ragte der dünne Mast aus der Gischt. Eine Gestalt stapfte schwankend den Steg entlang, sich jeden Meter erneut festklammernd.

Die Wasserpfützen füllten sich und strömten in die Gräben aus. Das Unwetter fiel jetzt wie ein zerberstender Brocken vom grauschwarzen Himmel.

Dann, ganz plötzlich, ein, zwei Sekunden fast völlige Stille und man verstand, was man gehört hatte: »Die Jolle geht unter!«

Am Strand von Laboe

Landgang am Ulsniser Steg

Und überall das Elixier Wasser

Spaziergänge durch das einheimische Leben

Es gibt kein Geheimrezept für die Entdeckung einer Landschaft. Man sollte sich einfach treiben lassen und den Augenblick mit Aufmerksamkeit begleiten. Es wird nicht lange dauern und man schweift mit seinen Gedanken umher, so wie man es auch auf zufälligen Touren ins Blaue macht. Der Zufall ist überhaupt ein guter Weggenosse.
Die großen Städte haben große Geschichten und die kleinen kleine. Das stimmt und stimmt auch wieder nicht. Wie beim eigenen Geburtsort spielt der ureigene Moment des Anfangs eine wesentliche Rolle. Und diesen Anfang muss man finden. Dann geht die Reise los.
In der Meerslandschaft, von der wir berichten, ist so unendlich viel geschehen, das erwähnenswert

Vor der Werft auf der großen Ochseninsel

wäre, dass man besser nur das eine oder andere Beispiel gibt. Und man hofft, dass die Menschen verstehen lernen aufzupassen.
Spaziergänge durch das einheimische Leben sind so interessant wie man sie gestaltet. Das Entdecken der Vergangenheit hat ein wundervolles Äquivalent: das Genießen der Gegenwart.
In der kleinsten Stadt Deutschlands, Arnis an der Schlei, wurde ein Mensch geboren, der auf der Höhe seines Wirkens mehrere Dutzend Sprachen fließend beherrschte und 1812 im Lande die Schulpflicht einführte.
Die Austernzucht, von der die Feriengäste der Insel Sylt so überschwänglich schwärmen, hat an der Angelner Ostseeküste ihren Anfang genommen. Viele Jahre seines Lebens hat ein Fischer aus Langballigau für deren Entwicklung geopfert, ohne Dank, ohne Ertrag, ohne Groll. Heute schreibt er wundervolle plattdeutsche Geschichten und trinkt seinen täglichen Kaffee am Hafen.
Mitten in den Hüttener Bergen, in Sichtweite des Bistensees, existiert eine schluchtartige Vertiefung, in die noch im 16. Jahrhundert die Bewohner die Wölfe trieben, um sie gemeinschaftlich zu erledigen. Sie trägt ihren Namen noch immer, weil dieser von Generation zu Generation weitergegeben wurde und auf diese Weise nicht verging: die Wolfsgrube.
Im Süden des Dänischen Wohlds finden sich Reste des alten Eiderkanals, der von 1777 bis 1784 erbaut wurde und eine Wasserverbindung von der Nordsee zur Ostsee herstellte. Dabei bediente man sich, ähnlich wie bei seinem Nachfolger, dem Nord-Ostsee-Kanal, der Eider. Sie lieferte das nötige Kanalwasser. Während des Baus kam es zu einem Kuriosum. Einige Zeit mündete die Eider nicht wie gewohnt bei Tönning in die Nordsee, sondern bei Holtenau in die Ostsee. Aus technischen Gründen hatte man sie umleiten müssen.

Im Ulsniser Pastoratsgarten

Sie steigen aus dem Schiff und gehen in Ulsnis an Land, Feriengäste, ein paar Einheimische, eine kleine Ausflugsgesellschaft aus Hamburg. Sie sind aus Schleswig mit dem Schleidampfer hierher gekommen, um die malerische Uferlandschaft zu genießen. Nicht alle sind ausgestiegen. Einige fahren eine Station weiter nach Lindaunis, wo das Schiff umkehren wird. Man sieht es fast die ganze Zeit vom Steg aus, dahinter erhebt sich der weiße

Die Seebrücke von Schönberger Strand

Das Herrenhaus von Gut Ludwigsburg

In Kronsgaard

An der Schlei bei Ulsnis

Teichidyll auf Gut Oehe bei Maasholm

Turm der Klappbrücke aus dem Blau der Schlei, eingerahmt vom frischen Grün des Vorsommers. Die Angelandeten wissen erst nicht so recht, wohin sie sich wenden sollen. Ein paar setzen sich erst einmal auf die Bänke am Steg, andere schlendern den Uferweg entlang und bewundern die Schleivillen aus der Kaiserzeit. Eine Besitzerin wird über den Zaun nach dem Haus gefragt und antwortet so ausführlich, dass es die Fragenden bald ungeduldig weiter zieht. Vielleicht sind sie auch nur etwas besorgt, dass ihnen das Schiff wegfahren könnte. Ein Blick zurück sagt ihnen aber, dass keine Gefahr droht.
Die Villa stammt aus den Jahren unmittelbar vor dem Ersten Weltkrieg und ist liebevoll restauriert worden. Sie heißt »Villa Marta«, wie der jugendstilhafte Schriftzug am Giebel ausweist.
Das Schiff ist irgendwo in der Ferne verschwunden. Ulsnis? Die Gedanken wandern hinauf zum alten Pastorat, das etwas unterhalb der kleinen Kirche an einem herrlich-wilden Garten liegt. Hier hatte sich einst eine ganz und gar stille und schmerzvolle Szene abgespielt.

Blick über die Schlei auf den Schleswiger Dom

U 995 vor dem Marineehrenmal von Laboe

Johann Friedrich Struensee (* 5. August 1737 in Halle; † 28. April 1772 in Kopenhagen), später ein deutscher Arzt und Minister am dänischen Hof, wurde 1737 als Sohn des pietistischen Pastors Adam Struensee in Halle geboren. Er begann schon mit 14 Jahren das Medizinstudium und stellte sich als hochbegabter Mensch heraus. 1764 veröffentlichte er mit dem Aufsatz »Versuch von der Natur der Viehseuche und der Art sie zu heilen« die erste medizinische Beschreibung der Maul- und Klauenseuche. 1768 begleitete Struensee den dänischen König Christian VII. als Arzt

Auf Gut Östergaard in Angeln

Stürmische Ostsee am Bülker Leuchtturm

Auf der Schleifähre bei Missunde

auf dessen Europareisen und gewann seine Zuneigung. Er wurde sein Leibarzt und Vertrauter. Der König machte ihn sogar zum Geheimen Kabinettsminister. Struensee entwickelte auch in der Politik großes Engagement und nahm dem labilen König alsbald die Staatsgeschäfte ab. Er setzte in Dänemark die Ideen der Aufklärung um, etwa die Meinungs- und Pressefreiheit, Abschaffung der Folter sowie die Reform des veralteten Schulwesens. Seine fortschrittlichen Ideen und sein forscher Aufstieg machten ihn bei Hofe rasch unbeliebt. Zum Verhängnis geriet ihm allerdings die als sicher geltende Affäre mit Christians VII. Gattin, Königin Caroline Mathilde. Nach einem Putsch gegen die durch Struensee beherrschten Verhältnisse wurde dieser in einem Geheimprozess vor Gericht gestellt. Er übernahm selbst seine Verteidigung und konnte alle Anschuldigungen präzise widerlegen. Trotzdem wurde er am 25. April 1772 nach viertägiger Verhandlung schuldig gesprochen. Zu einem etwaigen Verhältnis mit der Königin hatte er beharrlich geschwiegen.

Johann Friedrich Struensee wurde am 28. April 1772 vor den Toren Kopenhagens geköpft, gevierteilt und aufs Rad geflochten. Ungefähr 30 000 Leute strömten herbei, um das schaurige Schauspiel mitzuerleben. Struensees Nachfolger wurde dessen erbittertster Widersacher, Ove Høegh-Guldberg, der alle Reformen Struensees kassieren ließ und den dänischen Absolutismus alter Prägung wieder einführte.

Was hat diese Geschichte nun mit dem friedlich auf der Anhöhe ruhenden Dorf Ulsnis zu tun? Dort oben im Pastoratsgarten, nur wenige Minuten Weg entfernt vom Schleiufer, wanderte der Vater Adam Struensee (1708 bis 1791), königlich dänischer General-Superintendent und Oberkonsistorialrat, also Inhaber eines bischofsähnlichen Amtes, in der Todesstunde seines Sohnes tief bewegt auf und ab. Er befand sich gerade auf einer Visitationsreise, als ihn die Nachricht vom Kopenhagener Todesurteil und seiner Vollstreckung erreichte.

Auf dem Friedhof, etwas oberhalb des Pastorats an der Kirche, findet sich noch ein zweiter Hinweis auf einen prominenten Todesfall. Dort nämlich ist das Grab des Nobelpreisträgers Otto

Ostseeblick bei Nordgaardholz

Flensburger Ruderer vor dem Jürgensbyer Ufer

Diels (1876 bis 1954) Der Wissenschaftler erhielt zusammen mit Kurt Alder 1950 den Nobelpreis für Chemie.
Das Schiff hat wieder angelegt und die Ausflügler strömen auf den Steg zurück. Nach ein paar Minuten sieht man seine weiße Silhouette nach Südwesten gegen die Nachmittagssonne entschwinden.

Eyes wide open

Die kleine Fähre kann man per Telefon herbeirufen. Doch heute ist drüben, auf der großen Ochseninsel, ein Konzert. Da geht die Fähre ohnehin fast dauernd hin und her. Die schottische Akkordeonvirtuosin Harriet Bartlett macht hier Station auf ihrer Tournee durch halb Europa. Man mag es fast nicht glauben, aber dieser weltabgeschiedene Ort in der Flensburger Förde, dicht unter dem dänischen Ufer, zieht offenbar ganz besondere Menschen an.
Das gilt auch für die Besatzung der großen Ochseninsel (die kleine liegt etwas verloren und nur zeitweise bewohnt gleich daneben). Die Fähre kommt und nimmt eine Menschenschar von Folkfreaks oder auch Inselfans an Bord. Der Fährmann, ein Bewohner der Insel, kennt einige der Ankömmlinge und kassiert Passage und Konzerteintritt in einem Rutsch. Mit stoischer Ruhe wandert er das Rund der Gäste ab und lässt das Wechselgeld klimpern. »Manchmal haben die Leute immer bloß Fuffziger«, raunt er in seinen Bart und schmeißt dann den Motor an.
Das Boot schaukelt tuckernd über die abendseichte See. Flensburg erhebt sich mit der Marineschule und der Werft westwärts aus dem Dunst. Rechts bleibt die kleine Ochseninsel liegen. Dann ist man schon da.

Bei Steinberghaff

Über einen wackeligen Steg stelzen die Leute an Land und machen sich auf den Weg zum nahen Inselkrug. Durch ungeschorenes Gras stapft man voran, den Blick auf die unwirklich-schöne Szenerie gerichtet. Eine entspannte Langsamkeit macht sich breit. Das Konzert beginnt erst in einer Stunde. Man hört schon einige Übungsklänge aus der alten Bootshalle, die sich hinter dem Krug befindet. Einige hocken sich ans Ufer, einige setzen sich an die Tische vor dem Lokal und bestellen sich Bier, Wein oder etwas zu essen. Die Inselleute spielen heute Gastwirt und Konzertmanager, an anderen Tagen sind sie Landwirte, Schiffsbauer oder irgendetwas anderes.
In der sinkenden Sonne wirken die Farben überall wie Pastell. Das Fährboot hat wieder abgelegt, um weitere Gäste zu holen. An einem anderen Steg, direkt vor dem kleinen Werftgelände, dümpelt ein rotrostiger Blechkahn im Fördewasser, dahinter steigt über Glücksburg ein knallgrüner Heißluftballon in den hellblauen Himmel.
Der Weg um die Insel soll nur zwanzig Minuten dauern. Das kann man vor Konzertbeginn noch gut schaffen. An der Südseite der großen Ochseninsel öffnet sich der Blick hinüber in die Glücksburger Bucht. Man erkennt die weißen Bauten über dem Strand und den anlaufenden

An der Reventlou-Brücke vor dem Kieler Landtag

Ein Zug überquert die Lindauniser Klappbrücke.

Fördedampfer. Dazwischen schieben sich träge und lautlos ein paar versprengte Segler, die heute noch viel Zeit in den Hafen brauchen. Motoren hört man jedenfalls nicht.
Unter dem hohen Ufer türmen sich Unmengen von Steinen aller Größen. Die steilen Wände leuchten ostwärts in hellbraunen und gelben Tönen, umgeben vom Aquamarin der Förde und des Himmels. Keine Welle und keine Wolke trübt das malerische, rahmenlose Bild.
Tatsächlich ist man in etwas mehr als einer Viertelstunde zurück am Inselkrug, wo sich inzwischen viel mehr Menschen eingefunden haben.
Eine Harfenistin hat sich zu den Leuten gesetzt und einfach das Vorprogramm begonnen. Es sind zauberhafte Töne und Weisen, die sie diesem archaischen Instrument entlockt. Die Gäste sind begeistert und klatschen nach jeden Stück. Sie lächelt und spielt weiter. Die Gläser klingen auf den Tabletts, die Flensburger Flaschen ploppen hier und da, heiße Suppen werden serviert.
Die Gespräche verebben allmählich. Die Schönheit der Harfenklänge taucht Menschen, Meer und Insel in einen Hauch von Magie, in eine Stimmung, von der man normalerweise kaum zu träumen wagt. Jetzt ist sie da.
Und dann erheben sich die ersten, um zur Bootshalle, dem heutigen Konzertsaal, hinüberzuwandern. Die Menge folgt mit gemächlicher Ruhe, die Gläser in der Hand, die letzten Blicke noch einmal übers sonnenüberflutete Wasser werfend.
Die junge blonde Akkordeonistin wird begleitet von einem exzellenten, sehr redseligen Gittaristen. Er hilft der Künstlerin ins Programm mit dänischen, deutschen und englischen Brocken. Sie ergreift schließlich musikalisch die Initiative und setzt sich durch.
Das, was nun folgt, ist schwer zu beschreiben. Es hat so viele Schattierungen, Farben und fremdartige Töne, so viele Zwischenworte aus einer fernen schottischen Welt, wunderbar gespielt und erzählt, ein traumhaftes Genießen beginnt und hält zwei Stunden an.
Harriet Bartletts Tanzweisen und Lieder versetzen das Publikum immer wieder in Verzückung, spürbar an den sanften, fast privaten Ausbrüchen von Wohlgefühl und leisen Rufen. Der nachfolgende Applaus ist wie ein Tuch, das über die letzten Tafelworte wischt und ein neues Tabula Rasa schafft. Das nächste Lied hat schon begonnen.
»Every few years we see a young musician rising to great heights for their tender years. Harriet is one such youngster«, steht auf ihrem Plakat im Gastraum, wo man bezahlt.
Auf der Rücktour kriegt der Fährmann tatsächlich alle Gäste in einem Boot unter. Vielleicht sind auch einige einfach dageblieben.

Am Südufer der großen Ochseninsel

Die Dom- und Residenzstadt Schleswig

Eminenzen, Hoheiten und schlichte Fischer

Beim Anblick der wundervollen Naturszenerie, in der die Stadt Schleswig liegt, ist es kein Wunder, dass durch alle Jahrhunderte Bischöfe, Herrscher, Kaufleute und einfache Bürgerinnen und Bürger hierher wollten. Es ist der Ort am Ende der längsten Ostseeförde und es ist der Ort mit der längsten Kulturgeschichte des Landes.

Der Stadtname stammt aus dem Dänischen und bedeutet »Bucht der Schlei«. Schleswig wird 804 erstmals urkundlich als Sliasthorp erwähnt und konnte somit 2004 sein 1200-jähriges Jubiläum begehen.

Haithabu am gegenüberliegenden Haddebyer Noor wurde von König Gudfred (Göttrik) 808 zum Handelszentrum ausgebaut. Nach der Zerstörung Haithabus im Jahre 1066 durch die Slawen übernahm das mittelalterliche Schleswig dessen Rolle als Drehscheibe des nordeuropäischen Handels mit dem schon seit der Wikingerzeit bestehenden Treenehafen bei Hollingstedt. Das Bistum Schleswig war bereits 947 durch Kaiser Otto I. gegründet worden, was auch die frühen kirchlichen Interessen an diesem Ort dokumentiert. 1134 wird von Saxo Grammaticus der Dom erwähnt.

Während des weihnachtlichen Schwalmarktes

Schloss Gottorf, das heute das Landesmuseum beherbergt, ist über den Resten der damaligen Bischofsburg errichtet worden. Bis 1268 residier-

Der St.-Petri-Dom

Stadtidyll

Holm

Kunst am Schloss

te hier das kirchliche Oberhaupt, dann kam der Besitz im Tausch gegen die Burg von Schwabstedt an die Herzöge von Schleswig und ging 1340 an die in Holstein regierenden Schauenburger Grafen über. Schleswig hatte inzwischen seine Bedeutung als nordische Handelsmetropole an Lübeck verloren.

Bei der Landesteilung der Herzogtümer Schleswig und Holstein 1544 wurde Schloss Gottorf Residenz der Herzöge von Schleswig-Holstein-Gottorf. Diese entwickelten erst im 17. Jahrhundert eine eigenständige Politik. Nach dem Großen Nordischen Krieg fielen die Gottorfer Anteile des Herzogtums Schleswig 1721 wieder an den dänischen König. Nun, da Schleswig keine Residenzstadt mehr war, wurde das Schloss Sitz aller herzoglichen Oberbehörden. Die Bevölkerung war einerseits ausgerichtet auf die verwalterischen Aufgaben, andererseits von ländlicher Prägung. Während der schleswig-holsteinischen Erhebung 1848 kam es am 23. April zur Schlacht bei Schleswig, wodurch in der Folge alle herzoglichen Behörden aus der Schleistadt abgezogen wurden. Nach diesen wenig glückhaften Entwicklungen kam es erst 20 Jahre später unter Preußen wieder zu einer Aufwertung der Stadt. Sie wurde Sitz des Oberpräsidenten der Provinz Schleswig-Holstein und der Bezirksregierung und blieb dies bis 1917. Als Kiel 1946 Landeshauptstadt wurde, erhielt Schleswig als Ausgleich hierfür einige hochrangige Behörden und Institutionen, zum Beispiel das Oberlandesgericht und das Landesmuseum.

Der Schleswiger Dom St. Petri überragt in imposanter Weise die Stadt, doch sein Turm ist erst 100 Jahre alt. Die ihn umgebende Altstadt hat ihre altertümliche Atmosphäre weitgehend bewahren können. Im Mittelpunkt liegt der Rathausmarkt mit dem Rathaus und seinem historischen Ständesaal. Es entstammt dem 19. Jahrhundert und wurde durch Umbau des alten Grauklosters geschaffen. Dessen mittelalterliche Reste sind noch deutlich an der Rückseite des Gebäudes erkennbar. Vom Rathausmarkt führt die Lange Straße über den Gallberg zum Kornmarkt. Hier beginnt die Einkaufsstraße Schleswigs, die in den Stadtteil Lollfuß mit seinen Bürgerhäusern und dem heutigen Amtsgericht hinüberleitet.

Im Osten der Altstadt lädt die Fischersiedlung Holm mit ihrem geschlossenen Ensemble historischer Fischerhäuser zu träumerischen Spaziergängen ein. Am Ende der Süderholmstraße liegt das alte Johanniskloster mit einem Bibelmuseum und dem sehenswerten Bibelgarten.

Im Süden von Schloss Gottorf schließt sich der Stadtteil Friedrichsberg mit dem 85 Meter hohen Wikingturm an, ein moderner Bau von 1973, von dem man eine herrliche Aussicht über die Stadt genießen kann. Ganz oben gibt es ein Panorama-Restaurant. Weitere Sehenswürdigkeiten sind hier das Stadtmuseum im Günderothschen Hof, das Prinzenpalais (heute Sitz des schleswig-holsteinischen Landesarchivs) sowie die Friedrichsberger Dreifaltigkeitskirche.

Am Südufer der Schlei befinden sich die Wallanlagen der alten Wikingerstadt Haithabu. Dort liegt auch das Wikinger-Museum.

Der Wikingturm

Blick von Fahrdorf auf die Dompartie

Schloss Gottorf aus der Vogelperspektive

Schloss Gottorf

Auf den Königswiesen zwischen Schloss und Dom findet 2008 die erste Landesgartenschau Schleswig-Holsteins statt, ein Ereignis, das Hunderttausende von Gästen und Einheimischen in die Schleistadt lockt.

Das Schleswig-Holsteinische Landestheater und Sinfonieorchester gilt als die größte Landesbühne Deutschlands und geht regelmäßig auf Tournee durch das westliche Schleswig-Holstein.

Schleswig ist der wichtigste Museumsstandort in Schleswig-Holstein. Hier hat die Stiftung Schleswig-Holsteinische Landesmuseen Schloss Gottorf ihren Sitz. Das Schloss beherbergt das Landesmuseum für Kunst und Kulturgeschichte und das Archäologische Landesmuseum. Auf dem Hesterberg liegt das Volkskunde Museum Schleswig, das Stadtmuseum ist im Günderothschen Hof und das Museum für Outsiderkunst im Präsidentenkloster. Das Holm-Museum in der gleichnamigen Fischersiedlung, das Wikingermuseum in Haddeby, das Danewerkmuseum, das Teddybär-Haus auf dem Gelände des Stadtmuseums und die ostdeutschen Heimatstuben vervollständigen das breite kulturelle Angebot.

Das Kirchlein inmitten der Fischersiedlung

Fischerhäuschen am Holm

Ein Haus mit lebendiger Familientradition

Das Hotel »Hohenzollern« in Schleswig

Das Hotel Hohenzollern

Die Reihe ist eindrucksvoll. Am 19. Mai 1894 wurde durch Emil Lüth der erste Bauantrag zur Errichtung eines Gasthauses gestellt. 1911 erwarb Theodor Lüth das Haus. Von 1954 an leiteten Kurt-Heinz und Gertrud Lüth das Ballhaus. 1973 übernahm Uwe Lüth das Haus und leitet es bis zum heutigen Tage. Es wurde ein Hotel daraus entwickelt, das ständig Erweiterungen erfährt. Zwei Gästehäuser ergänzen inzwischen die Kapazitäten.

Das »Hohenzollern« verfügt über 90 Betten. Die Ausstattung der Zimmer ist zweckmäßig mit Dusche und WC, Radio, Föhn, Sat-TV und Hotspot in 49 Einheiten.

Das Hotel ist auch ein gern besuchter gesellschaftlicher Treffpunkt. Ein Restaurant, eine Doppel-Kegelbahn, Tagungs- und Clubräume für kleinere Anlässe, ein Wintergarten (bis 36 Personen), ein kleiner Saal (bis 100 Personen) sowie ein großer Saal (ab 150 bis 300 Personen) stehen zur Verfügung.

Internationale Gäste wissen das »Hohenzollern« seit Langem zu schätzen. Die günstige Lage im Zentrum Schleswig-Holsteins, die zahlreichen Museen in und um die Stadt und nicht zuletzt der mehrsprachige Service im Hotel sind gute Gründe, hier einzukehren.

Der exklusive Barocksaal

Das in lichter Atmosphäre gestaltete Hotelrestaurant

»Gastmahl des Meeres« mit einmaligem Schleiblick

Das außergewöhnliche Fisch-Restaurant und Café im Schleswiger Stadthafen

1960 wurde nach Plänen der Stadt Schleswig ein Silo im Stadthafen errichtet, in dem 25 Jahre lang Getreide und andere Produkte zwischengelagert wurden, um sie dann im nördlichen Schleswig-Holstein weiter zu vermarkten. Dann wurde aber der Hafenumschlag geringer, die Warenströme nahmen eine andere Entwicklung, das landwirtschaftliche Geschäft vor Ort versiegte.

Herrlicher Schleiblick im Restaurant »Speicher«

Familie Lüth, die auch das Hotel »Hohenzollern« besitzt und betreibt, hat dieses Relikt der alten Hafenwirtschaft zu neuem Leben erweckt und bietet ihren Gästen auf drei Ebenen Fischgerichte, Kaffee und Kuchen an. Es ist ein Platz, um sich rundum wohl zu fühlen: kulinarische Genüsse, das gemütliche Restaurant, die Sonnenterrasse und der wohl schönste Schleiblick weit und breit.

Weitere Informationen über »Gastmahl des Meeres« unter www.hotel-hohenzollern.de

Hotel Hohenzollern
Moltkestraße 41 · 24837 Schleswig
Tel. (0 46 21) 90 60
Fax (0 46 21) 90 61 69
info@hotel-hohenzollern.de
www.hotel-hohenzollern.de

Telefon Speicher: (0 46 21) 30 51 84

Der Landgasthof Güby

Einfach zum Wohlfühlen

Tradition und Qualität im Landgasthof Güby

Chef und Koch Frank Jebe-Öhlerich bei der Arbeit

Mit einem zünftigen »Moin Moin« begrüßen Carina und Frank Jebe-Öhlerich ihre Gäste im Landgasthof Güby inmitten der malerischen Schleiregion. Hier genießt man nicht nur eine besondere Gastlichkeit, die sich um die individuellen Wünsche der Gäste bemüht. Auch die Einbindung des Aufenthaltes in die erlebnisvolle Naturlandschaft der Wälder und Gewässer sowie ihrer kulturellen Schätze liegt dem Hause am Herzen. Das nahe Schleswig mit dem bekannten Schloss Gottorf, dem Wikingermuseum Haithabu und dem idyllischen Fischerviertel Holm, der Naturpark Hüttener Berge und die weißen Ostseestrände an der Eckernförder Bucht laden zu unterhaltsamen und entspannenden Ausflügen ein. Für Golffreunde ist der örtliche Golfclub an der Schlei von großem landschaftlichen und spielerischen Reiz.

Der Gourmetgasthof befindet sich seit seiner ersten urkundlichen Erwähnung um 1750 in achter Generation im Besitz der Familie Öhlerich. Die einstige königlich-dänische »Krügereikoncession« aus dem Jahre 1853 ist als historische Urkunde im Gastraum ausgestellt.

Im Landgasthof Güby verbringt man erholsame Urlaubstage bei allem Komfort und angenehmem persönlichen Service. Fast alle Zimmer und Ferienwohnungen (TV, Dusche und WC, Telefon) besitzen Terrasse oder Balkon in reizvoller Waldrandlage. Die Komfortzimmer im Haupthaus verfügen über Sat-TV und Internetzugang.

Der traditionsbewusste Familienbetrieb widmet sich mit Vorliebe der guten einheimischen Küche und pflegt eine Gastronomie, in der man die ganze Vielfalt der ländlichen Genüsse vermittelt. Das tägliche Angebot reicht vom gehaltvollen Frühstück über kreativ zubereitete schleswig-holsteinische Spezialitäten bis zu internationalen Gerichten. Der gut sortierte Weinkeller rundet das kulinarische Wohlgefühl ab. Die Küchenzeiten sind von 11.30 bis 14 Uhr und 17.30 bis 21 Uhr (Donnerstag Ruhetag).

Als Partner der Land-gut-Hotels können die Gäste auch alle Vorteile dieser deutschlandweiten Kooperation nutzen. Dies gilt auch für die interessanten Spezialarrangements des Hauses. Familie Jebe-Öhlerich vermarktet außerdem eine ganz besondere traditionelle Köstlichkeit, nämlich »Jebe's Leberwurst« (siehe Internet).

Für Familienfeiern oder Gesellschaften in harmonischer und gemütlicher Atmosphäre steht ein Saal für 20 bis 120 Personen zur Verfügung. Ein Partyservice für Anlässe in den eigenen vier Wänden kann ebenfalls gebucht werden.

Der Landgasthof Güby ist eine sehr gelungene Symbiose aus empfehlenswerter Gourmetgastronomie und natürlich-ländlicher Hotellerie.

Im gemütlichen Restaurant

Landgasthof Güby · Inhaber Frank Jebe-Öhlerich
Dorfstraße 2 · 24357 Güby
Tel. (0 43 54) 9 97 70 · Fax (0 43 54) 99 77 20
info@hotel-schlei.de · www.hotel-schlei.de

Ein Eldorado für alle Kräuter- und Gartenfreunde

Der Biolandhof Hasbach in Klappholz-Westscheide lädt ein

Zwischen Flensburg und Schleswig nahe der Autobahn A 7 (etwa sieben Kilometer) liegt die Kräutergärtnerei des Biolandhofes Hasbach idyllisch in freier Natur. Die umliegenden Felder werden vom Hof zum Chicoreeanbau bewirtschaftet.

Zum Verkauf wird eine große Auswahl an Erzeugnissen angeboten:

- Küchen-, Tee-, Heil- und Wildkräuter, Duft- und Färberpflanzen in Töpfen
- Zierpflanzen vornehmlich für leichte Böden und mit langer Blühdauer
- Gräser
- Kräuterprodukte wie Seifen, Lavendelsäckchen, Kräutertee

In Schaubeeten zum Thema Küche, Tee, Duft, Bodendecker, Wildpflanzen, Mediterrane, Heckenkräuter, Gräser, Rosen- und Begleitpflanzen können die Besucher/innen die gewachsenen Pflanzen erleben und sich Anregungen für den eigenen Garten holen.

Es besteht auch die Möglichkeit, Küchenkräuter selbst zu ernten und an Führungen (einmal im Monat mittwochs 17 bis 18 Uhr, mit Anmeldung) teilzunehmen. Darüber hinaus können Grundkenntnisse in Kursen erweitert werden.

Liebevoll gestaltete Winkel in der Gärtnerei laden zum Verweilen ein. Besucher/innen können die

Gärtnerei auch gerne für ein Picknick oder als Ausflugsziel während der Öffnungszeiten (Montag bis Freitag 9 bis 12 Uhr, Donnerstag bis Samstag 15 bis 18 Uhr) benutzen.

Neu ab Frühjahr 2008: ein Online-Shop zum Pflanzenversand.

Gemütliche Gartenmöbel, individuelle Holzgestaltung und vieles mehr

»Slaco's Gartenholz« in Stolk bringt die Natur ins Haus

Ganz versteckt und, wenn man Bescheid weiß, doch leicht zu finden, liegen Haus und Werkstatt von Slaco und Dörte Petersen im Stolker Ortsteil Schwenshöh, nur wenige Kilometer nördlich von Schleswig. Schon die rustikalen Möbel am Hofrand verraten, was hier vor sich geht. Zimmerer Slaco Petersen tritt mit einer einladenden Geste aus seiner Werkstatt. Er baut gerade einen Holzstuhl zusammen. Mit Hingabe und Geschick geht die Arbeit vor sich. Später, an einem seiner gemütlichen Gartentische, zeigt er die ganze Palette seiner handgefertigten Möbel und Holzartikel, alles für den Garten, die Terrasse und den heimischen Innen- und Außenbereich.

Dörte und Slaco Petersen inmitten ihrer Holzprodukte

Bänke, Stühle, Hocker, Tische, Rankhilfen, Vogelhäuschen, Garten-Accessoires, Truhen, Betten, sogar Kinderspielzeug und kleine Weihnachtskrippen stellt Slaco Petersen her. Außerdem befasst er sich mit individuellen Holzgestaltungen am Haus oder im Gartenbereich, Schnitzereien und sogar mittelalterlichen Möbeln und Zeltgestellen. Ein ganzes Arsenal von wundervollen Holzartikeln umgibt den Handwerker, der von seiner Frau, die Schnitzerin ist, sowie der helfenden Hand, Vater Otto Petersen, unterstützt wird. Auch persönliche Wünsche von Kunden können fachgerecht umgesetzt werden.

Slaco Petersen meint: »Vor jedem Auftrag nehmen wir uns die Zeit, herauszufinden, was genau der Kunde sich vorstellt und welches Eichenholz am besten dazu passt.«

Slaco Petersen in seiner Werkstatt

Irgendwie macht es Freude, zuzuhören und zu erleben, wie so ein Naturmöbel entsteht. Noch mehr Freude wird es bringen, wenn es dann beispielsweise die eigene Terrasse verschönt.

Foto: Christian Asbrock, airspective

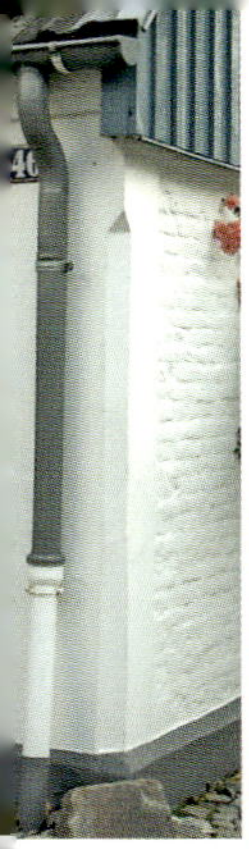

Die höchsten Türme schrumpfen und wachsen

Als die Kinder vor einem noch auf dem Fußboden spielten und ihre winzigen Städte und Dörfer bauten, schauten wir im Stehen herab auf die chaotischen Hände und Finger, die blitzschnelle Zaubereien, aber auch ganz bedächtige Griffe machten. Und irgendwann kam die kindliche Müdigkeit schneller, als die Entscheidung aufzuhören.
Hier unten liegen Land und Häuser und Kirchen und Schlösser so verlassen da, als hätte jemand seine Hände und Finger in einem unbeobachteten Moment einfach abgezogen und wartet jetzt hinter dem Horizont. Er wirft keinen Schatten, den wir sehen könnten. Er pustet mit gespitzten Lippen übers Wasser, er schiebt mit zwei Fingern die Masten nach Lee, er weht die Möwen der Schlei auf ihre Insel zurück. Und je nachdem, wohin wir steuern, erkennen wir neue Magien. Nur wenn wir wieder tiefer gehen und zur Landung ansetzen, sieht man, dass es ihn, den Schattenlosen, nicht gibt.
Wir wachen am Himmel. Die Kinder aber schlafen auf dem Teppich.

Haithabu – ein pulsierender Handelsplatz an der Schlei

Das Wikinger Museum Haithabu

Das Wikinger Museum Haithabu, heute unter dem Dach der Stiftung Schleswig-Holsteinische Landesmuseen, ist der Archäologie und Geschichte der Siedlung Haithabu gewidmet. Es liegt in unmittelbarer Nähe der historischen Stätte, die in der Wikingerzeit einer der bedeutendsten Siedlungsplätze Nordeuropas war.

Das Leben in diesem Ort, der noch heute von einem mächtigen Halbkreiswall umschlossen wird, trug bereits Merkmale des Lebens in einer frühmittelalterlichen Stadt. Seit 1900 haben archäologische Ausgrabungen in der Siedlung, an den Befestigungsanlagen und auf den Gräberfeldern stattgefunden. 1979 bis 1980 wurde auch der Hafenbereich untersucht. Anhand dieses archäologischen Fundmaterials informiert die Schausammlung des Museums umfassend über die Fragen und die Ergebnisse der Forschung.

Dabei werden die Themen Haushalt, Bebauung, Verteidigung, Bekleidung, Ernährung und Bestattung sowie Religion, Schrift, Handel, Handwerk und Stadtentwicklung durch die Kombination von Funden, Rekonstruktionen, Modellen und Texten ausführlich und anschaulich behandelt. In der Schiffshalle wird das königliche Langschiff aus dem Hafen von Haithabu präsentiert.

Haithabu war in der Wikingerzeit einer der bedeutendsten Siedlungsplätze Nordeuropas. Hier liefen die wichtigsten Fernhandelswege zusammen. An diesem Ort mit seiner internationalen Bevölkerung konnte die christliche Mission Fuß fassen.

Das Handwerk wies in der Fertigung zahlreicher Güter einen hohen Entwicklungsstand auf. Nach Westen erstreckt sich das eindrucksvolle Befestigungssystem des Danewerks.

1979/1980 konnten die Hafenanlagen untersucht und ein Wikingerschiff geborgen werden.

Heidnische und christliche Religion, Bestattungssitten, Schrift sind weitere Themen der Ausstellung. Die vier Runensteine, die in der Nähe des Siedlungsgeländes gefunden wurden, befinden sich ebenfalls im Museum. An ihren Originalfundorten im Gelände sind Kopien aufgestellt.

Archäologen und Besucher bewegt beim Anblick des wikingerzeitlichen Siedlungsplatzes Haithabu dieselbe Frage: Wie hat die Bebauung dieses größten nordeuropäischen frühstädtischen Handelszentrums ausgesehen? Neueste wissenschaftliche Erkenntnisse aus akribischer, ein Jahrhundert währender archäologischer Forschung in Haithabu erlauben heute die Rekonstruktion ausgewählter Gebäude. In der Zeit von 2005 bis 2007 sind hier sieben Häuser des einst pulsierenden frühgeschichtlichen Handelsplatzes (frühes 9. bis Mitte 11. Jahrhundert) nach den Originalbefunden neu erstanden.

Weitere Informationen über das Wikinger Museum Haithabu unter Tel. (0 46 21) 81 32 22 oder www.schloss-gottorf.de

Rekonstruierte Wikingerhäuser

Wikingerschiff in der Ausstellungshalle

Wikingerschiff im Hafen von Haithabu

Das Wikinger Museum in Haithabu

Wikingerkampf

Fotos untere Seitenhälfte: OstseeFjord Schlei

Essen und feiern wie die Wikinger

Einmalig in Deutschland: die »Wikingerschänke am Runenstein« in Busdorf

Unweit von Haithabu hat Oliver Firla ein Restaurant mit einzigartigem Flair erschaffen. In der »Wikingerschänke am Runenstein« hat man echte Wikingererlebnisse, auf jeden Fall kulinarisch und der Stimmung nach.

Die urige Wikingergrotte bietet ein einmaliges Ambiente auf dem Rentierfell. Man feiert und speist in der Nachbildung eines Wikinger-Langschiffs. Kerzenschein lässt den Gast in die Welt der Nordmänner eintauchen. Bis zu 72 Personen finden Platz in dem gemütlichen Keller in Sichtweite des Margarethenwalls.

Nur wenige Meter vom Haus entfernt steht der von den Wikingern errichtete Skarthi-Stein mit der Inschrift: »König Sven setzte diesen Stein für Skarthi, seinen Gefolgsmann, der nach Westen gefahren war, aber nun den Tod fand bei Haithabu«.

Das im Restaurant angebotene Große Wikingermahl inklusive Getränke mit Live-Wikinger-Animation ist ein Vier-Stunden-Superprogramm, ein zünftiges Wikingerfest mit Bogenschießen, Axtwerfen und Wikinger-Unterhaltung vom Feinsten. Es werden Spanferkel, Rauchschinken, Rippen sowie Haxen aus dem Räucherofen mit frischen Salaten und warmem Fladenbrot aufgetischt, dazu Bier vom Fass, Wein, Säfte und Wasser, bis die Tische sich biegen. Das kulinarische Wikinger-Spektakel findet jeden Samstag ab 19 Uhr statt.

Das Kleine Wikingermahl, das etwas weniger opulent ausfällt, wird für Gruppen von 10 bis 180 Personen serviert und führt das Attribut »unvergesslich lecker«.

Jeden Donnerstag ab 19 Uhr findet das Haithabu-Buffet mit ausgesuchten kalten und warmen Gerichten sowie zünftigen Desserts statt. Es ist vor allem ein Erlebnis zu zweit, mit der Familie oder guten Freunden. Die deftige Schlemmerplatte »Hüttenzauber« wird inklusive Getränken für Gruppen bis 25 Personen aufgetragen.

Die Wikinger-Hochzeit ist ein weiter Höhepunkt unter den Angeboten: Nach der standesamtlichen Trauung in den Wikinger-Häusern von Haithabu ist Feiern in der Wikingerschänke angesagt, dazu alle Extras, die sich die Frischvermählten nur wünschen können.

Oliver Firla hatte noch eine andere gute Idee. In Haddeby, direkt am Ufer der Schlei, nur fünf Gehminuten von Haithabu entfernt, betreibt er Odin's Biergarten. Herrlicher Wasserblick, eigener Bootssteg, Bier vom Fass und kernige Grillspezialitäten laden hier zu Spaß und Entspannung ein.

Öffnungszeiten Wikingerschänke:
Dienstag bis Samstag ab 16 Uhr, Sonntag ab 10 Uhr, Montag Ruhetag

Öffnungszeiten Odins Biergarten:
täglich von 8 bis 23 Uhr

Odins Biergarten in Haddeby

Wikingerschänke Am Runenstein
Inhaber Oliver Firla
Am Margarethenwall · 24866 Busdorf bei Haithabu
Tel. (0 46 21) 3 21 90 · Fax (0 46 21) 3 77 02
info@wikingerschaenke.de
www.wikingerschänke.de

Die Landesgartenschau 2008

Ministerpräsident Peter Harry Carstensen pflanzt zur Eröffnung der Landesgartenschau einen Baum.

Eine gärtnerische Reise durch die Zeiten

Schleswig – Stadt der Gärten

Die Landesgartenschau 2008 in Schleswig und der Schleiregion

Zum ersten Mal in der Geschichte des Landes Schleswig-Holstein findet eine Landesgartenschau statt, deren Durchführung man der Stadt Schleswig und der Schleiregion anvertraut hat. Bereits kurz nach der Eröffnung im Frühling 2008 konnte die Ausstellung wahre Besucherrekorde vermelden.

Das Maskottchen der Landesgartenschau 2008

Die Themengärten sind die gärtnerischen Höhepunkte auf der Landesgartenschau 2008. Die Gäste und Fachbesucher erhalten hier vielfältige Anregungen für den heimischen Garten und eine Fülle an fantasievollen Gartenideen. Neue kreative Themenwelten werden in 27 Gärten auf den Königswiesen dargeboten.
Von Haus- und Vorgärten über einen Fontänegarten und den so beliebten »Nolde-Garten« bis hin zu Rosen-, Zen- und Gräsergärten breitet sich hier die gesamte Palette der natürlichen Gestaltungskunst aus.

Der Barockgarten und der Gottorfer Globus

Der Barockgarten auf Schloss Gottorf und der wunderschöne Herkulesteich ziehen seit Kurzem wahre Besucherströme an. Im aufwendig restaurierten Barockgarten kann nun jedermann wie die Fürsten jener lebensfrohen Epoche promenieren. Die hier gezeigte verspielte Formenpracht inspiriert vielleicht auch den einen oder anderen Gartenfan zu eigenen Ideen. Das Herzstück des Gartens bildet das Globushaus, in dem der Nachbau des berühmten Gottorfer Globus präsentiert wird. Die Geschichte der Entstehung dieses barocken Kleinods ist einiger Ausführungen wert.

Kaskade im Gottorfer Barockgarten

Herzog Friedrich III. ließ ab 1637 einen neuen Garten anlegen, das sogenannte Neue Werk. Es war der erste Terrassengarten italienischer Formgebung in Mitteleuropa.
Hofgärtner Johannes Clodius (1584-1660), der mit den Arbeiten betraut war, schuf zunächst nur den Herkulesteich, ein ebenerdiges Parterre mit einem oktogonalen Pavillon und eine höher gelegene Gartenterrasse.
Friedrichs Sohn Herzog Christian Albrecht erweiterte den Garten um vier Terrassen nach Norden. Schon unter der Regierung des dänischen Statthalters verfiel der Garten zusehends. Als Schloss Gottorf 1864 zur preußischen Kaserne wurde, diente er der preußischen Garnison als Reitplatz.
Das ab 1650 errichtete Lusthaus, das nach seinem Erbauer Herzog Friedrich III. Friedrichsburg genannt wurde, besaß vier Geschosse und ragte merklich über die Gartenflächen. Die flache Dachterrasse erzeugte bei den Zeitgenossen einiges Befremden, sodass man sie als Bau »im persianischen Stil« bezeichnete.
Nach dem Nordischen Krieg beschlagnahmte Zar Peter der Große im Jahr 1713 den Gottorfer Globus, das Globushaus wurde aufgebrochen, um die Weltkugel entnehmen zu können. Mit ihrem Abtransport nach Russland und der Zerstörung des Globushauses war das Schicksal des Gartens besiegelt. Die Ruine des Hauses verkaufte man 1768 als Abbruchmaterial.
Die Rekonstruktion des Gartens, des Hauses und des Globus ist ein landesgeschichtliches Werk allererster Güte und hat das enorme Publikumsinteresse mehr als verdient.

Das Globushaus

Der Bibelgarten St.-Johannis-Kloster, Schleswig

Unter rauschenden betagten Bäumen, nur wenige Meter von der Schlei entfernt, liegt das 800 Jahre alte St.-Johannis-Kloster. Das historische Gebäude-Ensemble lädt ein zu tieferer Besinnung und ruhigen Gedanken. Der Bibelgarten, angelegt in der Manier eines Klostergartens, präsentiert einen Gang durch die Pflanzenwelt der Bibel, der Klöster und der christlichen Überlieferungen. Wein und Wermut, Judasbaum, Jakobsleiter und der biblischen Bedeutung der Alraune, des Granatapfels und der Madonnenlilie wird hier nachgespürt. Im Wegekreuz des Bibelgartens erinnert ein wasserspendender Findling an eine biblische Legende, nach der Mose auf Gottes Geheiß für sein durstiges Volk Israel mit einem Stab Wasser aus dem Felsen schlägt. Der farbenprächtige Bibelgarten geht über in den schattig-matten Skulpturengarten, in dem sieben Bildhauer und Bildhauerinnen ihre Werke zeigen. Unter schwerem wogenden Geäst erlebt man die biblischen Propheten und zukünftig auch Skulpturen biblischer Tiere in moderner künstlerischer Gestaltung.

Der Bibelgarten im St.-Johannis-Kloster

Der Museumsgarten im Volkskunde Museum Schleswig

Der Museumsgarten im Volkskunde Museum Schleswig

Der Garten des Volkskunde Museums am Schleswiger »Hesterberg« ist gleichermaßen eine Oase der Besinnung und natürliche Lernstätte. Nach historischem Muster ist ein Garten mit einem original Schleswiger Gartenpavillon aus dem Jahre 1910, einer Fliederlaube, einem idyllischen Rosenbogen und stilgerechten Metallzäunen gestaltet worden. Buchsbaumhecken umfassen die Nutzpflanzenquartiere für Gemüse, Beerenobst und Kräuter, die wiederum einen prachtvollen Blumengarten einschließen. Historische Rosen, darunter die seit 1596 bekannte Schwarze Samtrose sowie fast verschwundene Pflanzen aus Schleswig-Holsteins Bauerngärten wie Nachtviole und die duftende Pflaumenblüte sind zu bestaunen. Die Kräuterbeete werden von Pflanzen geschmückt, die bereits Hildegard von Bingen beschreibt. Essbare Genüsse liefern Gemüsesorten wie Mairüben oder der Pflücksalat »Goldforelle«, aber nach dem lehrreichen Gang durch den Garten natürlich auch das Museumscafé.

Verwunschene Winkel: die Halbinsel Schwansen

Auf der Suche nach den verborgenen Schätzen

Das Gefühl, das man bei einer Wanderung von der Schönhagener Höhe hinunter zum Schwansener See hatte, damals vor vier Jahrzehnten, als es die weiße Industrie und die Bundesmarine hier noch nicht gab, ist gar nicht so schwer zu beschreiben. Die Erinnerung ist frisch wie nach einer Woche:

»Der heiße Junitag lässt die Luft über dem noch fernen Strand flimmern, der See liegt wie eine silberne Scheibe zwischen Ostsee und den Tieflandwiesen, der Staub des Feldwegs wirbelt bei jedem Schritt auf. Der Horizont verschwimmt im Dunst, das Vieh liegt im Schatten der Knicks, ein paar Pferde traben um eine sandige Koppel. Vor dem See macht der Weg eine scharfe Biegung nach links Richtung Meer. Die Nähe des Wassers weht den Hauch von Kühle herüber. Dann steigen die ausgefahrenen Spuren wieder ein Stück an, passieren einen Hof hinter dunklen Bäumen und tauchen hinein in einen kurzen Hohlweg. Kurz danach treffen sie auf den eigentlichen Weg zum Strand. Vor einem liegt ein breiter Abhang, durch den sich der steinige Feldweg zur Nehrung hinunter windet.

Links erhebt sich die hohe Kante der Schönhagener Steilküste, die viele Meter in die Ostsee abbricht. Hier aber wird es allmählich flacher. Schilf und sumpfiges Grün säumen die ersten Wasserspuren. Näher darf man nicht an den See. Nach wenigen hundert Metern ist der Strandwall erreicht, ein Gemisch aus allen Größen von Steinen, hellem Seesand, bräunlich-gelber Erde und Strandgras

In Brodersby/Schwansen

Gut Olpenitz

Kate zwischen Karby und Winnemark

Die Kirche in Karby

Blick über die Schwonsburg auf Arnis

Ein echter verwunschener Winkel: die alte Försterei von Damp beim »Café Schau«

bildet einen nicht sehr hohen Damm zwischen See und Brandung. Der Strand ist schmal und steinig. Nur kleine Inseln mit ganz weißem Sand erlauben das ungestörte Liegen oder Wandern. Das Ostseewasser ist klar wie Kristall.

Im Süden leuchten die weißen Wohnwagen und Zelte von Schubystrand vor den grünen Wäldern von Damp. Ein paar versprengte Strandwanderer suchen in der Nähe nach Versteinerungen und Donnerkeilen. Man darf sie nicht stören, so vertieft wie sie sind. Hin und wieder entdeckt man hier sogar Bernstein, sehr viel weniger als dort hinter dem Ostseehorizont im fernen Pommern oder Ostpreußen, aber das Glück scheint größer bei einem Fund.

Der See hat seine Farbe gewechselt in grüne und bläuliche Töne. Die Sonne steht jetzt seitlich und malt schattige Fransen hinein. Ein einsames Boot schwankt auf der Gegenseite in den kurzen Wellen. Der See ist lautlos, die See aber rauscht.

Der Weg zurück über die Schönhagener Steilküste ist ein ganz anderes Erlebnis. Aus dem flachen Strand klettert der Steig plötzlich an und lässt die Brandung rechts in der Tiefe. Die Wogen donnern über die ersten Findlinge, die aus der Wand gebrochen sind. Das Lehmbraun und Lehmgelb taucht bei jeder Biegung ins Blickfeld und vor allem dann, wenn man an die Kante tritt. Die Treckerspuren reichen bis an den schmalen Pfad, die Felder werden immer schmaler, nicht viel in jedem Jahr, doch auch nicht so wenig, dass man es nicht merken würde.

Auf der Höhe scheinen sich die Blicke vom Strand darunter ganz lösen zu wollen. Aber zu sehr halten die Brecher über dem steinigen Strand die Augen in Bann. Immer wieder schaut man die Dutzende Meter hinab, vorsichtig an die Kante vorrückend, die an einigen Stellen gerade frisch abgestürzt ist. Lange Muren überziehen die Wände und stülpen ihre Wülste über den schmalen Streifen des Strandes. Man könnte auch dort unten wandern, wo

Auf Gut Karlsburg

Auf dem Gut Damp

es jetzt voller Schatten ist. Aber auf der Steilküste eröffnen sich die besten Sichten, in der Nachmittagssonne vor allem nach Norden auf die Strände von Schönhagen und Weidefeld bis zum Leuchtturm von Schleimünde. Dort mehren sich die weißen Punkte der Segler, ehe sie sich in der Schlei sammeln und auf der Ostsee verteilen.

Allmählich senkt sich der Küstenpfad wieder hinab. Schönhagen nähert sich mit seinem Strandgetriebe und der plötzlich ansteigenden Menschenschar. An den Straßenrändern und auf einer umfunktionierten Wiese parken Käfer, Kadetts, Enten und Renaults, Fahrräder liegen an den Knicks, und trotz der späteren Nachmittagsstunde streben immer mehr Leute dem Wasser zu. Die Hitze hat nicht abgenommen, es scheint sogar noch schwüler zu werden. Der Schweiß rinnt aus den Haaren. Ein Bad in den sonnenüberströmten Wellen spült ihn fort. Am Seestern umlagern die Kleinen den Eisstand, die Eltern trinken Afri Cola und Oranka, einige hocken auf den Holzbänken und essen Pommes frites. Der Niveaball an der DLRG-Station baumelt in der Brise, überall ein Gewirr von Rufen und Schreien. Am Parkplatz vorbei führt der Weg wieder über einen schmalen Strandwall. Die Autokennzeichen tragen ECK, SL, KI, FL, manchmal auch HH, K oder B. Weidefeld liegt nur ein paar Minuten nördlich und hat einen besonders schönen Strand, der sich bis auf die Nehrung hinzieht. Erste Baumaschinen haben das kommende Hafengelände schon in Beschlag genommen, Arbeiter rammen Pfähle in den Boden, Drahtrollen werden vom Laster geladen. Das Gelände, in dem man wie selbstverständlich gelaufen ist, an dessen Strand man gelegen und gebadet hat, wird nun bald abgesperrt sein.

Das Dorfdenkmal Sieseby

Am Strand von Langholz

Hofidyll im Hinterland

Die Mühle von Norby

Das Rad liegt in den Dünen und ist von der Sonne glühend heiß. Auf dem Weg nach Hause hat man den typischen Sommergedanken, wenn man jung ist: morgen gleich nach der Schule wieder hierher!

Wer den Wandel Schwansens von einer abgelegenen und verträumten Ostseehalbinsel zu einer Hochburg des Fremdenverkehrs miterlebt hat, weiß zweierlei: Erstens ist ein gutes Stück von der wundervollen Ländlichkeit für immer verloren gegangen, zweitens kann man sie noch immer finden.

Als es noch kein Ostseebad Damp mit seinen hohen Bauten und keinen Marinehafen Olpenitz gab, wusste man ja auch nicht, wie es mit ihnen sein würde. Man genoss die herrlichen Ostseesommer schon ein wenig anders. Das Land lag irgendwie unberührt da, nur Landwirtschaft und dörfliches Leben, die Strände frei, der Fremdenverkehr steckte wie man selbst in den Kinderschuhen.

Doch die Halbinsel, die ihren Namen vom beschriebenen Schwansener See (dänisch Swansø = Schwanensee) ableitet, hat ihren eigentümlichen Reiz nie verloren, sie hat ihn, wenn man so will, nur besser versteckt. Fast mag es einem erscheinen, dass darin eine Art von menschlichem Verhalten liegt. Man fühlt sich bedroht und sucht Schutz und Unterschlupf. Schwansen kann einem dieses Gefühl geben.

Unterwegs im südlichen Schwansen

Wenn man von Olpenitz durch die Feldmark über Brodersby nach Karby fährt und die Hügel hinauf- und hinabradelt, wird die Vergangenheit zur Gegenwart. Hier hat sich kaum etwas verändert. Und doch können alle Orte im modernen Tourismus bestens mithalten. Die Quartiere sind voller Komfort, die Restaurants vorzüglich, das kulturelle Angebot reizvoll und unterhaltsam.

So ergeht es einem auch in der Gegend um Waabs oder an der herrlichen Schleikante um Winnemark, Sieseby und Missunde. Und wer sich auch einmal den »Herzgebieten« der Halbinsel widmet, erlebt geradezu kleine Wunder. Nur wenige Kilometer von der 1970 erbauten Magistrale, der Schwansenstraße (B 230), tun sich ländliche Idyllen in großer Fülle auf. Eine Quertour von Bohnert über Rieseby, Barkelsby, Loose, Waabs nach Söby und Gut Damp ist in dieser Hinsicht eine kleine Offenbarung. Man entdeckt liebevoll gepflasterte Dorfstraßen, radelt an riesigen Landgütern mit ihren historischen Grenzsteinen vorüber, findet sich plötzlich in tiefen Wäldern wieder oder hört das Rad einer alten Windmühle rattern. Immer wieder blitzt das Blau der Ostsee zwischen den Baumreihen oder Rapsfeldern hervor. Dann möchte man gleich abbiegen Richtung Meer, verschwindet aber sogleich im Tal einer plätschernden Au. Die Abwechslung der Landschaft ist erstaunlich.

Das Torhaus von Gut Ludwigsburg

Manchmal kommt man der Küste ganz nah und entschwindet dann doch erneut in den Tiefen des Hinterlandes. »Nimm dir keine Karte mit, es ist spannender«, hat einmal jemand über Schwansen gesagt. Er hat recht.

An der Küste der Eckernförder Bucht liegen herrliche Strände, umlagert mit gepflegten Ferienhäusern und idyllischen Campingplätzen. In den Dörfern dahinter kann man hervorragend speisen oder einige Kunstschätze bewundern. Nicht nur die alten Dorfkirchen von Sieseby oder Waabs, auch malerische Gutsanlagen wie in Damp oder Ludwigsburg sind lohnende Ziele für Besichtigungen oder auch nur einen entspannten Rundgang. Auch die Baukultur selbst, die man bereits von außen genießen kann, ist oftmals schon einen Aufenthalt wert. An der Schlei ist das unter Denmalschutz stehende Dorf Sieseby ein wahres Kleinod lebendiger Vergangenheit, in dem das Fachwerkensemble rund um die Kirche zu einem unvergesslichen Spaziergang einlädt. Gegenüber an der Ostseeküste bei Karlsminde steht das größte der zahlreichen Hünengräber, die in der Landschaft verstreut anzufinden sind.

Das moderne Schwansen kann man am besten im Ostseebad Damp erleben, das ein breites Urlaubs-, Wellness- und Gesundheitsangebot präsentiert. Viele Deutsche kennen die Landschaft eigentlich nur durch einen Ferien- oder Kuraufenthalt hier. Das Ostseebad Damp ist der wichtigste Wirtschaftsfaktor in der Region und strahlt bis in die umliegenden Städte Kappeln, Eckernförde und Schleswig aus. Für die Einheimischen und die Gäste auf der übrigen Halbinsel stellt Damp mit seinen vielen Veranstaltungen einen abwechslungsreichen Zielort für Tagesausflüge dar.

Steilküste bei Langholz

Typischer Solitär in der Schwansener Knicklandschaft

Strandszene bei Karlsminde

Schwansen beginnt im Norden recht eng zulaufend und geht im Westen in ganzer Breite in die Hüttener Berge über. Hier, zwischen Schlei und Windebyer Noor, hat sich, was viele nicht wissen, auch ein Teilstück des berühmten Danewerks befunden. Der frühmittelalterliche Schutzwall, der das dänische Reich vor nordwärts drängenden Feinden schützen sollte, ist in Teilen noch zwischen Haithabu und Hollingstedt erhalten.

Die Menschen in Schwansen sind seit vielen Generationen geprägt vom Landleben, ob als Feldarbeiter oder als Gutsbesitzer, ob als Bauer oder Viehhändler. Einige große Höfe und Güter werden noch heute von alteingesessenen adligen Familien betrieben, darunter die Herzöge von Schleswig-Holstein und Mecklenburg.

Die Halbinsel Schwansen entwickelt ihre interessantesten Seiten eher im Unbekannten und nach innen.

Die ganze Palette der Urlaubsfarben

Das Ostseebad Schönhagen auf der Halbinsel Schwansen

Wie ein blaues Band umschließt das Wasser die Ostseehalbinsel Schwansen. Auf der dem Meer zugewandten Seite liegt das Ostseebad Schönhagen, der malerische, familienfreundliche Ferienort mit traumhaft breitem weißen Strand. Eingebettet in eine abwechslungsreiche Küstenlandschaft, nahe der romantischen Schlei, der längsten Ostseeförde, und inmitten vieler lohnenswerter Tagesziele bietet das Ostseebad Schönhagen die ganze Palette der »Urlaubsfarben«.

Der Ort selbst besitzt einige Attraktionen, die ihn für die Feriengäste unvergesslich machen. Da ist zum einen das mächtige Steilufer südlich des Hauptstrandes, das man in zweierlei Weise erleben kann. Entweder nimmt man den unteren Weg entlang des steinübersäten Brandungssaumes, von wo aus man in die teilweise recht schroffen Wände hineinblicken kann, oder man wandert oben auf dem schmalen Pfad mit den unvergleichlichen Weitsichten auf das Meer und den Schwansener See.

Die Ostseebrandung spült feine Tone und Sande aus dem Ufer heraus, die mit der Strömung im Meer verschwinden. Findlinge und gröberes Material bleiben am Steilufer zurück.

Am Strand des Ostseebades Schönhagen

Das Schloss Schönhagen in abendlichem Glanz

Strandkörbe in der Ostseesonne

Auf einer der regelmäßig stattfindenden geologischen Strandwanderungen kann der Gast mehr darüber erfahren.

Zum anderen befindet sich mitten im Dorf das Schloss Schönhagen, das eine moderne Rehabilitations-Klinik beherbergt. Das architektonische Kleinod ist zwar nicht zu besichtigen, gehört aber zum reizvollen Gesamtbild des Ortes.

Im Ostseebad Schönhagen tummeln sich die Gäste an wunderschönen Stränden und verleben entspannte Tage direkt vor der Weite der offenen Ostsee. Aktive Urlauber vergnügen sich beim Angeln, Surfen, Segeln, Tauchen oder Nordic Walking. Der über zehn Kilometer lange Badestrand, der sich von Olpenitz über Schönhagen bis nach Damp und darüber hinaus erstreckt, lädt auch zu ausgedehnten Wanderungen entlang der Küste ein.

Für die Sonnenanbeter und entspannte »Faulenzer« gibt es ausreichend Strandkörbe. Und wer nahtlos braun werden möchte, geht an den FKK-Strandabschnitt. Auch ein separater Hundestrand ist vorhanden.

Für Naturfreunde ist der Schwansener See ein reizvolles Wanderziel. Das einzigartige Reservat für eine Fülle seltener Vögel lässt sich per Fernglas live erleben. Am See entlang führt – in gebührendem Abstand – der Wanderweg nach Damp. Auch das vogelkundliche Informationszentrum im nahen Dörphof ist mit seinen 400 Präparaten und Exponaten zu diesem Thema einen Besuch wert. Das breite Übernachtungsangebot in und um Schönhagen hält für jeden Geschmack und Geldbeutel das passende Feriendomizil bereit.

Die wildschöne Steilküste südlich von Schönhagen

Touristinformation Schönhagen
Strandstraße 13 · 24398 Schönhagen
Tel. (08 00) 2 02 02 40 (kostenlos aus dem deutschen Festnetz)
Fax (0 46 44) 95 13
info@schoenhagen-ostsee.de
www.schoenhagen-ostsee.de

Ländliche Gastlichkeit mit viel Tradition

Entspannte Momente im Karbyer Komfort-Hotel und Gasthaus Nüser

Das Hotel und Gasthaus Nüser im Nordschwansener Ort Karby wird heute in dritter Generation als Drei-Sterne-Hotel von Regina und Uwe Nüser geführt. Die familiäre Atmosphäre des Hauses sowie die freundlichen und gut ausgestatteten Zimmer im Landhausstil werden ergänzt durch eine hervorragende Küche. In der gemütlichen Gaststube mit dem alten Kachelofen erwartet den Gast ein kulinarisches Angebot, das von regionalen Speisen bis zu mediterranen Spezialitäten reicht. Natürlich stehen Gerichte von fangfrischem Fisch aus Ost- und Nordsee im Vordergrund der Karte. Doch auch den einen oder anderen individuellen Wunsch erfüllt man gerne.

Diese für jeden Gast willkommenen Attribute des Hauses werden durch seine exzellente Lage nahe Schlei und Ostsee noch herausgehoben, insofern alle Attraktionen der malerischen Küstenlandschaft quasi vor der Tür liegen.

Der große Saal (bis 150 Personen) ist der gesellschaftliche Mittelpunkt der Halbinsel Schwansen. Hier, im größten Saal der Region, finden ausgewählte Kulturveranstaltungen und alle Arten von Festen und Feiern statt.

Eines der gemütlichen Komfortzimmer

Der stets gut gelaunte Wirt Uwe Nüser

Das Komforthotel in der Dorfmitte

Komfort-Hotel und Gasthaus Nüser
Inhaber Uwe Nüser
Eckernförder Straße 46 · 24398 Karby
Tel. (0 46 44) 2 20 · Fax (0 46 44) 9 78 11
gasthausnueser@t-online.de · www.gasthaus-nueser.de

Das Restaurant & Café Schau in Damp

Am Rande des Waldes und am Rande des Meeres

Nur ein paar Schritte bis zu den ersten Bäumen und nur ein paar mehr bis zum Strand: Wer kann so etwas schon aufweisen! Das Restaurant & Café Schau in Damp, im Laufe der Saison 2008 neu gestaltet, tut sich ganz leicht damit und lädt seine Gäste zu ganz entspannten Augenblicken ein. Ob auf der rustikalen Hofterrasse oder im geschmackvoll eingerichteten Café, das Wohlgefühl, Abstand zu gewinnen, ist sogleich spürbar.

Der gemütliche Gartenpavillon

Im Café, das mit viel Kunstsinn eingerichtet ist

Die Inhaberin Gabriele Marten »klönt« gerne mit den Gästen, denn sie hat viel Interessantes zu erzählen und hört auch gerne zu. Die Karte bietet selbst gebackene Kuchen und Torten sowie etwas für den kleinen Appetit. Vom 1. April bis 31.Oktober gibt es montags, außer an Feiertagen, »Kaffee und Kuchen satt«.

Gabriele Marten hat eine Reihe von Heften mit wundervollen Backrezepten herausgebracht, die im Café ausliegen und erworben werden können. Es ist sicher für die eine oder andere Besucherin ein Vergnügen, sich mit der Autorin über das »süße« Thema einmal auszutauschen.

Auf der Waldterrasse

Restaurant & Café Schau · Gabriele Marten
24351 Damp
Tel. (0 43 52) 54 31 · Mobil (01 62) 2 48 62 55
Fax (0 43 52) 91 13 08
info@hofcafeschau.de · www.hofcafeschau.de

Ein Familien- und Wellnessparadies

Urlaub im Ostseebad Damp

Das Ostseebad Damp liegt direkt an der Ostseeküste der Halbinsel Schwansen, etwa 50 Kilometer nördlich von Kiel. Der Yachthafen mit seinen rund 380 Liegeplätzen bildet das Herz von Damp, wo sich auch das Ostseehotel mit über 220 komfortablen Hotelzimmern und 188 Ferienwohnungen befindet. Ergänzt wird das Damper Angebot durch 289 Ferienhäuser im Ferienpark, der in unmittelbarer Nähe zum Ostseehotel liegt. Hier ist für jeden Geschmack etwas dabei: Paare und Senioren können sich im Hotel rundum verwöhnen lassen. Ferienwohnungen und Ferienhäuser bieten Familien alle Freiheiten für eine individuelle Urlaubsgestaltung.

Passend zum Meer wartet der Ferienort mit vielen maritimen Freizeit- und Wellnessangeboten sowie zahlreichen Wassersport-Möglichkeiten auf: Surfen und Segeln oder Beach-Walking und Aquajogging – um nur eine Auswahl zu nennen. In dem vielseitigen Angebot ist für jeden Sportler etwas dabei. Neben den bekannten Wassersportarten stehen der Trendsport Nordic Walking und Laufen ganz oben auf der Beliebtheitsskala der Damper Besucher. Die vielfältigen Laufstrecken in reizvoller Umgebung sind die ideale Voraussetzung zur Ausübung der Sportart. Alle Kurse werden auf fachlich hohem Niveau von geschulten Trainern geleitet.

Neben sportlichen Angeboten bietet das Ostseebad Damp mit seiner 4000 Quadratmeter großen Saunalandschaft des Vital Centrums eine der schönsten Wohlfühl-Oasen im Norden. Die sieben verschiedenen Saunen, zum Teil mit Blick auf die Ostsee, garantieren Erholung pur. Im Vital Centrum werden die Gäste mit Massagen, Bädern, Thalasso-Behandlungen und Beauty-Anwendungen verwöhnt. Spaß an der Bewegung steht im Fitness Center, im Erdgeschoss des Vital Centrums, an erster Stelle. Neben individuellem Gerätetraining können in verschiedenen Fitnesskursen neue Bewegungsarten unter Anleitung von professionellen Trainern ausprobiert werden. Nach dem Training lädt das Meerwasser-Schwimmbad mit Panoramablick über die Ostsee zum entspannten Schwimmen ein.

Weitere Freizeitangebote werden den Urlaubern im Fun & Sport Center und im Aqua Tropicana geboten. Das subtropische Badeparadies ist der ideale Ort für Familien mit Kindern, die sich bei 31 Grad Wassertemperatur und 29 Grad Lufttemperatur richtig wohl fühlen. Das Fun & Sport Center wartet mit Indoor-Skaterpark, Badminton-, Squash-, Tennisplätzen und Kinderparadies auf. Für alle Sportbegeisterten gibt es inzwischen nicht nur eine Driving Range und einen Adventure Golfplatz, sondern auch eine attraktive, 780 Meter lange Wasserski- & Wakeboardanlage, die Wassersportler in nur hundert Sekunden durch den Wasserpark schleppt.

Familienspaß am Strand

Das Ostseehotel direkt am Yachthafen

Das Ostseebad Damp aus der Luft

Wellness-Erholung pur

Das beliebte NordicWalking

Familienspaß im Ferienpark Damp

Wundervolle Schätze in herrlicher Natur

Gut Damp – ein Ort lebendiger Geschichte

Das Gut Damp liegt direkt an der Hauptstraße zwischen Vogelsang-Grünholz und dem Ostsseebad Damp. Der heutige Besitzer ist Graf Reventlow.
Das Gut Damp hat eine jahrhundertealte Geschichte und wurde im Jahre 1438 erstmalig erwähnt. Es gehörte zu Beginn dem Bischof von Schleswig und ist seit 1566 eigenständig. Das Herrenhaus, das schlosshaften Charakter trägt, wurde ab 1595 im Renaissance-Stil erbaut. Bis 1640 ist sowohl das Herrenhaus als auch das Kuhhaus, das heute als Veranstaltungsraum dient, mehrfach umgebaut worden. Das Herrenhaus ist ausgestattet mit sehr schönen figurenreichen Stuckarbeiten sowie mit Möbelstücken und Gemälden aus der Zeit um 1700. Berühmt ist die prachtvolle barocke Eingangshalle. Zur prachtvollen Ausstattung mit großzügiger Treppe und umlaufender Galerie gehört auch ein wunderschöner Orgelprospekt.
Das Gut Damp, ein landwirtschaftlicher Großbetrieb, wurde über Jahrhunderte geführt wie eine ländliche Kleinresidenz. Über viele Generationen sind alteingesessene Adelsfamilien des Landes an der Gestaltung dieser Gutsanlage beteiligt gewesen. Die Herren von der Wisch, die Rantzaus, die Ahlefeldts, die Reventlows. Ihrer aller wirtschaftlicher Erfolg und gesellschaftspolitische Bedeutung haben Bau und Anlage des Gutes und seine Ausstattung so wertvoll gemacht. Der Garten oder besser gesagt der Park ist als Barockgarten angelegt. Der Wirtschaftshof mit der auffallend großen Gerstenscheune und vielen anderen Stallungen wurde im 17. Jahrhundert angelegt und durch ein System von Wassergräben mit dem Herrenhaus-Ensemble verbunden.

Die Hochzeitskapelle

Das Herrenhaus, von alten Bäumen umrahmt

Gewässer, Grün und Gartenflächen bereichern die Anlage.

Das Kuhhaus begrüßt öfter Hochzeitsgesellschaften in seinen Mauern. Man schätzt das ländlich-historische Ambiente dieses Ortes und empfindet ihn als ideal zum fröhlichen Anlass passend. In der nahe gelegenen Gutskapelle finden regelmäßig kirchliche Trauungen statt.
Auf der Gutsanlage befindet sich der Antiquitätenhandel »Norbert Benz«.
Das Gut kann gelegentlich besichtigt werden.

Gut Damp
Gutsverwaltung Damp · 24351 Damp
Tel. (0 43 52) 22 03

Per pedales um die Schlei

Eine der schönsten Fahrradtouren an der Ostseeküste

Wer im Ostseebad Damp Urlaub macht, kann von hier aus auf herrlichen Wegen und Pfaden die Schwansener und Südangler Region erkunden, und zwar per pedales.

Es gibt viele romantische Fahrradstrecken im Schleigebiet. Eine der schönsten Touren soll hier vorgestellt werden. Jeder kann dann je nach den eigenen Wünschen zeitlich oder kilometermäßig abkürzen.

Die Fahrradweg verläßt Damp Richtung Nordwesten bei der Schweineweide und folgt der Landstraße über Schuby, Dörphof und Karby nach Karlsburg, dessen schlossartiges Gut eine Pause wert ist (1. Station). Es geht weiter nach Winnemark, wo kurz hinter dem Ortsausgang rechts Richtung Bienebek abgebogen wird. Die Strecke nähert sich langsam der Schlei und Gut Bienebek, das die 2. Station darstellt. Gleich danach wird das Museumsdorf Sieseby (3. Station) erreicht, wo man in einem der besten Restaurants des Landes, dem Schlie-Krog, schleswig-holsteinische Spezialitäten genießen kann und sollte.

Im Dorf Damp

Wohlversorgt führt der Weg weiter zu den Gütern Krieseby (4. Station, altes Torhaus) und Stubbe (5. Station, »schmackhafter« Obsthof und traumhafte Schleilage). Vor Stubbe ist man bereits Richtung Schleibrücke Lindaunis abgebogen. Auf der nördlichen Schleiseite führt die »Schleiuferstraße« mit wundervollen Fördeblicken direkt nach Arnis (Station 6, kleinste Stadt Deutschlands), wo die

Radfahrpause auf dem Siesebyer Anleger

berühmte »Schleiperle« zum Kaffeetrinken einlädt. (Abkürzungsmöglichkeit über die Fähre und Karby zurück). Über Grödersby und das Hüholz, das rechts liegen gelassen wird, erreicht man Kappeln mit seiner Hochzeitsmühle »Amanda«, die begehbar ist (7. Station). Die kleine Stadt besitzt ausgesprochenen Charme und eine unterhaltsame Fußgängerzone. Am Marktplatz befindet sich das aus der »Landarzt«-Serie bekannte Hotel »Aurora«, auf dessen Terrasse man Rast machen kann. (8. Station).

Allmählich wird es Zeit, wieder Richtung Damp aufzubrechen. Über die eigenwillige neue Brücke geht es süd-wärts auf die Schwansener Seite der Schlei. Ab Karby kehrt man auf der schon bekannten Route zurück nach Damp. (Länge ca. 50 km)

Die bekannte »Schleiperle« in Bad Arnis

Bei Gut Bienebek

Die Vielfalt der Erlebnisse

Gut Ludwigsburg bezaubert durch sein historisches Ambiente

Das Herrenhaus von Süden mit der Brücke

Das schlossartige Gut Ludwigsburg nordöstlich von Eckernförde besitzt nicht nur eine bewegte Geschichte, sondern ist auch heute ein reizvoller Ort für verschiedene Aktivitäten.
Ursprünglich eine mittelalterliche Wasserburg, hat die Anlage in ihrer jetzigen Gestalt eine weitgehend barocke Prägung.
Etwa von 1400 an, so erfährt man, war der Edelhof für 200 Jahre im Besitz der Adelsfamilie Sehestedt. Danach kam Gut Ludwigburg – damals noch Kohöved genannt – an das Haus Rantzau. Die Wappen der beiden Geschlechter schmücken die Außenmauer des Torhauses.
1670 ging das Gut durch Heirat über an die Familie des Generalleutnants Friedrich von Ahlefeldt. Es folgten wechselnde Besitzer, bis Baron Ludwig von Dehn das Gut erwarb und zum eigentlichen Schöpfer der noch jetzt sichtbaren Anlage wurde. Das Herrenhaus birgt seit jener Zeit wertvolle Kunstschätze, der französische Garten wurde angelegt und das Krummhaus gebaut. Und der Baron gab dem Gut seinen neuen Namen: Ludwigsburg.
Auf Umwegen gelangte das Gut 1822 wieder in die Hand der Familie Ahlefeld, die es bis 1950 in Besitz hatten. Danach erwarb die ungeteilte Erbengemeinschaft Carl das Anwesen.
Heute kann man Gut Ludwigsburg auf vielerlei Weise genießen. Entweder entspannt man sich im stilvoll gestalteten Hofcafé mit seiner herrlichen Gartenterrasse. Von hier aus hat man einen wundervollen Ausblick auf das Herrenhaus und das Geschehen rund um die Pferde.
Das Hofcafé ist in der ehemaligen Räucherei eingerichtet und bietet, auch für Festgesellschaften, einen gefühlvollen Rahmen. Kaffee und Kuchen sowie eine kleine Mittags- und Abendkarte werden hier angeboten (geöffnet 12 bis 20 Uhr, Sonntag 10.30 bis 14 Uhr Brunch mit Reservierung, Dienstag Ruhetag).

Blick von der Gartenterrasse des Hofcafés auf das Herrenhaus

Gemütliche Sitzecke im Hofcafé

Im Hofladen findet man ein umfangreiches Sortiment der gutseigenen Fleisch-Spezialitäten wie Damwild, Rehwild, Landschwein sowie verschiedene Weine und Schaffelle. Außerdem nimmt man gerne E-Mail-Bestellungen entgegen (geöffnet Montag bis Sonntag 10.30 bis 17 Uhr).
Gut Ludwigsburg bietet Räume für jeden Anlass. Im Herrenhaus kann man zwischen dem »Goldenen Saal«, dem »Gewölbe-Keller«, der »Bunten Kammer« und dem »Münchhausenzimmer« wählen.
Besondere Aufmerksamkeit verdient die »Bunte Kammer« mit ihren 170 barocken Emblemen und Sinnessprüchen. Sie ist auch als Trauungsraum nutzbar (20 Personen). Das »Münchhausenzimmer« steht als Seminarraum zur Verfügung.

Stute mit ihrem jungen Fohlen

Auf dem Gut wird ein hochwertiges Kulturprogramm von Kleinkunst über Theater und Musical bis zu klassischen Konzerten und Opernaufführungen geboten (siehe Internet).
Seit vielen Jahren werden auf Gut Ludwigsburg erfolgreich Araber, Trakehner, Holsteiner und Ponys gezüchtet, unter denen sich auch Verkaufspferde befinden. Außerdem gibt es Reitunterricht für Jung und Alt sowie Ausritte in die herrliche Schwansener Landschaft und an den Ostseestrand.
Die Ferienappartments des Gutes sind für zwei bis fünf Personen ausgelegt und mit einer kleinen Küche, Bad, TV, Doppelbett und/oder Einzelbetten ausgestattet. Feriengäste haben die Möglichkeit, sich an dem gutseigenen Privatstrand (1200 Meter), auf dem Campingplatz sowie im Park zu entspannen.

Gut Ludwigsburg · Kurt-Jürgen Carl
24369 Waabs
Tel. (0 43 58) 9 88 18 · Fax (0 43 58) 9 88 20
Mobil (01 77) 7 47 14 17
Hofcafé: Tel. (0 43 58) 98 98 33
carl@gut-ludwigsburg.de · www.gut-ludwigsburg.de

Was ist eine Heuherberge und was ist eigentlich SwinGolf?

Das »Hole-in-one«-Bistro am SwinGolf-Platz

Auf Gut Sophienhof in Waabs gibt es eindrucksvolle Antworten

Das Leben kann Spaß machen. Und Urlaub auch. Auf Gut Sophienhof in Waabs hat Johannes Thomsen einiges dafür getan, dass die Freude am Dasein auch hier stattfindet. Und zwei Fragen, nämlich die aus der Überschrift, hat er bestimmt häufig genug gehört. Trotzdem: zunächst einmal in medias res!

Eine Nacht im Heu ist eigentlich ein Begriff aus der Heimatfilmwelt, aber in der Heuherberge auf Gut Sophienhof gewinnt er eine, zumindest in den allermeisten Fällen, etwas andere Bedeutung. Heuherberge heißt Übernachten in herrlich einfachen Verhältnissen. Auf dem Sophienhof geschieht dies in einem ehemaligen, rustikal umgestalteten Pferdestall. Hier schläft man warm und gemütlich im Heu. Es gibt insgesamt 32 Schlafplätze auf sechs einzelne Kammern verteilt, Schlafsack genügt! Mitreisende Allergiker können im separaten Blockhaus nächtigen. Die sanitäre Ausstattung entspricht dem modernen Standard und wurde nach den erforderlichen Richtlinien einer Herberge gebaut. Der große Aufenthaltsraum dient gleichzeitig als Essraum. Dort gibt es auch Bücher und Spiele für einen gemütlichen Familienabend. Draußen um die Herberge haben die Kinder jede Menge Platz zum Toben und Herumtollen. Spielplätze, Kettcars, Tischtennis, Tischfußball, Stroh-Tobekammer, Streicheltiere und ein Bolzplatz ergänzen das »Kinder- und Jugendangebot«. Ein Grillplatz mit Terrasse sowie eine Lagerfeuerstelle im Freien laden zu romantischen Abenden ein. Bei Regenwetter findet das Lagerfeuer in einem original Indianer-Tipi statt. Die Heu-Herberge Gut Sophienhof besitzt übrigens fünf Sterne!

Und SwinGolf? Diese faszinierende Freizeitaktivität stammt ursprünglich aus Frankreich, wo sie seit 1991 als offizieller Schulsport anerkannt ist. SwinGolf ist aus ökologischer Sicht sehr positiv zu bewerten, da keine Düngung, kein Herbizideinsatz und keine Strukturveränderungen an der Fläche durchgeführt werden. Ziel des Spiels ist es, einen Ball mittels eines Schlägers vom Abschlag über eine Spielbahn mit verschiedenen Längen in ein Loch zu befördern. Es ist dem »normalen« Golf nur sehr begrenzt ähnlich.

Man spielt SwinGolf zum Beispiel durchgängig mit nur einem Schläger, die Löcher sind deutlich größer, die Spielregeln einfacher. Es ist keine Platzreife erforderlich und insofern sehr familienfreundlich, als es wesentlich preiswerter ist. SwinGolf darf als zukünftiger Breitensport betrachtet werden. Es ist auch keine Clubmitgliedschaft üblich oder nötig.

Die Heu-Herberge

Johannes Thomsen erklärt das Spiel.

Die SwinGolf-Anlage auf Gut Sophienhof

Die wunderschöne Sophienhofer ist umsäumt von Knicks, Biotopen und herrlicher Natur. Auf dem 14 Hektar großen 18-Loch-Platz mit Bahnlängen von jeweils 80 bis 220 Metern kann die ganze Familie das SwinGolf-Spielen erlernen. Man spielt vom Abschlag über die »Fairways« (Spielbahnen) bis hin zum »Green«, wo der Ball dann (früher oder später) in ein 30 Zentimeter großes Loch fällt.

Ein Ferienaufenthalt oder ein Tagesbesuch auf Gut Sophienhof ist ein natürliches Stück Lebensfreude.

Heu-Herberge & SwinGolf Sophienhof
Anke und Johannes Thomsen
Gut Sophienhof · 24369 Waabs
Tel. (0 43 58) 10 25 · Fax (0 43 58) 99 99 92
heu-herberge@t-online.de
www.heuherberge-waabs.de
www.swingolf-waabs.de

Sich rundum wohl fühlen im Hotel und Restaurant Waabs-Mühle

Ein Ostseeblick wie einst der Müller

Wer von der Terrasse oder aus den Fenstern über die Schwansener Landschaft auf die blaue Ostsee blickt, spürt im Hotel und Restaurant »Waabs-Mühle« schon den Beginn von Erholung und Entspannung. Zur herrlichen Lage kommt das exzellente gastronomische Angebot, das Einheimische wie Gäste gleichermaßen zu schätzen wissen.

Ob zum Mittag- beziehungsweise Abendessen mit vornehmlich regionaler Speisekarte oder zur gemütlichen Kaffeestunde am Nachmittag mit selbst gebackenem Kuchen, kulinarisch bleiben hier keine Wünsche offen. Die stilvoll gestalteten Räumlichkeiten strahlen die Behaglichkeit aus, in der man sich gerade beim Essen und vertrauten »Klönen« wohl fühlt. Selbst an die Raucher ist mit einer eigenen Lounge gedacht.

Eines der komfortablen Doppelzimmer

Der Chef Michael Brief zapft ein erfrischendes Bier.

Das Hotel und Restaurant Waabs-Mühle in malerischer Kulisse

Das familiär geführte Hotel lädt mit seinen komfortablen Zimmern zu einem Ostseeurlaub inmitten einer landschaftlich einmaligen Ostseeregion ein. Es verfügt über sechs Doppelzimmer, ein Einzelzimmer und ein Twin-Zimmer mit zwei getrennt stehenden Betten. Dies ist auch als Familienzimmer mit Zustellbett zu nutzen. Alle Räume sind frisch renoviert und modernisiert und besitzen DVBT-Fernseher. Aus einigen Zimmern hat man einen herrlichen Blick über die Felder bis zur Eckernförder Bucht.

Interessante Tagesziele wie Eckernförde, Damp, Schleswig oder Kappeln an der Schlei sind nur wenige Autominuten entfernt. Und einige der besten Strände liegen quasi vor der Tür.

Auch für besondere Anlässe wie Familienfeiern, Jubiläen und Ähnliches ist das Hotel Restaurant »Waabs-Mühle« eine hervorragende Adresse. Im rustikalen Mühlenraum ist Platz für Gesellschaften bis etwa 55 Personen, im Clubraum bis zu 25 Personen. Der Küchenchef kreiert gerne ein Festmenü ganz nach den jeweiligen Wünschen. Man sollte sich im Hotel und Restaurant »Waabs-Mühle« ruhig einmal verwöhnen lassen ohne den Stress einer eigenen Festvorbereitung!

Auf der Mühlenterrasse mit dem weiten Blick zur Eckernförder Bucht

Hotel und Restaurant Waabs-Mühle
Inhaber: Michael Brief
Mühlenstraße 26 · 24369 Waabs
Tel. (0 43 52) 22 66 · Fax (0 43 52) 91 16 69
anfrage@hotel-waabs-muehle.de
www.hotel-waabs-muehle.de

Foto: Christian Asbrock, airspective

Die großen und die kleinen Gedanken

Was macht man, wenn auf einmal etwas noch eben völlig Unwichtiges zur Hauptsache des Lebens wird? Man hat kaum daran denken können bislang, so schleierhaft und diffus waren die Umrisse, so unsichtbar das Andere, das Wesentliche. Man grübelt eine lange Weile mit den Augen ins Leere. Tief im Innern ist es ganz still. Fast unmerkliche Erschütterungen weitab heben die Sohlen millimeterweise an. Es ist ein leises Grollen von Süden, heraus aus den Wiesen und Wäldern. Alle warten: die Motorboote und Segler, die Fahrradfahrer, die Wanderer, die Autos, die ausgestiegenen Leute, der Bus. Straße und Wasser haben Rot.
Er schießt nicht aus dem Dunkel heran. Er kommt aus der Sonne.
Man stößt fast dagegen, wenn man sich vorbeugt, und macht doch unvermittelt halt. Eine innere Schranke hemmt unseren Schritt und wir lassen die großen Gedanken vorüberrauschen wie die Waggons dieses langen Zuges.
Dann hebt sich die Schranke mit unwilligem Quietschen und Knarren und der Weg ist wieder frei für die kleinen Gedanken.

Wonach taucht der Taucher?

Es gibt Elemente, die uns Menschen nahe stehen, und es gibt Elemente, die uns ferner liegen. Feuerspringer sind weltweit wesentlich seltener als Schwimmer oder gar Taucher. Letztere haben ohne Zweifel zurückgefunden in archaische Tiefen. Gemeint sind zunächst nicht die realen Wassertiefen, die der Taucher durchquert und erkundet, sondern das erste und nie wieder erschienene Urerlebnis am Anfang unseres Daseins.
Wir sind zwar von Geburt her keine Taucher, aber von der Zeugung her. Die neun Monate zu Beginn des Lebens waren wir Taucher in der Fruchtblase des eigenen Embryos, die uns einhüllte und mit ihrem ständig rauschenden Wasser umspülte und schützte.
Erinnern wir uns unbewusst an jene Monate der mütterlichen Tiefe, wenn wir zu jährlich Abermillionen an die Strände dieser Welt strömen, um die Laute der Brandung zu genießen? Ist uns dieses Ge«räusch« nicht unendlich vertraut?
Und wenn wir das Element dann betreten und in die Wellen eintauchen, spüren wir das wogende Wasser auf der Haut wie damals, als unsere Empfindungen begannen. Und genau das ist es, was den Menschen wohl wirklich ins Wasser zurückzieht: die embryonale Erinnerung.
Oder gibt es da noch etwas?
Jeder Meereskundler weiß darum, dass der Salzgehalt des menschlichen Blutes ziemlich genau dem mittleren Salzgehalt der Weltmeere entspricht. Und hier steigen wir ab in die oben erwähnten archaischen Tiefen, in die Abgründe unserer eigenen Menschheitsgeschichte. Irgendwo da unten liegt das für das Alltägliche unwichtige Geheimnis der Wasserphase des Menschen, eingewoben in die Tentakel der Urzeit, umwogt von der unerforschlichen Rezeptur der urirdischen Gewässer, gefangen in den unerbittlichen Schritten der Evolution.
Also: Wonach taucht der Taucher?

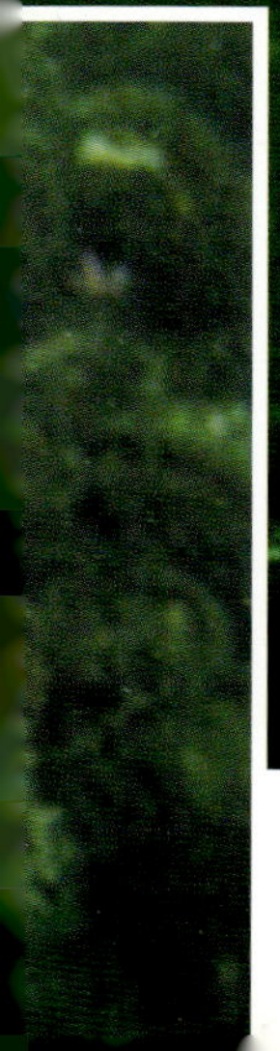

Das Museum Eckernförde im historischen Rathaus

Von Schiffsexplosionen, Kieler Sprotten und Urgroßmutters Bademode

(Fotos: Claus Göhler, Studio für Fotografie, Schleswig)

Die noch junge Geschichte des Museums Eckernförde, aufbauend auf vorheriger Sammlungen und Ausstellungen, beginnt 1987, als das von Grund auf renovierte alte Rathaus für diesen Zweck zur Verfügung gestellt werden konnte. Die Räumlichkeiten an diesem historischen Ort im Zentrum der Stadt dürfen als ideal gelten. Der Kernbau wurde um die Mitte des 15. Jahrhunderts vermutlich als »Zeughaus« errichtet, später mehrfach umgebaut und erweitert. Besonders erwähnenswert ist der etwa 210 Quadratmeter große, das gesamte Obergeschoss einnehmende Bürgersaal. Er diente als Versammlungssaal für den Rat der Stadt, für die Gilden und Zünfte, für Gerichtsverhandlungen und Hochzeiten der Bürger.

Elektrowerkstatt aus der Sammlung Wesnigk

Im alten Kolonialwarenladen

Beginnend mit der Dokumentation archäologischer Stadtforschung werden im ehemaligen Bürgersaal Einblicke in die Geschichte der Stadt von ihren Anfängen bis nahezu in die Gegenwart gegeben.

Im Verlauf der schleswig-holsteinischen Erhebung fand am 5. April 1849 ein dänischer Landungsversuch vor Eckernförde statt, an dessen Ende das dänische Linienschiff »Christian VIII.« unter nicht eindeutig geklärten Umständen explodierte. Hiervon wird mit eindrucksvollen Bildern und Relikten berichtet.

Im Dachgeschoss des Museums geht es um die Zeit zwischen Weimarer Republik und dem Wirtschaftswunder. Das Schicksal Tausender von Flüchtlingen aus Pommern und Ostpreußen, die am Ende des Krieges nach Eckernförde strömten, ist hierbei besonders berücksichtigt.

Unter dem Motto »Leben damals« werden Arbeitswelt, Badeleben und elektrotechnische Entwicklung in Haus und Betrieb dargestellt. Fischfang wurde in Eckernförde seit Jahrhunderten betrieben, doch erst der Fischverarbeitungsindustrie mit den berühmt gewordenen »Kieler Sprotten« verdankt die Stadt ihre wirtschaftliche Blüte. Gezeigt werden neben Netzmodellen und Fischereigerät auch Gegenstände aus Räuchereibetrieben. Produkte wie Kautabak unter anderem von Eckernförder Firmen sowie ein bis um 1980 betriebener Kolonialwarenladen stehen für andere Zweige der Eckernförder Wirtschaft, für Handel und Gewerbe.

Über 160 Jahre ist die Geschichte des Ostseebades Borby-Eckernförde. Was in Borby mit einem kleinen Badehaus begann, ist inzwischen zur sogenannten »weißen Industrie« und damit zu einem bedeutenden Wirtschaftsfaktor der Stadt ausgewachsen. Der Wandel der Bademoden, Reiseandenken und vieles mehr veranschaulichen diesen Bereich der Stadtgeschichte.

Vier Räume sind Gemälden von Eckernförder Künstlern des 19. und 20. Jahrhunderts (Baasch, Fiebig, Thöming, Streckenbach) sowie den Stadtansichten des Berliner Malers Carl Bössenroth gewidmet.

Anhand der Privatsammlung Immo Wesnigk wird eine kleine Kulturgeschichte der Elektrizitätsanwendung erzählt.

Bis zu sieben Sonderausstellungen pro Jahr zu Kunst, Kunsthandwerk und Geschichte ergänzen die ständige Präsentation.

Das Museum Eckernförde

Die älteste Stadtansicht vom Anfang des 17. Jahrhunderts

Öffnungszeiten:

November bis April:
Dienstag bis Samstag 14.30 bis 17 Uhr,
Sonntag 11 bis 17 Uhr, feiertags 14.30 bis 17 Uhr,
24., 25., 31. Dezember und 1. Januar sowie Karfreitag geschlossen

Mai bis Oktober:
Dienstag bis Samstag 10 bis 12.30 Uhr
und 14.30 bis 17 Uhr, Sonntag 11 bis 17 Uhr,
feiertags 14.30 bis 17 Uhr

Führungen für Schulklassen und andere Gruppen nach Vereinbarung, museumspädagogische Projekte (2,5 bis 3 Std.) für Schulklassen zu verschiedenen Themen (bitte Prospekt anfordern)

Museum Eckernförde
Rathausmarkt 8 · 24340 Eckernförde
Tel. (0 43 51) 71 25 47
museum-eckernfoerde@gmx.de
www.eckernfoerde.net/museum

Ankommen und Genießen

Das Hotel Alte Fischereischule in Eckernförde

Die Aussichtsterrasse

Die Sonnenwiese

In traumhaft schöner Hanglage mit einem einmaligen Blick über die Eckernförder Bucht ist das Hotel Ausgangspunkt für interessante Unternehmungen in die Umgebung oder Ruhepunkt für diejenigen, die Erholung suchen.
Das moderne und geschmackvoll eingerichtete Haus bietet 13 komfortable Zimmer mit freundlicher Wohlfühl-Atmosphäre und bester Ausstattung. Die Sauna, die gerade auch an trüben Tagen

Der unvergleichliche Ostseeblick

Der Eingang des Hotels

müde Geister munter macht, steht selbstverständlich kostenlos zur Verfügung.
In nur 5 Minuten Fußweg erreicht man den Ostseestrand, der zu einem erfrischenden Bad oder einem erholsamen Strandspaziergang einlädt.
Die Gäste des Hauses wissen es auch zu schätzen, dass sie hier einen kostenlosen Fahrradverleih zur Verfügung haben. Außerdem steht für sie in der Lobby ein kostenloser Internetzugang zur Verfügung. Wer im Hotel Alte Fischereischule ein Seminar oder eine andere geschäftliche Veranstaltung durchführen möchte, findet hier technisch voll ausgerüstete Räume in einer freundlichen und offenen Atmosphäre. Der lichtdurchflutete Seminarraum »Seewind« (60 Quadratmeter) mit Panoramablick auf die Ostsee bietet Platz für 30 bis 70 Personen.
Egal welche Art von Aufenthalt man bucht, das Hotel Alte Fischereischule ist eine empfehlenswerte Adresse.

Hotel Alte Fischereischule
Sehestedter Straße 77
24340 Eckernförde
Tel. (0 43 51) 7 16 60
Fax (0 43 51) 71 66 20
fischereischule@t-online.de
www.hotel-alte-fischereischule.de

Dann sprang der Wind auf Nordost um ...

Die Ostseesturmflut vom 13. November 1872

Was man sonst nur von der ungestümen Nordsee kennt, ereignete sich am 13. November 1872 in Eckernförde und an der umliegenden Ostseeküste. Die Sturmflut kündigte sich Tage zuvor zunächst mit einem steifen und noch ungefährlichen Westwind an. Am 10. November sprang der Wind auf Nordost um, trieb mit wachsender Stärke die Wassermassen in die Förde und nahm zwei weitere Tage bis auf Orkanstärke zu.
Am 12. November standen die ersten Anlagen in Borby unter Wasser. Der Noordamm zeigte einen Riss.
In den Morgenstunden des 13. November gab es dann kein Halten mehr. Um 8 Uhr brach der Steindamm und die Wasserströme ergossen sich ins Noor. Fischerboote, das Badefloß und Lagerhölzer wurden mitgerissen. Kurz nach 16 Uhr erreichte das Wasser seinen Höchststand, der Wind drehte auf Ost und der Pegel begann zu fallen. Gegen Mitternacht herrschte wieder normaler Wasserstand.

Historische Flutmarke in der Altstadt (Frau-Klara-Straße)

Die Ostseesturmflut in Eckernförde (Zeitgenössische Postkarte, Stadtarchiv Eckernförde)

Am anderen Morgen wurde das ganze Ausmaß der Verwüstung sichtbar: Die Schiffbrücke lag übersät von Holztrümmern, längs dem Jungfernstieg waren viele Häuser zerstört, insgesamt wurden 78 Gebäude in Eckernförde völlig vernichtet, etwa 138 stark beschädigt. In Borby sah es ähnlich schlimm aus. Pioniere aus Rendsburg errichteten zum Behelf eine Pontonbrücke, die am 16. November fertiggestellt war. Erst am 30. Juni 1875 konnte der renovierte Steindamm seiner Bestimmung übergeben werden. Die neue Holzbrücke über den Hafen wurde allerdings schon am 21. Dezember 1872 eingeweiht. Die Schadenssumme belief sich auf 344 000 Taler. Viele Bürger und die Stadt selbst erhielten angemessene Ausgleichszahlungen für ihre Verluste.

Ein Blick in die Vielfalt der Galerie

Gemälde und Grafiken von über 70 international bekannten Künstlern

Das KUNSThAUS ECKERNFÖRDE – eine Galerie mit vielen Überraschungen

Das KUNSThAUS ECKERNFÖRDE

In Eckernförde sollte man als Kunstinteressierter das KUNSThAUS ECKERNFÖRDE im Gewerbegebiet Nord unbedingt aufsuchen. Sie ist die älteste Galerie im Land und bietet mehr als man erwartet: Gemälde und Grafiken von über 70 international bekannten Künstlern, viele Werke davon in DesignerRahmen vom Galeristen und Künstler Uwe Svensson.

Alte Stadtansichten, Landkarten und dekorative Darstellungen sowie den eigenen TraumSpiegel findet man im SpiegelZimmer. Wenn nicht, dann bietet das KUNSThAUS ECKERNFÖRDE die WunschspiegelAnfertigung. Konservierende BilderEinrahmungen mit säurefreien Materialien und perfekten Techniken und das künstlerische Einfühlungsvermögen für die farblich harmonische Übereinstimmung zwischen Kunstwerk, Passepartout und Rahmen beruhen auf einer langjährigen Erfahrung. Im KUNSThAUS ECKERNFÖRDE wird der Kunde nicht nur von Meister Svensson beraten, er führt auch alle Arbeiten persönlich aus.

KUNSThAUS ECKERNFÖRDE
Amselweg 3 (Gewerbegebiet Nord)
24340 Eckernförde
Tel. (0 43 51) 8 36 55 · Fax (0 43 51) 8 69 18
kunsthaus-eckernfoerde@t-online.de
www.kunsthaus-eckernfoerde.de

Auf der »M/S Simone R.« ist Fangerfolg Ehrensache

Hochseeangeln auf der Ostsee mit dem Eckernförder Fischermeister Lutz

Claus Lutz, der 30-jährige Erfahrung in der Fischerei besitzt, ist in Eckernförde und den Nachbarhäfen ein Begriff. Das Wissen und Können des Fischermeisters sichert das Auffinden ertragreicher Fanggründe. Dies ist für Stammgäste wie Anfänger ein gutes Gefühl. »M/S Simone« ist mit den modernsten Geräten ausgerüstet, wodurch der Fangerfolg nicht dem Zufall überlassen bleibt.

»M/S Simone«

Leihangeln und das erforderliche Zubehör gibt es direkt an Bord und Eis zum Frischhalten des täglichen Fangs kostenfrei vor dem Auslaufen. Auch Filetierbretter zum Versorgen der Fische sind in ausreichender Anzahl vorhanden. Und bei allen Fragen rund um das Angelgeschehen erhält man fachliche und manchmal tatkräftige Hilfe vom Chef persönlich.

Wenn nach dem morgendlichen Begrüßungskaffee Stadt und Küste zurückweichen, beginnt ein ausgiebiges Meeresvergnügen. Dabei steht natürlich das Hochseeangeln im Vordergrund, doch die Gäste genießen die Zeit in der frischen Ostseebrise auch anderweitig. Man beobachtet die Natur, die Küste oder die vorbeikommenden Schiffe.

Im komfortablen beheizten Aufenthaltsraum für 50 Personen trifft man sich zu zünftigen Speisen und Getränken und tauscht seine Borderlebnisse aus. Eine Fangfahrt mit Fischermeister Lutz ist ein unvergessliches Ostseeerlebnis.

Eine Unterkunft kann man übrigens direkt bei Fischermeister Lutz buchen.

Abfahrt täglich 7 Uhr ab Eckernförde Fischereihafen, Rückkehr etwa 17 Uhr.

Claus Lutz, Fischermeister
Fischerstraße 2 · 24369 Langholz
Tel. (0 43 52) 21 87 · Mobil (01 71) 2 09 65 27
Fax (0 43 52) 17 35
info@hochseeangeln-eckernfoerde.de
www.hochseeangeln-eckernfoerde.de

Auf dem Meeresgrund spazieren gehen

Das neue Ostsee Info-Center am Eckernförder Strand

Das spektakuläre Fühlbecken im Zentrum der Erlebnis-Ausstellung (Foto: ecomeda medienagentur)

Am 10. Mai 2008 hat das neue Ostsee Info-Center Eckernförde – direkt am Meer – seine Pforten geöffnet.
Wer eintritt, ahnt kaum, welche Vielfalt an Themen hier dargestellt ist.
Drei Aquarien zeigen die Unterwasserwelten der Ostsee von der Flachwasserzone über den Steingrund und die Seegraswiese bis ins Tiefwasser. Durch den Erlebnistunnel geht ein virtueller Spaziergang über den Grund der Eckernförder Bucht. Ein Landschaftsmodell zeigt Steilküste, Salzwiese und Strand. Und an der Wand der Sinne kann man Meerestypisches hören, gucken und fühlen. Mit der Klara, einem restaurierten Kutterhaus aus den dänischen Küstengewässern, lässt sich eine simulierte Fangfahrt auf der Eckernförder Bucht erleben.
Im Zentrum des Ostsee Info-Centers steht das Fühlbecken, ein 3 mal 4 Meter großes, 90 Zentimeter hohes Aquarium. Die Wassertiefe beträgt 40 Zentimeter. Das Becken ist so konzipiert, dass sich die hier lebenden Meerestiere zurückziehen können. Dies gibt die Möglichkeit, größere Fische, zum Beispiel Plattfische, einzubringen. Die Beckenwände sind aus Glas: Der seitliche Blick über den lebendigen Grund des Aquariums vermittelt einen unvergleichlichen Eindruck. Neben dem Gucken besteht jedoch vor allem die Möglichkeit, die in dem Becken lebenden Pflanzen und Tiere zu fühlen. So können die Gäste den Plattfischen über die Haut streichen, die Strandkrabben fassen und spüren, wie sich die Seesterne auf ihrer Hand festsaugen. Der Betrieb des Fühlbeckens wird ständig durch eine Fachkraft begleitet. Nicht durch Schilder und Texte werden die Tiere und Pflanzen, ihre Lebensgewohnheiten und Lebenszusammenhänge erfahren, sondern durch die geführte Begegnung.
Für die eigenen wissenschaftlichen Erkundungen stehen Mikroskope und Binokulare zur Verfügung. Spannende Filmvorführungen ergänzen das Wissensangebot.
Von der Dachterrasse – auf der ein kleiner botanischer Garten die typischen Pflanzen der Ostseestrände zeigt – kann man die Eckernförder Bucht live erleben und mit der virtuellen Realität vergleichen. Bistro und Shop runden das Angebot im Ostsee Info-Center ab.
Von Mai bis September wird das Erlebnisprogramm »Tiere und Pflanzen im Flachwasser« für Gruppen nach Anmeldung durchgeführt. In den Monaten Juli und August läuft der Kurs jeweils am Dienstag und Donnerstag von 10 bis 12 Uhr für alle interessierten Gäste, ebenfalls auf Anmeldung. Fang-Fahrten mit dem Fischkutter Ecke 4 können über das Ostsee Info-Center oder direkt beim Fischer Eckhard Michelsen gebucht werden.
Über die Termine der geologischen und vogelkundlichen Wanderungen sowohl für Gruppen als auch für Gäste erhält man vor Ort die erforderlichen Informationen. Im Juli und August wird der Veranstaltungsraum in ein Kinderhaus verwandelt, in dem an allen Werktagen ein abwechslungsreiches und kreatives Familienprogramm stattfindet. Das Ostsee Info-Center ist täglich von 10 bis 18 Uhr geöffnet.

Ostsee Info-Center
Betreiber: Umwelt Technik Soziales e. V.
Jungfernstieg 110 (Am Seesteg) · 24340 Eckernförde
Tel. (0 43 51) 72 62 66 · Fax (0 43 51) 7 18 30 47
info@ostseeinfocenter.de
www.ostseeinfocenter.de

Diorama mit Steilküste, Salzwiese und Strand (Foto: ecomeda medienagentur)

Eingang des Ostsee Info-Centers nahe Strand und Hafen (Foto: ecomeda medienagentur)

Das historische »Porticus« am Nordermarkt in Flensburg

Das Restaurant »Borgerforeningen« in Flensburg

Lebensfreude inklusive

Wohlig wohnen – zauberhaft speisen

Im Fördenland geht eigentlich jeder Urlaubswunsch, der das ideale Feriendomizil oder das gute Essen und Trinken betrifft, in Erfüllung. Eigentlich heißt: Man muss manchmal ein wenig Spürsinn und Geduld entwickeln, um das Passende zu finden. Es ist aber auf jeden Fall vorhanden.

Gerade in der sogenannten und in Wahrheit gar nicht so weltfernen Provinz entdeckt der Gast die ersehnte kleine Pension am Dorfrand, das malerische Hotel mit Wasserblick, von dem man immer geträumt hatte, oder das Ferienhaus mitten im Naturpark, wie geschaffen für die junge Familie. Dazu bekommt man sehr bald heraus, wo es die besten Restaurants und Cafés gibt.

Der stilvolle Landgasthof Nüser in Karby (Nordschwansen)

Die Ostseelandschaft an den Förden besitzt eine ganz eigene Mischung aus Ruhe, Geselligkeit, Kultur, individueller Lebensart und einer so einmaligen Natur, dass Erholungssuchende sich rundum wohlfühlen und gerne wiederkommen. Gerade der Stress des Arbeitsalltags und einer anstrengenden Umwelt fällt gleich nach der Ankunft von einem ab und es beginnt eine erlebnisreiche und erfüllte Zeit.

Das hiesige gute Maß der Dinge ist der Erholungsfaktor Nummer eins. Dies beginnt schon beim Kontakt mit den Menschen vor Ort, die schon immer der Welt zugewandt waren, ohne ihre Eigenart zu verleugnen. Ob durch die Einwanderer aus anderen deutschen und europäischen Regionen, die man mit Freundlichkeit integrierte, ob durch die eigene Erfahrung auf den Meeren als Handeltreibender oder Kapitän oder als Lehrling in fernen Städten, die Fördeländer sind offene Menschen.

Der Urlaubsgast kann sicher sein, dass man sein Bedürfnis nach Entspannung und Abwechslung versteht. Wer als Einheimischer in der Saison die Restaurants und Cafés besucht und viel mehr Bayerisch, Schwäbisch oder Sächsisch als »Plattdüütsch« hört, freut sich mit den Menschen, wie sehr sie ihre Ferien genießen.

»Haben Sie vielleicht noch einen Geheimtipp?«

Wie neugierig die Gäste sind! Sie studieren mit Akribie die Speisekarten und Prospekte, fragen die Einheimischen nach tausend Dingen, interessieren sich eigentlich für alles, was es bei ihnen zu Hause nicht gibt. Die Hauptthemen sind natür-

Am Kappelner Hafen

Das Hotel Kieler Yacht Club am Hindenburgufer

Café-Restaurant auf Gut Salzau in der südlichen Probstei

Himmelfahrtsgrillen am Schaalby Krog bei Schleswig

lich die Spezialitäten und Sehenswürdigkeiten des Landes, die Schiffstouren, die Schlösser, die Museen, aber auch die schönsten Strände und interessantesten Veranstaltungen. Schließlich kommt häufig noch die Frage: »Und? Haben Sie vielleicht noch einen Geheimtipp?«

Und dann geschieht das, was andere Einheimische in der Nähe doch meistens mit einem wissenden Lächeln begleiten: Man empfiehlt eine Unterkunft oder ein Lokal, ein Heimatfest oder ein Museum, das hier eigentlich so bekannt ist wie ein bunter Hund. Trotzdem: Die Leute sind zufrieden. Sie haben zwar keinen wirklichen Geheimtipp erhalten – diese sind inzwischen so rar wie farbige Diamanten – doch es war gewiss ein lohnender Wink in die richtige Richtung. Etwas anderes würde man ja ohnehin nicht tun.

Gute Gäste, so mag man denken, sind dauernd auf Achse und erkunden die vielen idyllischen Winkel, folgen den Ratschlägen ihrer Hoteliers und Wirtsleute, »erradeln« sich die Umgebung und kehren mit reichen Eindrücken zurück in ihr Quartier.

Und immer zieht es die Leute ans Wasser, an die Strände und Häfen, auf die Ausflugsschiffe, zu den Heimatfesten und Fischmärkten. Sie treffen sich auf den Seepromenaden, in den Restaurants und Straßencafés, sie lassen den Urlaubstag bei einem gepflegten Glas Wein oder einem nordischen Bierchen ausklingen, wie er begonnen hat: frei und voller Urlaubsstimmung!

Doch es geht auch anders – und zwar mit ebenso viel Freude und Genuss. Es ist die herrliche Natur, die auf viele Gäste so unwiderstehlich wirkt und in der sie sich am liebsten erholen, oftmals weitab vom Urlaubstrubel der Küstenorte. Sie lieben die Abgeschiedenheit und Stille der Steilküsten, der Wälder und Moore, der idyllischen und menschenleeren Uferwege, das Schlagen der Brandung an einsamen Stränden und all die anderen Stellen der Einkehr und Besinnung. Sie werden gern eins mit den Schönheiten der Fördenlandschaft. Ein solches Gefühl ist nicht nur erholsam, es ist heilsam!

Und für eben diese Gäste existieren tatsächliche Geheimtipps: Plätze, die nur der Kundige weiß, Ausblicke, die man sich manchmal mühsam erwandern muss, Häuser voller Eigenart, die an keiner befahrenen Straße liegen, Kostbarkeiten der Fauna und Flora. Von ihnen können die Einheimischen auch selbst viel lernen. Und manchmal werden lebenslange Freundschaften daraus.

Quartiere mit Herz und Qualität

Von Alsen bis zur Probstei, von der Schleswiger Geest bis auf die Halbinseln der Ostsee, überall haben sich die Feriendomizile in den letzten Jahrzehnten weiterentwickelt und bieten den Gästen ein Wohngefühl ganz nach Wunsch. Und der kann natürlich sehr unterschiedlich sein.

Vom Nobelhotel mit mehreren Sternen über die gutbürgerliche Hotel-Pension bis zum privat vermieteten Zimmer mit Frühstück ist alles vorhanden, was das Herz begehrt – ob mit Wasserblick, Waldblick oder Aussicht auf den Bauernhof. Hinzu kommen überall die Ferienappartements in sämtlichen Klassifizierungen. Auch für die Camping- und Wohnmobilfreunde ist im Fördenland bestens gesorgt.

Der malerische Campingplatz Nordstern in Nordgaardholz

Werbeschild in Maasholm

Das Landhaus Börmoos in Habernis

Das Intermar-Hotel am Glücksburger Fördestrand

Die vielen kleinen Halbinseln in Nordangeln besitzen beispielsweise ganz verschwiegene Unterkünfte, naturnah und oftmals direkt am Meer gelegen. Schon die einsamen Zufahrten lassen die Erwartung steigen, die dann allerdings mehr als erfüllt wird. Oder mitten in Eckernförde, nur wenige Schritte vom weißen Badestrand entfernt, findet sich eine malerische Ferienwohnung im Hinterhof, dort, wo früher einmal Netze geflickt und Fische geräuchert wurden.

Man kann auch herrschaftlich-gemütlich wohnen auf den wunderschönen Gutshöfen der Gegend, etwa auf den Gütern Östergaard bei Gelting, Oehe an der Ostsee bei Maasholm, Stubbe an der Schlei oder Ludwigsburg nordöstlich von Eckernförde. Ferien auf dem Bauernhof werden in der ganzen Region mit einem hohen Standard angeboten, auch auf Reiterhöfen. Hier macht man entweder seine ersten Erfahrungen mit dem Landleben oder bildet seine Reitkünste fort.

Exzellente Hotels mit viel Komfort und kreativen Freizeitideen erwarten ihre Gäste an den Förden und im idyllischen Hinterland. Dabei wird immer mehr auf die ganzheitliche Erholung von Körper, Geist und Seele geachtet, ein Anspruch, der zumeist mit viel Engagement und Aufmerksamkeit erfüllt wird. Auch die Lagen dieser Adressen sind eindrucksvoll, etwa hoch über dem dänischen Ufer der Flensburger Förde oder unmittelbar am Glücksburger Kurstrand, an der Angelner Ostseeküste mit herrlichem Meerblick oder an einem der waldumsäumten Binnenseen. Die gleichzeitige Nähe zur Natur und zu den belebten touristischen Zentren hat einen besonderen Reiz und schafft allseits zufriedene Gemüter. Jeder hat stets die Wahl zwischen unterhaltsamem Trubel und besinnlicher Ruhe.

Echte Ostseefans sind vorwiegend Stammgäste in ihrem Domizil. Sie erleben oft die Entwicklung vor Ort über Jahre und Jahrzehnte hautnah mit, manchmal sogar mit richtigem Familienanschluss. Sie kennen die gemeindlichen Verhältnisse und nehmen regen Anteil am dörflichen oder städtischen Leben. Stammgäste sind die beste Reklame für den jeweiligen Urlaubsort und die ganze Region und werden, das versteht sich von selbst, anders – nicht besser – behandelt als die Erst- und Tagesgäste. Und sie haben noch ein weiteres Gutes: Sie tun das, was sie wegen langer Stammgastzeit dürfen, nämlich kritisieren. Denn nur durch sanfte, etwas liebevolle Kritik lässt sich etwas fortentwickeln zum Besten aller.

Eine gute Küche überzeugt von selbst

Im Bereich des Kulinarischen hat sich in den letzten Jahrzehnten eine solche Vielfalt herausgebildet, dass man vor allem auf eines achten sollte: Wo gibt es echte einheimische Küche!? Alles andere kann man auch zu Hause oder anderswo haben.

Wenn man schon länger in die Region kommt, hat man es aus Erfahrung leichter. Aber Newcomer brauchen einen Leitfaden. Und der ist verblüffend simpel zu bekommen. Man sollte im Zweifel dort seine ersten kulinarischen Auswärtsspiele machen, wohin einen die Wirtsleute oder verlässliche und erfahrene Mitgäste begleiten. Das ist der beste Einstieg in ein gelungenes Abendessen am Meer oder in einer anderen stimmungsvollen Szenerie. Und letztlich gilt der Satz: Eine gute Küche überzeugt von selbst.

Das Thema Fisch ist natürlich immer auf der Tagesordnung. Hier darf man nicht immer nach dem Preis gehen, sondern kann sich getrost von »günstig« zu »gut« hocharbeiten, wobei beides keine Gegensätze sein müssen. Manchmal landet man gleich einen Volltreffer, manchmal dauert es ein, zwei Urlaubstage. Probieren geht auch hier über Studieren.

Das Gasthaus Unewatt

Ein hervorragendes Übungsfeld sind seit einigen Jahren die überall stattfindenden Saisonfeste wie die Heringstage in Kappeln, die Rumregatta in Flensburg, die Wikingertage in Schleswig oder der traditionelle Fischmarkt in Laboe, von der Kieler Woche ganz zu schweigen. Die Küste hinauf und hinunter entdeckt man auch kleinere und oftmals urigere Veranstaltungen. Dort gibt es meistens auch eine Reihe von geistvollen Getränken, die aus einheimischer Produktion stammen und eindeutig die Stimmung erhellen, jedenfalls bei maßvollem Genuss. Hierbei spielen Baum- und andere Früchte eine grundlegende Rolle. Im Fördenland existieren einige Spezialbetriebe, die sich mit der Herstellung von sehr empfehlenswerten Likören und Schnäpsen befassen, zum Beispiel in Dollerup zwischen Flensburg und Gelting.

Die Hofläden und Biobetriebe, die sich zumeist mit angenehm zurückhaltender Werbung bemerkbar machen, verdienen ein besonderes Augenmerk. Ziegenzüchter, Schafkäsereien, Obstbauern und Kräutergärtnereien vermarkten ihre Naturprodukte auch direkt an die Verbraucher. Ein Besuch bei ihnen ist immer ein anregendes Erlebnis. Gerade wer sich während des Urlaubs in seiner Ferienwohnung selbst versorgt, profitiert von den naturnahen Produkten, deren Preise vor

Der Riesby-Krog in Rieseby

Die Heuherberge auf dem Sophienhof in Schwansen

An der Laboeer Strandpromenade

In der Porzellanbörse in Handewitt/Hüllerup

Am Eckernförder Hafen

Ort sehr moderat sind. Auch kerngesunde und schmackhafte Mitbringsel für die Lieben daheim kann man hier kaufen.
Auf den Wochenmärkten der Region treffen sich schon lange nicht mehr nur die Einheimischen zum vertrauten Klönschnack. Feriengäste nehmen gerne Anteil an der ländlichen Atmosphäre in den Dörfern und kleinen Städten, wenn die Stände mit Obst, Gemüse, Eiern, Brot und Käse aufgebaut werden. Selbst Kiel und Flensburg sind in ihren Innenstädten mit von der Partie. Hier kann man sich gut und günstig für die Urlaubswoche eindecken und hat auch noch Freude daran.

Maritime Stimmung gehört einfach dazu

Was wäre die kulinarische Szene im Fördenland ohne den weiten Blick über die Ostsee, das entfernte Tuckern eines Fischkutters, das Schnattern der Gänse am nahen Gewässer. Die meisten Lokale besitzen eine attraktive Lage und locken mit maritimem Flair. Sogar etwas im Binnenland sieht man Segler etwa auf dem Wittensee oder den Schleibreiten. Manchmal fahren riesige Kanalschiffe, noch Meilen vom Meer entfernt, direkt am Restauranttisch vorüber.

In Sonderburg, Flensburg, Kappeln, Eckernförde und Laboe kann man vom Restaurant aus wunderschön gepflegte Traditionssegler bewundern. In Schleswig genießen die Gäste gerne das Schleipanorama mit Möweninsel, Schloss, Dom und dem historischen Fischerviertel Holm, in Kiel den Anblick des berühmten Segelschulschiffs »Gorch Fock« und der mächtigen Luxusliner und Fährschiffe.

Ausgefallene Restaurants und Cafés entdeckt man in den Städten ebenso wie auf den Dörfern oder draußen auf dem Land. Fischspezialitäten sollte man, wenn man schon etwas gediegener ausgeht, im Frischegürtel der nahen Küste genießen. Hier können die Verantwortlichen der Küche manchmal noch direkt vom Kutter kaufen oder haben zumindest eine bessere Auswahl fangfrischer Gaumenfreuden.
Die Speisekarten sind im Fördenland allerdings auch für alle anderen Küsten- und Meeresgerichte weit geöffnet und bieten oftmals meisterlich zubereitete Gerichte. Dazu gibt ein Aquavit aus Dänemark oder ein Holsteiner Korn das richtige Mund- und Magengefühl. In der kalten Jahreszeit wirkt ein Grog oder Teepunsch, eine Tote Tante oder ein Pharisäer, dem »Einwanderer« aus Nordfriesland, wahre Wunder. Und wenn dazu ein paar Bratäpfel serviert werden, ist das Glück vollkommen.

Während der Rumregattatage an der Flensburger Museumswerft

Das idyllische Café Noor-Kate in Lindaunis

Der Schlosskeller von Gottorf in Schleswig

Das malerisch gelegene Hotel Fakkelgaarden bei Kollund

Von der Erde leben

Die Böden zwischen Kiel und Flensburg sind fruchtbar und werden seit langer Zeit landwirtschaftlich genutzt. Die lange Geschichte der bäuerlichen Kultur ist bis heute ablesbar an den Formen der Felder, den gerodeten Wäldern, den riesigen Gütern und winzigen Hofstellen, den Strukturen der Dörfer und kleinen Städte, dem Verlauf der Straßen und Wege. Vieles hiervon kann man bei Fahrten und Wanderungen durch die Landschaft wahrnehmen. Am meisten allerdings erkennt man in einem einzigen Blick aus der Vogelperspektive. Dann werden Luftbilder zu echten Offenbarungen.

Man darf sich zunächst durch die Schönheit solcher Fotos gerne blenden lassen. Allmählich aber kehrt bei der Betrachtung der Wunsch ein, Genaueres herauszulesen. Und man beginnt zu forschen. Was sind das für Feldfrüchte, die dort blühen? Welches Gutshaus hat man vor Augen? Welchen Strandabschnitt überfliegt die Maschine gerade? Wohin führt der Weg, der aus dem Bild läuft? Bin ich dort schon einmal gewesen?

Und bei den Antworten beginnt eine spannende Reise durch das eigene Wissen und die eigene Erinnerung. Immer wieder stockt der Geist und macht Ausflüge hierhin und dorthin. Trotzdem bringt diese Erkundung den meisten Menschen viel Freude.

Wenn wir uns auf die Erde zurückbegeben, versuchen wir unwillkürlich, das Gesehene am Boden wiederzufinden. Landmaschinen weisen uns den Weg. Aber auch die Strandwanderer, Radfahrer und Restaurantgäste. Sie bevölkern in wachsender Zahl, zumindest in der Saison, die Landschaft, die wir von oben betrachtet haben. Und man merkt den Wandel. Heute leben die Fördenländer zwar noch immer von der Erde, doch anders als früher. Sie bieten ihre Landschaft an, ihre Dienste und ihre Heimatlichkeit. Und die vielen zufriedenen Urlaubsgäste danken es ihnen, nicht nur durch das, was sie dafür zahlen. Sie geben dem Fördenland wie eigentlich allen Küstenregionen in Schleswig-Holstein eine Zukunft.

Doch ein gutes Stück von dem, was einmal war, ist geblieben. Die Probstei, der Dänische Wohld, die Hüttener Berge, Schwansen und Angeln (wo dieses Foto entstand) besitzen, trotz schwieriger Marktlage, noch immer produktive landwirtschaftliche Betriebe. Und so kommt es, dass die Einheimischen selbst und vor allem die Feriengäste auch hierin das Gefühl genießen dürfen: Wir leben von der Erde!

Bauernbrot auf dem Wochenmarkt

Eine wundervoll angerichtete Käseplatte

Zugreifen und genießen

Von der Zufriedenheit, die das Natürliche schenkt

Die Menschen der Moderne haben längst den Rückweg zur Natur angetreten, nicht alle, aber die einsichtigen. Dieser Rückweg ist kein Schritt in das Vergangene, sondern ein Umweg in die Zukunft.

Das Natürliche zu lieben heißt vor allem, die Natur als unverzichtbaren Lebensfaktor wiederzuentdecken. Das fängt ganz schlicht und einfach bei dem an, was man isst und trinkt. Es setzt sich fort über das, was man atmet. Und schließlich kommen all die Dinge, denen wir uns ansonsten körperlich und seelisch aussetzen.

Deshalb machen so viele Menschen Urlaub auf dem Lande und am Meer. Manchmal wissen sie gar nicht, was genau sie suchen. Doch beim Strei-

Ensemble von Gemüse, Früchten und Blumen

Gemüsestand am Straßenrand

Ein echter Schleswiger Bauernschmaus

Am Lachs- und Matjesbuffet

Confiserie mit viel Stilgefühl

fen durch das Fördenland fällt ihnen bald die ganze Palette dessen ein, was gut tut. Am Straßenrand entdecken sie die bunten und einladenden Stände der Hofläden mit frischen Früchten und Gemüsesorten. Dazu Eier aus biologischer Hühnerhaltung und Fleisch und Wurst aus eigener Produktion. Wenn man anhält und eintritt in den Verkaufsladen, meistens eingerichtet in einem Stall oder einer alten Diele, eröffnet sich einem oftmals ein wahres Paradies von ländlichen Genüssen. Die Fördenländer haben schon verstanden, wie sehr dies den Stadtmenschen gefällt. Mit liebevoller Hingabe schmücken sie die Konfitüren, Säfte und Liköre mit Karotüchlein, Schleifen und handbeschrifteten Etiketten und geben gerne Auskunft über alle Ingredienzien und, mit etwas Glück, sogar über die Rezepte.

Es gehört nicht viel dazu, seine Mitmenschen zu erfreuen. Es muss nur echt sein und seinen Wert haben. Dies mag auch manchmal mehr in dem guten Gefühl als in der Wichtigkeit des Produktes liegen.

So schaffen ganz kleine Erlebnisse am Wegesrand ein wundervolles Thema beim abendlichen Essen vor dem gemieteten Holzhaus oder auf dem Balkon der Ferienwohnung am Meer. Der Mensch taucht ein in das Urlaubsland, das er gewählt hat, in die Ländlichkeit und die Frische der Umgebung. Er fühlt sich einfach wohl, beißt in den leuchtenden Apfel und nippt am einheimischen Pflaumenlikör. Davon hat man schon eine Flasche für die Daheimgebliebenen zurückgestellt, auch ein Stück Katenschinken und verschiedene Marmeladengläser. Mitbringsel, auch oder gerade, wenn man sie verschenkt, machen die Urlaubserinnerung erst wirklich schön.

Räucheraal zum Reinbeißen

LOTSE

Foto: Christian Asbrock, airspective

Unikat

Es gibt Schönheiten, die einem die Augenlider festhalten. Man wagt nicht einmal, mit den Wimpern zu schlagen. Und einige Piloten geben zu, manchmal die Aufmerksamkeit für das Fliegen an das Träumen zu verlieren. Es sind auch die plötzlichen Wendungen der Maschine, die einen ohne Absicht in irgendeine Überraschung werfen. Gebannt von einem Farbkontrast, von einem nie gesehenen Muster, von einem an sich riesigen Teil in unglaublicher Winzigkeit. Und dann sind da die zeitlosen Schönheiten, Ansichten von fast ewigem Wert. Sie faszinieren den Menschen ganz besonders, vielleicht auch, weil er sich beim Erinnern nicht der geringsten Mühe unterziehen muss.

Am Ende macht man doch ein Foto. Und es stimmt nicht, was Schopenhauer meinte, dass nämlich der Fotoapparat das Beerdigungsinstitut unserer Eindrücke sei. Vielmehr hilft uns ein Foto zu leben, nicht jedes und nicht jedem, aber es gibt unbezwingbare Beispiele.

An Meer und Kanal: der Dänische Wohld

Und Ozeanriesen gleiten sanft vorüber

Am Krusendorfer Strand

Der Dänische Wohld liegt als breite Halbinsel zwischen der Eckernförder Bucht und der Kieler Förde und ist eine Jungmoränenlandschaft, die mit dem Abschmelzen der letzten Eiszeit entstand. Weitläufige Kuppen und ein Meer von Hügeln durchziehen die Region, die abseits von Stränden und Steilküsten vor allem Korn- und Rapsfelder zeigt.

Der Name Dänischer Wohld leitet sich von einem einstmals durchgängigen Waldgebiet ab, das sich von Angeln bis zur Trave vor Lübeck und im Westen wohl bis auf die Linie Rendsburg-Nortorf-Bad Segeberg-Bad Oldesloe erstreckte.

Erst im dritten Jahrtausend v. Chr. sind in dieser Gegend planvolle Rodungen und der Beginn von Weidewirtschaft und Ackerbau nachweisbar. Auch erste kleinere Wohnsiedlungen tauchen auf. Größere Siedlungskerne und das Entstehen von Handel und Handwerk folgen im zweiten vorchristlichen Jahrtausend. Zahlreiche Funde, etwa in Bornstein, belegen auch hier die relativ frühe Besiedlung. Ab dem zweiten Jahrhundert v. Chr. sind jütische Kimbern und Teutonen feststellbar.

Ab 811 wurden Eider und Levensau als Grenze zwischen den Einflussbereichen der Dänen und Sachsen festgelegt. Nach Osten bildete der Limes Saxoniae einen weiteren Abschluss, wobei der Dänische Wohld einen Teil desselben bildete. Slawen siedelten sich im Südosten bis etwa zur Schwentine an. Der Dänische Wohld wurde schließlich im 13. Jahrhundert zunehmend vom dänischen wie sächsischen Adel und zugewanderten Bauern kultiviert und bewohnt. Aus den ersten Siedlungsplätzen mit Vieh- und Landwirtschaft entwickelten sich die Bauerndörfer und befestigten Adelssitze.

Die ältesten Dorfgründungen im Dänischen Wohld sind Gettorf (1259), Holtsee (1272), Schilksee (1273), Dänischenhagen (1274), Sehestedt (1287) und Schinkel (1289).

Wesentliches Merkmal des ausgehenden Mittelalters im Dänischen Wohld ist, ähnlich wie auf der Halbinsel Schwansen, die Entstehung der großen

Im Herzen des Wohlds bei Osdorf

Die vielleicht kleinste Kirche Deutschlands bei Austerlitz

Vorland an der inneren Südküste der Eckernförder Bucht

Die Levensauer Hochbrücken (eine ist in diesem Foto verdeckt)

Am Strand von Schwedeneck

Die Dreifaltigkeitskirche in Krusendorf

Der Bülker Leuchtturm

Am Weg zum Bülker Leuchtturm liegt das Surfgebiet.

adligen Güter mit den noch heute sehenswerten Herrenhäusern oder Schlössern. Von ihnen aus wurde bis Ende des 19. Jahrhunderts die Gerichtsbarkeit ausgeübt. Gegenwärtig befinden sich viele der Höfe noch im Besitz der alten Familien.
Im Süden wird der Dänische Wohld durch den Nord-Ostsee-Kanal begrenzt. Gettorf, der heutige Hauptort der von Landwirtschaft und Tourismus bestimmten Region, liegt ziemlich im Zentrum der Landschaft. Im direkten Einzugsgebiet der drei Städte Kiel, Rendsburg und Eckernförde hat sich der Dänische Wohld dennoch seinen ländlichen Charakter bewahrt.
Kleine Dörfer mit weitgehend bäuerlicher Struktur, verstreute Höfe, versteckt zwischen Wäldern und sanften Hügeln, und riesige Güter mit manchmal schlossartigen Herrenhäusern bestimmen das Bild. An der Eckernförder Bucht findet man im Wechsel grüne Landzungen, die in flache Nehrungen auslaufen, wunderschöne, wenn auch schmale Badestrände sowie mächtige Steilküsten und Hochufer, die erst bei Bülk wieder zur Förde hinunterlaufen.
Geradezu sprichwörtlich sind im Mai die blaugelben Sichten über die leuchtenden Rapsfelder hinunter zur Ostsee. Und wenn sich darauf auch noch die weißen Tupfer der Segler tummeln, scheint die Postkartenidylle perfekt.
Doch der Dänische Wohld hat mehr Gesichter, als man bei der Durchfahrt wahrnimmt. Rundwanderungen oder entsprechende Radtouren eröffnen einem ganz andere Einblicke. Manchmal, wenn die Küste weit zurücktritt und der Weg lange Strecken durch die abwechslungsreiche Hügellandschaft führt, gerät man fast in eine angenehme Verlorenheit. Die Dörfer und Hofstellen wirken auf einmal so abgelegen, dass man der Rückroute nicht traut und die Einheimischen fragt. Die weisen dann freundlich in irgendeine Richtung, zum Beispiel und gleich ist man wieder auf der richtigen Spur.
Weiter einwärts an der Kieler Förde liegen einige Orte, die früher auch einmal zum Dänischen Wohld gehört haben und inzwischen der Stadt Kiel zugeschlagen wurden, z. B. Bad Schilksee,

Der Leuchtturm von Holtenau aus den Anfängen des Kaiser-Wilhelm-Kanals

Im Tierpark Gettorf

Blick von der Holtenauer Hochbrücke auf Kanal, Schleusen und Kieler Förde

Architektonisches Fundstück westlich von Neuwittenbek

Figurengruppe im Zentrum von Gettorf

Anleger an der alten Mündung des Eiderkanals

der Ort der olympischen Segelwettbewerbe von 1972, Holtenau mit den riesigen Schleusen des Nord-Ostsee-Kanals und Friedrichsort, wo die Förde ihre schmalste Stelle aufweist und durch einen grün-weißen Leuchtturm gesichert wird.
In dieser Gegend sind entscheidende Entwicklungen der Seefahrtsgeschichte passiert, die vor allem mit den Kanalbauten zu tun haben. An der Kieler Förde bei Holtenau endeten sowohl der Eiderkanal (1784), der, von Rendsburg kommend, die Obereider mit der Ostsee verband, als auch der Kaiser-Wilhelm-Kanal oder Nord-Ostsee-Kanal (1895), der von der Unterelbe herangeführt wurde.

So kam es bereits vor über zweihundert Jahren zu den ebenso romantischen wie seltsamen Erlebnissen, dass mitten durch Rapsfelder und hohe Baumreihen gemächliche Segler glitten. Je nach den Windverhältnissen wurde Tuch gesetzt oder getreidelt. Letzteres war ein willkommenes Zubrot für die arme Bauernschaft, ein Vorteil, der aber schon nach wenigen Jahrzehnten schwand. Mit dem Aufkommen der Dampfschifffahrt und vollends mit der Ablösung durch den neuen großen Kanal ging die idyllische Kanalepoche zu Ende.
Trotzdem erfasst den Betrachter auch heute noch ein leiser Schauer, wenn ihm unvermittelt nur wenige Meter von der Fahrradstrecke entfernt ein Ozeanriese sozusagen über den Weg läuft. Binnenländer halten dann staunend inne und speichern das Erlebnis, völlig zu Recht, als unvergesslich ab.
Etwas entspannter geht es gegenüber auf der Seeseite zu, wo die Luxusliner und mächtigen Fährschiffe eigentlich nur bei Friedrichsort so dicht unter Land fahren. Dort allerdings kann man fast die Bordwand berühren. Weiter draußen, von der hohen Bülker Uferkante aus, ziehen die Schiffe schon eine ferne weiße Spur durch die zumeist blaue Ostsee. Und die weißen Einsprengsel der Segelboote verschönern das Bild zu einem wundervollen maritimen Stillleben.
Die Hohlwege, die durch den Uferwald hinunter zum Strand von Schwedeneck führen, hinterlassen auch bleibende Spuren im Gedächtnis. Wohl nirgendwo im Fördenland tritt man so plötzlich aus den grün schimmernden Schatten der Bäume hinaus in das helle Strandlicht. Die Nordküste des Dänischen Wohlds hat einen sehr abwechslungsreichen Verlauf, der ebenso herrliche Strandpartien und flache Vorsprünge wie schroffe Abbrüche und steinige Uferstrecken aufweist. Die Zuwegungen zu den Badestränden sind mit vorgelagerten Parkplätzen versehen, die manchmal noch ein paar hundert Meter Fußmarsch erfordern, ehe man das Meer erreicht. Einige Dörfer reichen bis an die Uferkante heran, an einigen Stellen wie in Schwedeneck und Krusendorf gibt es gemütliche Strandgastronomien und kleine Erfrischungsstände.
Bei Touren durch das Binnenland sollte man gute Wegekarten dabeihaben, da es hier labyrinthartige Straßengeflechte gibt. Mit ein paar häufigeren Blicken auf den Plan lassen sich aber ungewollte Irrfahrten vermeiden. Auch unterschätzt man im Inneren des Dänischen Wohlds sehr leicht die Entfernungen. Zudem empfiehlt es sich, genügend eigenen Verpflegungsvorrat mitzunehmen. Nicht in jedem Dorf gibt es einen Kiosk oder einen Laden.
Die Grenze zu den Hüttener Bergen ist fließend und macht sich äußerlich nicht bemerkbar. Die Landschaften gehen quasi ineinander über und teilen auch weitgehend eine ähnlich bäuerliche Vergangenheit. Selbst ein gutes Stück Kanal besitzen die Hüttener Berge als nördliche Anlieger. Nur die Weite des Meeres, das hat der Dänische Wohld seinem westlichen Nachbarn voraus.

Die instand gesetzten Reste der Rathmannsdorfer Schleuse am historischen Eiderkanal

Ein Luxusliner Richtung Sankt Petersburg verlässt die Holtenauer Schleuse, vorweg ein modernes U-Boot der Bundesmarine.

Als die Eider in die Ostsee floss

Der Bau des Eiderkanals von Rendsburg nach Kiel

Der Dänische Wohld liegt nicht nur an der meist befahrenen künstlichen Wasserstraße der Welt, dem Nord-Ostsee-Kanal, sondern lag bereits auch an dessen Vorgänger, dem Schleswig-Holsteinischen Kanal oder Eiderkanal.

Diese Wasserstraße, die von 1777 bis 1784 erbaut wurde und die Obereider mit der Kieler Förde verband, war der größte Seekanal der damals bekannten Welt. Über hundert Jahre diente er Europas Handel und Schifffahrt, ehe ihn der Kaiser-Wilhelm-Kanal 1895 ablöste.

Seither ruhen seine Reste und Ruinen in der malerischen Landschaft zwischen Rendsburg und Kiel. Einige Schleusen und Kanalstrecken bleiben als stumme Zeugen zurück, unter anderem die in der Nähe von Holtenau gelegenen Schleusenwerke und Teilstücke bei Rathmannsdorf.

Schon die damaligen Bauarbeiten finden europaweite Beachtung: Der Flemhuder See, sozusagen das Herzstück des Kanals, liegt gute sieben Meter über dem Ostseeniveau und sechs Meter über dem mittleren Eiderspiegel bei Rendsburg. Jeweils drei Schleusen sollen den Auf- und Abstieg ermöglichen. Die erste Schleuse bei Holtenau will man nicht direkt an der Küste bauen, sondern etwa ein bis zwei Kilometer landeinwärts.

Bereits nach 1,3 Kilometern folgt die Knooper Schleuse, nach weiteren 1,4 Kilometern diejenige bei Rathmannsdorf. An allen drei Stellen beträgt der Hub etwa 2,5 Meter, womit die notwendige Haltung für die Scheitelstrecke erreicht wird.

Von Rathmannsdorf bis zur ersten Abstiegsschleuse bei Königsförde erstreckt sich die höchste Kanalstufe mit 15 Kilometer Länge. Die Kluvensieker Schleuse senkt den Kanalspiegel erneut um etwa 2,5 Meter auf das Obereiderniveau. Die letzte Schleuse bei Rendsburg gleicht das verbleibende Flussgefälle samt auftretender Gezeiten von 1 bis 1,5 Meter aus. Ab hier folgt der Wasserweg den Windungen der schiffbaren Untereider in die Nordsee.

1781 ist der Kanal bis zum Flemhuder See fertig. Man sperrt den Westabfluss der Eider und lässt sie kurzerhand in die Ostsee laufen. Einen besseren Beweis für die Überwindung der östlichen Wasserscheide kann man nicht antreten.

Trotzdem: Wirklich revolutionierend wäre nur ein Seekanal von mindestens fünf Metern Tiefe gewesen. Kanalbauingenieur Wegener hatte dies seinerzeit empfohlen. Aber die dänische Regierung wählte den goldenen Mittelweg.

Das Kanalpackhaus in Holtenau. Ein baugleiches Packhaus existiert in Tönning, ein kleineres in Rendsburg.

Im Herbst 1784 strebt die neue Wasserstraße ihrer Vollendung entgegen. In Eckernförde lässt man ein Schiff bauen, das dem Kanalmaß entspricht. Mit der »Rendsburg«, wie man den Segler tauft, will man die Leistungsfähigkeit der Schleusen und die allgemeine Schiffbarkeit des Kanals erproben. Am 18. Oktober ist es soweit. Um sechs Uhr morgens legt die »Rendsburg« in Begleitung eines Paketschiffes in Holtenau ab. Da Gegenwind herrscht, muss getreidelt werden. Jeweils vier Pferde ziehen die Schiffe durch den Kanal. An Bord der »Rendsburg« befinden sich keine hochgestellten Persönlichkeiten oder gar Mitglieder des Königshauses. Es sind die verantwortlichen Ingenieure und deren Mitarbeiter, die eine inoffizielle Testfahrt unternehmen. Am ersten Tag kommt man nur bis Kluvensiek, wo übernachtet wird. Am nächsten Morgen bricht man zeitig auf und trifft mittags in Rendsburg ein. Alles geht glatt. Der Eiderkanal wird dem Verkehr übergeben.

Historische Beschläge an der Schleusenmauer

Die Inschrift auf der Stele an der Holtenauer Kanalausfahrt

Zeitgenössische Zeichnung von der Kanalschleife bei Steinwehr

Ruhe, Natur, gute Luft und reines Wasser

Urlaub im Ostseebad Schwedeneck mit den klassischen Tugenden Schleswig-Holsteins

Surendorf besitzt den schönsten Strand in Schwedeneck.

Ostseebad Schwedeneck: Dieser Name bezeichnet eine der wohl schönsten Gemeinden an der Ostseeküste, die Familien und Naturliebhaber gleichermaßen begeistert. Obwohl es einen Ort »Schwedeneck« gar nicht gibt. Denn nach der Gebietsreform 1927 wurden die bisherigen Gutsbezirke Dänisch-Nienhof, Hohenhain, Grönwohld und Birkenmoor zu einer politischen Landgemeinde zusammengeschlossen – es entstand Schwedeneck.
Die prachtvollen Gutshäuser machen aber noch heute einen Teil des Reizes dieser Gemeinde aus. Schwedeneck hat aber noch sehr viel mehr zu bieten: Kinder können am 16 Kilometer langen Strand nach Herzenslust im Sand oder im Wasser spielen, denn an den meisten Stränden ist das Wasser flach. Erst nach vielen Metern vertieft es sich zum eigentlichen Meer, auf dem in der Ferne die Boote vorüberziehen.
Im Norden und Osten von der Eckernförder Bucht und der Kieler Förde umrahmt, ahnt der Strand- und Steilküstenwanderer die Weite der Ostsee und die Schönheit Schleswig-Holsteins, wenn er auf einer Bank ausruhend in der Ferne gegenüberliegende Ufer oder einfach nur das offene Meer betrachtet und hinter sich die traumhafte Landschaft Schwedenecks weiß.
Familienfreundliche Hotels, Privatpensionen, Ferienhäuser und Gaststätten sorgen für eine optimale Unterkunft ganz nach individuellen Vorlieben. Und selbstverständlich geben die freundlichen Vermieter auch Ausflugstipps, falls einmal kein Strandwetter sein sollte. Ganz in der Nähe gibt es eine Reihe von lohnenden Ausflugszielen im schönen Dänischen Wohld, zu dem auch Schwedeneck gehört, und die Landeshauptstadt Kiel ist nur 20 Kilometer entfernt. Eigentlich braucht man Schwedeneck jedoch gar nicht zu verlassen, denn mit seinem sanft hügeligen Binnenland, den zum Teil bewaldeten Steilufern, Hügelgräbern und anderen landschaftlichen Edelsteinen bietet es unzählige Möglichkeiten, die Natur zu Fuß oder per Fahrrad zu genießen.

Einladung zum Sonnenbad am Surendorfer Strand

Der idyllische Waldweg zum Strand von Dänisch-Nienhof

Bei Grönwohld

Blick von der Uferhöhe aufs offene Meer

Touristinformation/Kurverwaltung Schwedeneck
Zum Kurstrand
24229 Schwedeneck/OT Surendorf
Tel. (0 43 08) 3 31 · Fax (0 43 08) 12 60
info@ostseebad-schwedeneck.de
www.ostseebad-schwedeneck.de

Ein Glas Rotwein, die Sonne, der Wind und die See

leib und seele – die Essbar am Meer

Am Surendorfer Strand findet sich ein ganz besonderer gastlicher Ort, ein Ausflugsziel, das – nomen est omen – Leib und Seele erfreut. Direkt an der Brandung der Ostsee mit unvergleichlichen Blicken über die Eckernförder Bucht liegt »leib und seele – die Essbar am Meer«.
Die Küche ist klein. Hier gilt der Leitsatz: Weniger ist mehr. Auf der Karte stehen einfache, aber raffinierte Speisen. Je nach Marktangebot oder Appe-

Sonniges Panorama

Auf der Strandterrasse

tit gibt es Eintöpfe und Suppen sowie »Tapas« im Sinne von verschiedenen leckeren Kleinigkeiten. Frittierte Sardinen, Tapas Variadas und leckere Pfannkuchen gehören genauso wie die legendäre Erdbeer-Mascapone-Torte zu den Spezialitäten des Hauses. Die Auswahl ist nicht nur von mediterranen, sondern auch von arabischen und asiatischen Rezepturen inspiriert. Es darf auch gerne mal holsteinisch sein.
Und dann einfach die Stimmung genießen: ein Glas Rotwein, die Sonne, den Wind und das Meer – was gibt es Schöneres! Auch im Winter, wenn die

Blick aus dem Restaurant auf die Eckernförder Bucht

kühl-frische Ostseebrise zu einem Strandspaziergang einlädt, ist die Essbar an den Wochenenden geöffnet.

leib und seele · Inhaberin Heike Krause
Am Strand · 24229 Schwedeneck-Surendorf
Tel. (0 43 08) 5 35 · mond.9@web.de
www.leibundseele-surendorf.de

Die Strandoase in Surendorf mit dem echten Meergefühl

Das einzigartige Sand-Café-Restaurant direkt am Strand

Man findet sie in Surendorf am Strand der Eckernförder Bucht: die Strandoase, in der man entspannen und genießen, feiern und tanzen, mieten und tagen, essen und trinken und vieles mehr kann. Und man taucht sogleich ein in eine super Atmosphäre mit dem Strand-Sand direkt im Lokal. Wenn die Sonne scheint, tummeln sich die Gäste gerne auf der

Im windgeschützten Sand-Wintergarten

Strandkorb-Stimmung im Sand-Wintergarten

großen Sand-Terrasse im Südwesten der Strandoase und lehnen sich mit den Sonnenbrillen zurück. Einige bevorzugen den windgeschützten Sand-Wintergarten und legen im Strandkorb die Füße hoch. Man kann auch ganz für sich in der Chill-Lounge relaxen oder sich am Kamin aufwärmen. Die Strandoase ist gut bei jedem Wetter und bei jeder Stimmung.
Abends geht der Feuerkorb an und auf den Vollmondpartys kann man bei Live-Musik im Sand tanzen.

Entspannen auf der Sand-Terrasse mit dem weitem Meerblick

Die Küche bietet alles von Pizza bis Paella und Pasta. Sonntags gibt es ab 10 Uhr einen vielfältigen Brunch und täglich die leckeren »Belgischen Waffeln«.
Wer gerne in der Strandoase bei einem Barbecue feiern möchte, wird kulinarisch komplett nach seinen Wünschen ausgestattet.

Strandoase · Andreas Derer
Am Kurstrand 16 · 24229 Surendorf
Tel. (0 43 08) 18 99 05 · Fax (0 43 08) 18 99 06
Mobil (01 71) 8 62 25 80
info@strandoase-surendorf.eu
www.strandoase-surendorf.eu

Fahrradtouren sind rund um Strande sehr beliebt.

Im Hafen von Strande

Die Weberkate

Landidyll, im Hintergrund die Ostsee

Der Weg zum Bülker Leuchtturm

Das Ostseebad Strande kennen und lieben lernen

Gastfreundlich und rundum erholsam

Kein wilder Urlaubstrubel, keine Alltagshektik und kein Autolärm – das verspricht die kleine Ferienoase direkt am weißen Ostseestrand. Schon ein Rundgang durch das malerische Ostseebad Strande mit seinen liebenswerten alten Häuschen, der Weberkate mit ihren Kunstausstellungen bis hin zum malerischen Hafen mit seinen bunten Fischkuttern und weißen Segelyachten macht einem klar: Hier kann man sich nach Herzens Lust erholen und entspannen!

Jeden Morgen gibt es für Fischliebhaber fangfrischen Butt, Dorsch oder auch Meerforelle am Anleger zu kaufen. Oder man nutzt die wunderschönen Wegstrecken entlang des Ostseestrandes für ausgedehnte Spaziergänge an der frischen Meeresluft. Die kilometerlange Promenade führt zur einen Seite bis zum Bülker Leuchtturm und zur urwüchsigen Steilküste, zur anderen Seite nach Kiel- Schilksee in den Olympiahafen und zur Kieler Steilküste. Dabei werden alle Sinne angesprochen von plätschernden Wellen, prächtigen Farbspielen und würzigen Seegerüchen.

Einen Tag am Meer oder sogar eine Woche oder zwei – am Strand faulenzen, den Sand durch die Finger rinnen lassen, sich sonnen oder die Schiffe auf der Kieler Förde beobachten und ... wenn's zu heiß wird, ins nahe kühle Nass springen – das ist Urlaub, wie man ihn sich wünscht.

Für das leibliche Wohl sorgen die zahlreichen Gastronomen im Ort, die garantiert für jeden etwas zu bieten haben. Ob kleiner oder großer Hunger, lokal oder international, für alle Vorlieben werden entsprechende Gaumenfreuden angeboten.

Selbst bei bedecktem Wetter muss man nicht verzagen: Eine Angelfahrt auf See oder eine Wanderung oder eine Radtour durch das idyllische Hinterland des Dänischen Wohlds sind stets eine willkommene Abwechslung. Vorbei an blühenden Rapsfeldern, knorrigen Wäldern und pittoresken Gütern und Herrenhäusern erschließt man sich die herrliche Umgebung auf seine eigene Weise. Zahlreiche Golfplätze, Reiterhöfe und das Landesmuseum in Gottorf laden ebenso zur Urlaubsgestaltung ein wie die vielfältigen Kulturangebote der nahen Landeshauptstadt Kiel.

Wie ausgelassen Nordlichter feiern können, sollte man Anfang August beim Strander Hafenfest erleben. In der letzten Juni-Woche genießen viele Gäste von hier aus die weltberühmte »Kieler Woche«, das größte Segelsport-Ereignis der Welt mit seinem aufregenden »Drumherum«.

Wer eher die leiseren und feineren Töne mag, für den sind die Strandkonzerte in Strande und natürlich die Veranstaltungen des Schleswig-Holstein-Musik-Festivals von Juli bis September genau das Richtige.

Und last but not least die »Kleinen«: Neben

Blick von der Bülker Uferpromenade

»Krebse angeln«, »Quallen-Schlacht« und anderen Strandspielen sowie Segeln lernen im »Opti« gibt es bei nicht so schönem Wetter den Tierpark in Gettorf, den Haustierpark »Arche« Warder, den Erlebniswald Trappenkamp, das Aquarium in Kiel und andere spannende Erfahrungen für Kinder.

Meer macht eben glücklich – und das ganz besonders im Ostseebad Strande!

Tourist Information · Zimmervermittlung
Strandstraße 12 · 24229 Strande
Tel. (0 43 49) 2 90 · Fax (0 43 49) 90 99 74
info@ostseebad-strande.de
www.ostseebad-strande.de

Tierisch viel los im Tierpark Gettorf

Mähnenspringer, Grünflügelaras und nahe Verwandte

Zwischen Kiel und Eckernförde liegt an der B 76 der Tierpark Gettorf. Seit 40 Jahren finden hier fast 900 exotische Tiere in 150 Arten ein Zuhause inmitten gepflegter Blumenanlagen. Besonders interessant ist es natürlich immer bei den zahlreichen Affenfamilien. Fast 20 Affenarten sind in Gettorf zu Hause. Bei unseren nächsten Verwandten kann sich jeder selber ein Bild davon machen, in wie weit sich unser Benehmen von dem unserer haarigen Vettern unterscheidet – oder eben auch nicht.

Das stets umlagerte Hüpfkissen

Eine Nasenbärin bringt ihrem Baby das Klettern bei.

Ein neugieriger Präriehund

Aber nicht nur Affen, auch Tapire, Zebras, Kängurus und Nasenbären, Nandus, Papageien, Flamingos und Hornvögel sind hier ganz nah zu erleben. Ziegen, Schafe und Alpakas sorgen sich schon um eine wachsende Schar von Jungtieren. Neu ist seit 2008 die Gemeinschaftsanlage der Mähnenspringer und der Berberaffen wie auch das Gehege mit den südamerikanischen Gürteltieren. Seit Mitte Februar 2008 ist eines der urtümlichen Säugetiere in Gettorf zu Hause, ein weiteres Tier wird im Laufe des Sommers erwartet.
Bei den Gettorfer Kattas und Kängurus dürfen die Besucher sogar mit in das Gehege und die Pfleger bei der Fütterung unterstützen. Ein wirklich unvergessliches Erlebnis! Aber auch zahlreiche andere begehbare Gehege ermöglichen den direkten Kontakt zwischen Mensch und Tier ganz ohne Gitter oder Barrieren. Grünflügelaras und Nymphensittiche fressen den Besuchern glatt aus der Hand.
Das Tierpark-Restaurant kümmert sich um den kleinen und großen Hunger, Picknickplätze laden zum Verweilen im Grünen ein. Für Kinder gibt es zahlreiche Spielgelegenheiten, das große Hüpfkissen und natürlich die frechen Ziegen im Streichelzoo.

Für Schulklassen oder andere interessierte Gruppen werden Führungen oder Unterrichtsgänge zu verschiedenen Themen angeboten. Neuerdings kann man sogar seinen Kindergeburtstag im Tierpark Gettorf feiern. Und über das Jahr verteilt werden zahlreiche Aktionstage zu unterschiedlichen Themen angeboten. Weitere aktuelle Informationen finden Interessierte auf der Internetseite.
Der Tierpark ist täglich von 9 bis 18 Uhr geöffnet. Hunde dürfen leider nicht mit in den Tierpark. Auf dem Gelände sind kostenlose Parkplätze vorhanden.

Kinder lieben es, die Tiere zu streicheln.

Tierpark Gettorf
Süderstraße 33 · 24214 Gettorf
Tel. (0 43 46) 4 16 00
info@tierparkgettorf.de · www.tierparkgettorf.de

Das Gettorfer Ponygestüt

Seit 1959 werden auf dem Gettorfer Ponygestüt Holstein Reitponys der Spitzenklasse gezüchtet. Bis zu 150 Ponys tummeln sich auf 60 Hektar Weiden rund um den Ort. Große Siege und unzählige Platzierungen in Zucht und Sport sind seit Anfang 1960 das Ergebnis konsequenter Selektion auf Charakter und Qualität sowie gesunder Aufzucht im Herdenverband.
Seit 1995 wird allen Pferdenamen der geschützte Gestütsnamen HOLSTEIN® vorgesetzt. Damit ist ersichtlich, dass diese Spitzenponys aus dem Gestüt Holstein und aus einer weltberühmten Pferde-Region kommen. Ein Zweispänner des Gestüts war unter anderem in den königlichen Windsor-Parks in England bei einer Europameisterschaft dabei.
Angegliedert an das Ponygestüt ist der Tierpark Gettorf, wo einige Ponys zu sehen und auch zu erwerben sind. Mehr Informationen unter www.ponygestuet-holstein.de

Ein preisgekröntes Pony
aus dem Gettorfer Ponygestüt Holstein

Schiffe auf Warteposition vor der Holtenauer Schleuse

Die alte und die neue Levensauer Hochbrücke besitzen grundverschiedene Konstruktionen.

Der Nord-Ostsee-Kanal

Von Eckernförde über Schleswig nach Husum?

Als man das 100-jährige Jubiläum des Eiderkanals feierte, standen die Pläne für einen neueren und größeren – dem ehrgeizigen Flottentraum des jungen Deutschen Reiches entsprechenden – Kanal schon bereit! Nun ging man daran, den »richtigen« Schifffahrtsweg quer durch Schleswig-Holstein zu planen. Zunächst stritt man heftig um seinen wirtschaftlichen und militärischen Wert. Reichskanzler von Bismarck und General Feldmarschall von Moltke wurden dabei zu Widersachern.

Der Reichskanzler war Befürworter, denn ihm schwebte der Gedanke der schnellen Flottenverschiebungen zwischen Nord- und Ostsee durch den Kanal vor.

Der Kriegsminister dagegen bezweifelte den militärischen wie auch wirtschaftlichen Wert. Er wollte lieber zwei Flotten, eine in Wilhemshaven für die Nordsee und eine andere in Kiel für die Ostsee, stationiert sehen. Bismarck setzte sich durch und hatte in dem Hamburger Reeder Dahlström einen kräftigen Befürworter. Dieser hatte eine Denkschrift über »die Ertragsfähigkeit eines schleswig-holsteinischen Schiffahrts-Kanals« verfasst. Sie gab den letzten Anstoß.

Es wurde nicht, wie es Moltke wollte, der alte Eiderkanal erweitert, sondern ein neuer Kanal gebaut, wobei natürlich Teile des Vorgängers in die neue Streckenführung eingefügt wurden. Wieder ging es zunächst um die Trassenführung. Dabei hatten die Städte ganz unterschiedliche Interessen. Während von Rendsburger Seite ein Kanal von Eckernförde über Rendsburg nach Brunsbüttel befürwortet wurde in der Hoffnung, zum Hafen für Torpedo-Boote zu werden, empfahl ein Kieler Ausschuss dagegen die direkte Strecke Kiel-Brunsbüttel. Darüber hinaus gab es einen dritten Plan, der beiden Projekten Konkurrenz machte: Eckernförde-Schleswig-Husum hieß der Trassenvorschlag.

Im weiteren Verlauf ging alles schnell voran: 1880 wurde die Genehmigung zu allgemeinen Vorarbeiten für den Kanal erteilt. Bismarck konnte einen Gesetzesentwurf vorlegen, der Baukosten in Höhe von 156 Millionen Goldmark vorsah. Das Land Preußen sollte 50 Millionen Mark beisteuern. Eine kaiserliche Kanal-Kommission mit dem Sitz in Kiel wurde als Baubehörde berufen. Der Plan des neu zu bauenden Kanals verzichtete auf Schleusen. Man hielt einen Durchstich auf der Höhe des mittleren Wasserspiegels für durchführbar. Eine Wassertiefe von 8,50 Metern, Sohlenbreite von 22 Meter und

Ein Containerschiff im Kanal bei Suchsdorf

Wasserspiegelbreite von mindestens 58 Metern waren vorgesehen. Wegen der Wasserstandsschwankungen in der Nordsee und Ostsee war vorgesehen, an beiden Enden, in Holtenau und Brunsbüttel, Doppelschleusen zu bauen.
Da es möglich sein sollte, dass sich auf der Kanalstrecke zwei Fahrzeuge von 6,50 Meter Tiefgang und 12 Meter Breite begegnen und überholen, sah man zudem sieben Ausweichstellen vor.

»Zu Ehren des Deutschen Reiches...«

Das Kanalbauvorhaben besaß gewaltige Dimensionen: 82,2 Millionen Kubikmeter Erde mussten bewegt werden. 56 Trocken- und Nassbagger, 90 Lokomotiven und über 2500 Kippwagen wurden aus dem gesamten deutschen Reich zusammengezogen und eingesetzt.
1883 wurden dann die ersten Aufträge vergeben. Detaillierte Vorbereitungen und eine umfangreiche Berichterstattung gingen der Grundsteinlegung für den Kanalbau am 3. Juni 1887 voraus. Nur das Wetter hatte man nicht im Griff: Über die Stadt Kiel und die Baustelle in Holtenau blies ein kräftiger Wind. Die Kaiserstandarte auf dem Kieler Schloss wurde hinweggefegt.
Der 90-jährige Kaiser Wilhelm I. ließ es sich dennoch nicht nehmen, die feierliche Grundsteinlegung mit drei Hammerschlägen persönlich vorzunehmen.
Vor den Honoratioren des Kaiserreiches, vielen Majestäten und hohen Militärs proklamierte Kaiser Wilhelm I.: »Zu Ehren des Deutschen Reiches, dem fortschreitenden Wohle, zu seiner größeren Macht und Stärke... » Durch schwieriges Gelände, quer durch rutschenden Sand und Moore, wurde nun der Kanal gegraben. Für die damalige Zeit war es phänomenal, wenn im Bereich des Kanaleinschnittes bei Grünenthal ein 2900 Quadratmeter großes Flächenprofil, das sind fast 3000 Kubikmeter Boden, ausgehoben wurde.
Auf der Weststrecke im Niederungsbereich wurden neue Bauverfahren angewandt. Rund 2 Mio Kubikmeter Moorboden wurden durch die Aufschüttung tragfähigen Sandes verdrängt, um damit an beiden Kanalufern standfeste Dämme zu schaffen.

Ein Schiff verlässt die Holtenauer Schleuse, hinter seinem Heck ein Lotsenversetzboot.

Sie existieren heute noch. Während der Baujahre am Nord-Ostsee-Kanal stieg die Arbeiterzahl von 3000 Mann im Jahre 1888 auf 8900 im Jahre 1892. Gleichzeitig nahmen auch die sozialen Probleme zu. Die Kanalverwaltung unterhielt zahlreiche Arbeiterlager auf der gesamten Baustrecke, in denen die Leute untergebracht wurden und für 65 Pfennig pro Tag und Mann Wohnung, Heizung, Licht und Verpflegung bekamen.
Als der Kaiser-Wilhelm-Kanal am 20. Juni 1895 eingeweiht wurde, hatte das Jahrhundertbauwerk insgesamt 156 Millionen Mark gekostet, nämlich genauso viel wie der Voranschlag vorsah.

Auch kleine Schiffe passieren die weltweit am meisten befahrene Wasserstraße.

Die alte Levensauer Hochbrücke, dahinter verdeckt die neue vierspurige Hochbrücke

Der Kaiser-Wilhelm-Kanal/ Nord-Ostsee-Kanal in Zahlen

Bau und Ausbau
Erbaut 1887 bis 1895, Kosten: 156 Millionen Reichsmark, Erweiterung 1907 bis 1914, Kosten: 242 Millionen Reichsmark, ständige Sicherung des Kanalbettes durch Verbreiterung

Abmessungen
Länge 98,637 Kilometer, Breite im Wasserspiegel 162 Meter (teilweise noch 102,5 Meter), Breite in der Sohle 90 Meter (teilweise noch 44 Meter), Wassertiefe 11 Meter

Zulassungen
Tiefgang 9,5 Meter für Schiffe bis 160 Meter Länge und 27 Meter Breite, darüber gestaffelte Beschränkungen, Höhe über dem Wasserspiegel 40,0 Meter, Höchstgeschwindigkeit für Schiffe 12 bis 15 Kilometer/Stunde, Schiffe mit einem Tiefgang unter 3,1 Meter sind lotspflichtig. Schiffe breiter als 15 Meter oder über 2500 Bruttoregistertonnen haben zudem Lotsen anzunehmen. Sportfahrzeuge dürfen den Kanal nur während der Tagfahrzeit durchlaufen.

Brücken
Straßenhochbrücke Brunsbüttel, Eisenbahnhochbrücke Hochdonn, Autobahnhochbrücke Hohenhörn, Eisenbahn- und Straßenhochbrücke Grünenthal, Eisenbahnhochbrücke Rendsburg, Autobahnhochbrücke Rade, 1. Eisenbahn- und Straßenhochbrücke Levensau, 2. Straßenhochbrücke Levensau, 1. Straßenhochbrücke Holtenau, 2. Straßenhochbrücke Holtenau

Tunnel
Straßentunnel Rendsburg, erbaut 1957 bis 1961, unterführt die B 77, Gesamtlänge 1 278 Meter, geschlossene Tunnelstrecke 640 Meter, Fußgängertunnel Rendsburg, erbaut 1962 bis 1965, Länge der Röhre 130 Meter, Innendurchmesser 4,50 Meter

Fähren
Brunsbüttel, Ostermoor, Kudensee, Burg, Hochdonn, Hohenhörn, Fischerhütte, Oldenbüttel, Breiholz, Rendsburg (Schwebefähre), Nobiskrug, Sehestedt, Landwehr, Kiel-Holtenau

Foto: Christian Asbrock, airspective

Wie ein Keil, getrieben ins Land

Der Flieger sieht die Welt ja nicht nur von oben, er sieht sie auch ganz hoch von der Seite. Und das verschiebt die ganz normalen Eindrücke, die man auf dem Erdboden hat, ein wenig ins Fantastische. Wie langweilig sind nur die Karten! Papier, das man lesen muss.

Ganz anders die lebendige Draufsicht aus der freien Bewegung mit ihren spontanen Speicherungen. Das völlig Unerwartete schießt durch die Augen ins Hirn und eilt weiter durch die unerfindlichen Kanäle, bis es sich am Ende beruhigt und als neues Wissen herauswächst.

Und so war es mit dem unsäglichen und doch ganz vertrauten Wort »tom kyle«, das zwar Kiel seinen Namen gab, aber eigentlich überall an diesen Ufern zu Hause ist. Etwa in und um Eckernförde, dessen Bucht hineingeschlagen erscheint zwischen die Steilküsten von Schwedeneck und Schönhagen, mit seinem letzten stumpfen Zacken das Windbyer Noor herausgewunden hat und dann zerschmelzend abzog nach Norden. Keine Rede davon, dass unten am Schiff auch ein Keil seine unstete Arbeit verrichtet. Doch jetzt fliegen wir.

Als Landschaftspfleger werden Galloway-Rinder eingesetzt. (Foto: C. Grave)

Rand des Schutzgebietes gehen auf menschliche Anpflanzungen zu Küstenschutzzwecken zurück. Im Zuge der fortdauernden Sukzession breiten sich in den letzten Jahrzehnten vermehrt Bäume und Sträucher, unter anderem Weiden, Pappeln, Sanddorn und die einst ebenfalls zu Küstenschutzzwecken eingeführten Kartoffelrosen aus.

Fauna

Das recht abwechslungsreiche Landschaftsbild im Naturschutzgebiet Oehe-Schleimünde bietet eine hohe Diversität an Habitaten für eine Vielzahl brütender und rastender Vogelarten. Zwischen 20 und 25 verschiedene Arten brüten jedes Jahr hier. Während viele der am Boden brütenden Seevögel wie Sturmmöwen, Seeschwalben oder Sandregenpfeifer Flächen mit wenig oder ohne Vegetation bevorzugen, suchen sich andere Arten wie Rotschenkel, Rohrammern oder Feldlerchen ihre Brutplätze in höherer Vegetation.

In den 1930er-Jahren gab es hier mit bis zu 4700 Brutpaaren Sturmmöwen und fast 500 Brutpaaren Seeschwalben die größten Vogelkolonien. Bedeutend waren die großen Möwenkolonien früher auch für die Versorgung der lokalen Bevölkerung mit Möweneiern, was durch den Ausdruck »Spiskommer« (Speisekammer) für einen Bereich am südwestlichen Rand des Gebietes deutlich wird. Die Not zum Ende des Zweiten Weltkrieges zwang die Menschen dazu, das Eiersammeln so intensiv zu betreiben, dass 1945 kein einziger Vogel schlüpfen konnte. Nach dem Krieg nahmen die Brutzahlen allmählich wieder zu. Der große Aufschwung setzte jedoch erst in den 1970er Jahren ein, als das Eiersammeln verboten und die intensive Rinderbeweidung eingestellt wurden. Genaue Auflistungen der Brutzahlen befinden sich in Erfurt & Dierschke (1992) sowie in Burkhard (2000).

Die Aufgabe der Rinderbeweidung im Jahre 1973 führte dann zu einer Verdichtung der Pflanzendecke und deutlichen Änderungen der Vegetationsstruktur in einigen Bereichen. Daraus resultierte eine Verschiebung der am häufigsten vorkommenden Brutvögel von den typischen Seevögeln wie Sturmmöwen, Seeschwalben oder Säbelschnäblern hin zu wiesenbrütenden Vögeln wie Feldlerchen, Wiesenpiepern und Rotschenkeln. Eine neue Seevogelkolonie hat sich innerhalb der letzten zehn Jahre im Bereich der Halbinsel Olpenitz auf der Südseite der Schleimündung etabliert. Hier brüten jährlich bis über 600 Brutpaare Sturmmöwen, 25 bis 40 Paare Küstenseeschwalben und einige Exemplare der extrem bedrohten Zwergseeschwalben (eine genaue Auflistung findet sich in Burkhard 2002). Da die Neuentstehung der Olpenitzer Vogelkolonie zeitgleich mit dem Ausbleiben der Brutvögel in Oehe-Schleimünde stattfand, kann von einer Umsiedlung der Bestände ausgegangen werden. Die Bedingungen am neuen Brutplatz unterscheiden sich nur wenig von denen in Oehe-Schleimünde. In einigen Punkten wie Platzangebot und Störungsfreiheit sind die Bedingungen sogar als noch schlechter einzustufen. Das Nahrungsangebot ist an beiden Plätzen sehr gut (Kubetzki 2002). Daher ist davon auszugehen, dass die bisherige Abwesenheit von Bodenprädatoren den entscheidenden Standortvorteil in Olpenitz ausmacht. Bei niedrigen Wasserständen werden die westlich vorgelagerten Windwatten des Schutzgebietes Oehe-Schleimünde erkennbar, in denen große Bestände an Wattwürmern, Seeringelwürmern, Strandkrabben sowie Mies- und Sandklaffmuscheln zu finden sind. Diese dienen zahlreichen Vögeln als Nahrungsgrundlage. So können hier während des Vogelzuges im Spätsommer große Schwärme von mehreren Tausend Gold- und Kiebitzregenpfeifern, Kiebitzen, Alpen- und Sichelstrandläufern, Brachvögeln und Uferschnepfen beobachtet werden. Im Winter halten sich zahlreiche Singschwäne und große Bestände an Eiderenten und andere Entenarten wie Spieß-, Krick-, Schell- und Pfeifente im Gebiet auf.

Neben den Vögeln können in Oehe-Schleimünde weitere Tierarten beobachtet werden. So zeigten Untersuchungen zur Insektenfauna hohe Vorkommen verschiedener Arten vor allem von Käfern und Schmetterlingen (Grosch 1988). Häufig sind auch Erdkröten und Eidechsen. Verschiedene Arten von Fledermäusen können regelmäßig beobachtet werden. Die nunmehr dichte Vegetationsdecke bietet Lebensraum für zahlreiche Kleinsäuger wie Feld- oder Spitzmäuse. Die Verlandung der alten Schleimündung führte in den letzten Jahren zum verstärkten Eindringen von Landsäugetieren in das Gebiet, was im Falle von Bodenprädatoren wie Füchsen, Mardern, Iltissen, Mauswieseln oder Igeln in der Regel mit fatalen Folgen für die bodenbrütenden Vögel verbunden ist. Auch können regelmäßig Rehe beobachtet werden. Während die Zahl der Feldhasen ähnlich dem landesweiten Trend auch in Oehe-Schleimünde zunahm, hat die Zahl der Kaninchen stark abgenommen.

In kalten Wintern wie 1996 können die flachen Strandwälle und Nehrungshaken von dicken Eisschollen aus der Ostsee überdeckt werden. (Foto: H. Köhn)

Naturerlebnis

Jedes Jahr kommen zwischen 6000 und 8000 Besucher nach Oehe-Schleimünde, um sich vor Ort über das Gebiet, über Naturschutz allgemein sowie die Arbeit des Vereins Jordsand zu informieren. Hierfür stehen sowohl in der Vogelwärterhütte in Oehe am Nordrand des Gebietes als auch im südlich des Gebietes gelegenen Lotsenhaus Schleimünde Informationszentren zur Verfügung. Beide Informationszentren sind die Ausgangspunkte für die regelmäßig stattfindenden Führungen in das Gebiet, welches ansonsten zum Schutz der Tiere und der zum Teil seltenen Pflanzen und Pflanzengesellschaften ganzjährig gesperrt ist.

In der Ausstellung im Lotsenhaus befinden sich ein 500-Liter-Meerwasseraquarium mit Tieren und Pflanzen der Ostsee, zahlreiche Informationstafeln über das Naturschutzgebiet, den Verein Jordsand und die Ökologie der Ostsee sowie zwei Dioramen mit Vogelpräparaten. Es besteht die Möglichkeit, Informationsmaterial zu beziehen oder Mitglied im Verein Jordsand zu werden. Das Informationszentrum im Lotsenhaus ist entsprechend den Anlegezeiten der Ausflugsdampfer und nach Vereinbarung geöffnet. Führungen ins Naturschutzgebiet finden täglich um 16 Uhr und entsprechend den Anlegezeiten der Ausflugsdampfer und nach Vereinbarung beziehungsweise Ankündigung vor Ort regelmäßig statt. Die Anreise zum Lotsenhaus Schleimünde ist nur auf dem Wasserweg möglich. Derzeit steuern regelmäßig Ausflugsschiffe von verschiedenen Orten an der Schlei (unter anderem von Maasholm, Kappeln, Schleswig) Schleimünde an. Außerdem besteht die Möglichkeit, mit dem eigenen Boot im naturnahen Sportboothafen Schleimünde festzumachen.

In der Ausstellung in der Vogelwärterhütte in Oehe befinden sich ein Diorama mit typischen Vögeln und Pflanzen des Gebietes, zahlreiche Informationstafeln, eine Gesteinssammlung, eine Sammlung verschiedener Vogeleier und eine Ausstellung unterschiedlicher Nistkästen. Auch hier besteht die Möglichkeit, Informationsmaterial zu beziehen oder in direktem Kontakt mit dem Vogelwärter zu diskutieren. Das Informationszentrum in Oehe ist von April bis Oktober täglich (außer am Montag, dem traditionellen »Vogelwärtersonntag«) von 10 bis 17 Uhr geöffnet. Die anderthalb Stunden dauernden Führungen finden dann jeweils um 10 Uhr ab Vogelwärterhütte statt. Zur Vogelwärterhütte gelangt man am besten von Maasholm aus, wenn man auf etwa drei Kilometer Fuß-/Radweg am Deich entlang der Beschilderung »Vogelwart« folgt.

Abdruck des Artikels und der Fotos mit freundlicher Genehmigung von: Verein Jordsand zum Schutze der Seevögel und der Natur e.V., Haus der Natur, Bornkampsweg 35, 22926 Ahrensburg, Tel. (0 41 02) 3 26 56, Fax (0 41 02) 3 19 83, info@jordsand.de, www.jordsand.de.

Im Winter rasten Hunderte Singschwäne auf den Windwatten im Schutzgebiet. (Foto: K. Wernicke)

Literatur

Burkhard, B. (2000): GIS-basierte Analyse der Brutvogelverteilung im Naturschutzgebiet Oehe-Schleimünde/Ostsee. Diplomarbeit Humboldt-Univ. Berlin.

Burkhard, B. (2002): Sturmmöwenbrutkolonie an der südlichen Schleimündung bei Olpenitz. Seevögel 23, Heft 1.S. 25–28.

Christiansen, W. (1941): Beobachtungen an Dauerquadranten auf der Lotseninsel Schleimünde. Schriften der Naturwissenschaftlichen Vereinigung Schleswig-Holsteins 22.

Erfurt, H.-JV. Dierschke(1992): Oehe-Schleimünde, Naturschutzgebiet an der Ostseeküste Schleswig-Holsteins. Seevögel 13, Sonderheft 1.

Franzen, H. (2000): Chronik Oehe-Maasholm. 5. erweiterte und überarbeitete Auflage. Selbstverlag, Maasholm.

Grosch, K. (1988): Untersuchungen zur Käferfauna des Naturschutzgebietes Oehe-Schleimünde. Unveröffentlichter Bericht.

Kubetzki, U. (2002): Verbreitung, Bestandsentwicklung, Habitatnutzung und Ernährung der Sturmmöwe (Larus canus) in Norddeutschland: Ökologie einer anpassungsfähigen Vogelart im Übergangsbereich zwischen Land und Meer. Dissertation Univ. Kiel.

Meier, H. O. (1966): Das Naturschutzgebiet Oehe-Schleimünde, eine pflanzensoziologische Studie. Staatsexamensarbeit PH Flensburg.

Prüter, JG. Vauk (1992): Zur Ernährung des Fuchses (Vulpes vulpes) im Naturschutzgebiet »Vogelfreistätte Oehe-Schleimünde«. Seevögel 13, S. 34–36.

Voss, F. (1967): Die morphologische Entwicklung der Schleimündung. Hamburger Geographische Studien, Heft 20, Selbstverlag Universität Hamburg.

Walbrun, B. (1987): Gutachten zum Naturschutzgebiet »Oehe/Schleimünde« auf vegetationskundlicher Basis. Göttingen (unveröffentlicht)

Die Kieler Förde – ein Gefühl von Fernweh

Schiffe, Werften, fremde Sprachen

Die Kieler Förde ist eine etwa 17 Kilometer lange Bucht der Ostsee, die durch Gletscherbewegungen in der letzten Eiszeit entstand und eine schmale Form aufweist. Sie liegt zwischen den Landschaften Dänischer Wohld und Probstei. An ihren inneren Ufern breitet sich die Landeshauptstadt Kiel bis in das benachbarte Hinterland aus.

Die Kieler Förde ist ein Teil der großen Kieler Bucht, die im Süden und Westen von den Küsten Schleswig-Holsteins, im Südosten von der Insel Fehmarn und im Norden von den dänischen Inseln Als, Ærø und Langeland begrenzt wird. Aus ihr gehen alle vier weiteren, sehr viel kleineren Buchten hervor, die eigentlich nichts anderes als verlängerte Meeresarme der Kieler Bucht darstellen: die Kieler Förde, die Eckernförder Bucht, die Schlei und die Flensburger Förde – eben die Protagonisten des Fördenlandes. Die Kieler Bucht selbst ist durch den Fehmarnbelt und den Fehmarnsund mit der Mecklenburger und der Lübecker Bucht verbunden.

Im Herzen der Kieler Bucht steht der Leuchtturm Kiel auf der Position N54°30′01 und E10°16′30. Er dient als Leuchtfeuer für die Seefahrt und als Lotsenstation, besitzt eine Wetterstation und eine Messstelle des IFM-Geomar und des Bundesamts für Strahlenschutz. Von See her kommend ist der Leuchtturm Kiel oft der erste Gruß der Heimat nach monatelanger Großer Fahrt, manchmal auch nur das Tagesziel eines kleinen Hochseetörns aus einem der Küstenhäfen.

Ein stetiger Strom von Schiffen

Je weiter man sich der Kieler Förde von Osten nähert, desto dichter wird der Schiffsverkehr. Dies hat vor allem den Grund, dass in Holtenau der Nord-Ostsee-Kanal mündet und seine Kanalfahrer nach knapp 99 Kilometer in die Förde und damit die Ostsee entlässt.

Der Nord-Ostsee-Kanal (NOK, englisch Kiel Canal) erspart den Schiffen bekanntlich den längeren Weg durch das Skagerrak um die Nordspitze Dänemarks. Es ist eine amüsante Fußnote der Geschichte, dass Kaiser Wilhelm II. zur Finanzierung des Kanals die legendäre Schaumweinsteuer einführte. Der Kanal wurde 1918 durch den Versailler Vertrag internationalisiert und ist nach wie vor die meist befahrene künstliche Wasserstraße der Welt. 2006 passierten etwa 43 000 Schiffe den Kanal.

Es ist also gar kein Wunder, wenn sich die Kieler Förde in gewissen Rhythmen mit Kanalfahrern füllt. In Stoßzeiten warten manchmal ein Dutzend Schiffe auf Schleuseneinlass, begleitet vom quirligen Hin und Her der Lotsenversetzboote.

Die Holtenauer Schleusen bestehen aus verschiedenen Kammern, den alten mit 125 m

Länge und 22 Meter Breite und den neuen mit 310 Meter Länge und 42 Meter Breite. Die Schleusungszeit beträgt 45 Minuten. In Holtenau feierte das Deutsche Reich mit Kaiser Wilhelm I. und einer Vielzahl von Ehrengästen am 3. Juni 1887 die Grundsteinlegung des Kanals, von der am örtlichen Leuchtturm eine Gedenktafel berichtet.

Mit den Fördeschiffen unterwegs

Wenn man mit dem Fördeschiff, das in Kiel ein allgemeines Verkehrsmittel wie Bus und Bahn darstellt, von einer der Anlegebrücken nahe der Innenstadt Richtung Laboe fährt, erlebt man die Förde erst einmal ganz anders. Das Schiff »hüpft« von Anleger zu Anleger, freundliche und auch manchmal wortkarge Kielerinnen und Kieler steigen an Bord, sie kommen von der Arbeit oder vom Einkaufen und fahren nach Hause. Vor dem Landtagsgebäude an der Reventlou-Brücke nimmt der Kapitän den letzten großen Schwung an Passagieren auf, ehe er an das andere Ufer hinübersteuert. Steuerbord ragen die blauen hohen Bauten von Howaldt-Deutsche Werft in den Himmel, darunter liegt, wie ein gestrandeter Wal, ein U-Boot in Reparatur.

Bei Dietrichsdorf am Ostufer mündet die malerische Schwentine in die Kieler Förde. Sie ist zusammen mit der in die Nordsee mündenden Eider, die westlich von Kiel vorbeifließt, Ausdruck der genau durch die Stadt verlaufenden Wasserscheide des Landes. Hier wie auch am gesamten Fördeufer befinden sich die Liegeplätze der Segler. Der Olympiahafen in Schilksee ist der größte Segelhafen an der Förde, der besonders während der Kieler Woche von Booten nur so überquillt.

Nach der Station Mönkeberg legt der »Dampfer«, wie man immer noch sagt, in Heikendorf an und umschifft dann eine markante Halbinsel. Auf ihr grüßt ein Seeadler hinaus Richtung offene See. Hier liegt das Ehrenmal der gefallenen U-Bootfahrer des Ersten und Zweiten Weltkriegs, deren Namen auf zahllosen Bronzetafeln verewigt sind.

Ein Barkasse eilt vorüber.

Ein anderer Förde«dampfer« passiert.

Der Seeadler am U-Boot-Ehrenmal von Möltenort

Ein Schiff wartet auf den Schleuseneinlass

Am Kai von Laboe

Laboe kommt in Sicht.

Die Gedenkstätte kann besichtigt werden und hinterlässt bei den Besucherinnen und Besuchern wegen ihrer schlichten Eindringlichkeit einen tiefen Eindruck.

Das Fischerdorf Heikendorf war vor einigen Jahrzehnten Sitz einer Künstlerkolonie, deren Werke den Grundstein für das 2000 eröffnete Künstlermuseum legten. Adolf Brütts Plastik »Fischer« erinnert an diese Blütezeit. Seit 1967 ist Heikendorf staatlich anerkanntes Seebad. An seinen Fördestränden tummeln sich an heißen Sommertagen viele Kieler, die es nach der Arbeit mit einem kurzen Schiffstörn noch hierher zieht.

Nun nähert sich das Schiff der engsten Stelle der Kieler Förde, die hier nur 1 Kilometer breit ist. An der sogenannten Friedrichsorter Enge, die durch eine ausladende Landzunge von Westen gebildet wird, erhebt sich an der Fahrrinne der bekannte grün-weiße Leuchtturm. Er markiert auch den Übergang von der Innen- zur Außenförde.

Die ganze Breite der Außenförde

Im Nordosten erscheint schon die imposante Silhouette des anderen Ehrenmals, nämlich desjenigen von Laboe. Nahezu jeder Mensch in Deutschland hat ihn schon einmal auf Bildern oder Postkarten gesehen, den hoch aufragenden Turm am Strand von Laboe. In ihm wird nicht nur der im Krieg umgekommenen Marinesoldaten, sondern aller auf See Gebliebenen gedacht.

Das Schiff hat eine ziemlich lange Anfahrt auf den Hafen von Laboe, während der man viel Zeit hat, sich umzuschauen. Die Außenförde gibt den zahlreichen Schiffen, Segelbooten und Motoryachten jetzt viel Raum. Gegen See schiebt sich ein Ozeanriese, wahrscheinlich eine der Riesenfähren aus Oslo oder Göteborg, über den Horizont heran. Es ist ein irgendwie majestätischer Anblick. Doch die Dinge an Bord fordern die Aufmerksamkeit zurück.

Am Anleger von Laboe ist deutlich mehr los als bei den anderen Stationen. Das liegt einerseits daran, dass hier der Wendepunkt der Fördelinie ist, andererseits ist Laboe ein äußerst beliebtes Tagesziel für Kiel-Gäste. Auch die Urlauber vor Ort genießen gerne einmal eine günstige Seefahrt mit ganz vielen interessanten Ansichten. Besonders Familien sind auf der Förde unterwegs.

Eine Kieler-Förde-Spezialität sind die Fahrradfahrer, die ihr Gefährt mit aufs Schiff nehmen. Sie sind morgens bis an den Anleger geradelt, klappen das manchmal sündhaft teure Teil in handliche Größe zusammen, um es dann beim Ausstieg wieder zu entfalten. Es sind zumeist Beamte der Landesbehörden oder Angestellte der Innenstadt, die so zur Arbeit fahren. Sie brauchen kein Auto, nur das Schiff.

Die Blicke schweifen von der Reling über den Hafen, der voller Boote liegt. Auch ein Seenotrettungskreuzer ist hier stationiert. Der Turm des Ehrenmals ist hinter den Strandhotels verschwunden. Man wird ihn erst wieder sehen, wenn man ablegt. Er ist für die Seefahrt überhaupt fast so viel wert wie ein Leuchtturm, ein Seezeichen des Tages –

Segler vor Laboe

Der Leuchtturm von Friedrichsort an der schmalsten Stelle der Förde

Geschäftiges Treiben während der Kieler Woche in Schilksee

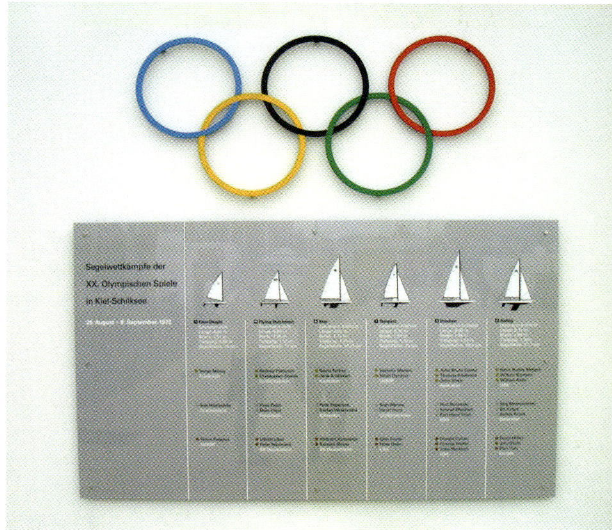

Olympia-Gedenktafel unterhalb des Feuers

Das erloschene olympische Feuer von Schilksee

und ein ganz besonderes. Man kann es wirklich meilenweit sehen, ob landseits von der Schönhagener Steilküste oder vom Meer aus, wenn man die Förde etwa aus Richtung Fehmarn ansteuert.
Schilksee und Strande verstecken sich ein wenig in ihrer geschützten Bucht. Nur die hohen ehemaligen Olympiabauten sind gut zu erkennen. Der Leuchtturm von Bülk verschwindet im nordwestlichen Dunst.

I am sailing

1936 und 1972 fanden auf der gesamten Außenförde die olympischen Segelwettbewerbe statt, genau auf dem Revier der jährlichen Kieler Woche. Die damaligen Organisatoren hatten eigentlich leichtes Spiel. Nur die tragischen Ereignisse von München lassen die so fröhlich begonnenen Tage von Schilksee heute in etwas gedämpften Farben erscheinen.

Windjammerparade 2007

Der Segelsport ist in der Landeshauptstadt eine wahre Herzensangelegenheit. Die Förde bietet alle Möglichkeiten, Segelerfahrungen zu sammeln und den Sport aktiv und auch regattamäßig zu betreiben. Die Vielzahl der Segelvereine an der Kieler Förde, das Segelzentrum der Universität, der Verein Schüler Segeln in Schleswig-Holstein, Segelschulen und das bundesweit einmalige Segelcamp Camp 24|sieben sind Ausweise dieser Präsenz.
Die jährlich im Juni stattfindende Kieler Woche und die zahlreichen Regatten auf der Kieler Förde sind wichtige Veranstaltungen im Regattasport. Punkte und Pokale sind aber nicht der einzige Beweggrund zum Segeln. In Kiel gehört Segeln zum Leben einfach dazu. In den neun Sportboothäfen der Stadt gibt es über 2 200 Wasser- und 460 Landliegeplätze für Yachten und Jollen. Zahlreiche Plätze in den Häfen der Umlandorte kommen noch hinzu.
In Falkenstein, am kurtaxfreien Strand der Kieler, sammeln sich am letzten Wochenende der Kieler Woche Zehntausende von Menschen, um das wohl größte Spektakel der Segelsaison mitzuerleben. Die Windjammerparade ist natürlich auch ein touristischer Höhepunkt des Jahres. Wer die Unmenge an kleinen und großen Seglern, von der kleinen Einhandjolle bis zur stolzen Viermastbark, nie mit eigenen Augen gesehen hat, dem kann man dieses Weltereignis des weißen Sports kaum beschreiben. Zwischen den Yachten und Mehrmastern hindurch schieben sich gleichzeitig und fahrplangemäß auch noch die mächtigen Fährschiffe, ein Bild, das in der Perspektive der Entfernung geradezu gespenstischschön anmutet.

Am Strand von Falkenstein

Die Lindenau-Werft in Friedrichsort

Lotsenversetzboot im Anmarsch

Mit dem Schwimmdock auf die Flucht

Das Fördeschiff ist bei Beginn des Rundtörns, den man unbedingt empfehlen kann, auch mit Unterbrechungen etwa in Heikendorf oder Laboe, an der Howaldt-Deutsche Werft vorbeigefahren. Jetzt passiert es den anderen großen Schiffbaubetrieb, die Lindenau-Werft in Friedrichsort. Die Lindenau GmbH, Schiffswerft & Maschinenfabrik in Kiel ist eine der produktivsten mittelständischen Schiffswerften an der deutschen Küste und wurde bereits 1919 im Baltikum gegründet.

Vor der anrückenden Roten Armee musste Ende 1944 auch der damalige Firmenbesitzer Harald Lindenau (1915 bis 2007) fliehen. Um die verbliebenen Arbeiter nicht hilflos ihrem Schicksal auszuliefern, ließ er kurzerhand das größte Schwimmdock (2600 Tonnen) seefest verschweißen und seine Arbeiter mit ihren Familien sowie ein wenig Werkzeug und Proviant an Bord bringen. Er zog dieses Gespann mit dem werfteigenen Schlepper zunächst bis nach Gotenhafen, später bis in die Kieler Bucht.

In Friedrichsort am Nord-Ostsee-Kanal gründete Lindenau sein Unternehmen neu und konnte bereits 1952 wieder die ersten Neubauten vom Stapel laufen lassen.

Ein Frachter verlässt die Holtenauer Schleuse.

Heute hat die Werft etwa 350 Mitarbeiter und ist bekannt für ihre Spezialtanker (Chemikalien, Rohöl/Ölprodukte) und Forschungsschiffe, ist aber auch als Reparaturbetrieb tätig. Das kleinere der beiden Schwimmdocks ist eben jenes, das Harald Lindenau bei Kriegsende zur Flucht nutzte. Es ist noch voll funktionsfähig. Über 225 Neubauten wurden bislang an Auftraggeber in aller Welt abgeliefert.

Howaldt-Deutsche Werft (HDW) baut heute die modernsten nichtnuklearen U-Boote der Welt. Auch im Handelsschiffbau ist der Betrieb gut im Geschäft. HDW ist einer der größten Arbeitgeber im Lande und beschäftigt zwischen 4 000 und 6 700 Mitarbeiter. Eingerechnet die rund 5 000 Zulieferbetriebe in Deutschland sorgt HDW direkt und indirekt für rund 15 000 Familien.

Das Weltunternehmen begann eher bescheiden, als August Ferdinand Howaldt und sein Teilhaber Johann Schweffel am 1. Oktober 1838 – Kiel war damals noch dänisch – ein Unternehmen für Dampfmaschinen, Dampfkessel, landwirtschaftliche Maschinen, Öfen und dergleichen gründeten. Im Deutsch-Dänischen Krieg 1851 bauten die beiden mit dem »Brandtaucher« das erste U-Boot, das nach heutigen Grundlagen konstruiert war.

Der Schiffbau unter dem alleinigen Namen Howaldt begann 1865 mit einem kleinen Dampfer

»Vorwärts«. Um 1900 waren die Howaldtswerke schon eine der bedeutendsten Werften in Deutschland. 390 Dampfer aller Art waren hier inzwischen gebaut worden. Die Zeit bis zum Ende des Zweiten Weltkriegs verlief sehr wechselvoll, unter anderem mit der Beinahe-Pleite im Jahre 1926, aus der man sich aber retten konnte. Ab den 1950er-Jahren stabilisierte sich die Betriebsentwicklung, die 2005 in den neuen europäischen Werftenverbund ThyssenKrupp Marine Systems AG mit Hauptsitz in Hamburg einmündete.
Bemerkenswert ist an dieser kurzen Werftbiografie, dass die Geschichte mit einem U-Boot begann und auch mit einem solchen den letzten Stand der Technik repräsentiert.

Regieren mit Blick auf die Förde

Zum Abschluss dieser Fördefahrt passieren wir das Landeshaus, in dem das schleswig-holsteinische Parlament tagt und die Regierung arbeitet. Das Gebäude hat in den späten 1980er- und den frühen 1990er-Jahren turbulente Zeiten erlebt, die mittlerweile wieder in norddeutscher Gelassenheit verlaufen.
Überhaupt strahlt das Regierungsviertel im Stadtteil Düsternbrook und am Hindenburgufer eine fast hanseatisch-zurückhaltende Atmosphäre aus. Vielleicht ist es die überall sichtbare Internationalität, die Sprachenvielfalt an und auf der nahen Förde, die ständige Beflaggung mit fremden Fahnen und die häufige Rolle als baltischer Gastgeber, die den Ort so erscheinen lässt. Auf jeden Fall fühlt sich die Welt an der Förde zu Hause, und das nicht nur in den Tagen der Kieler Woche.

HDW – Howaldt-Deutsche Werft

Traditionsschiffe in Düsternbrook

Mit dem weiten Blick aufs Meer

Das Hotel Restaurant Café SCHEERHAUS (Foto: Deutscher Marinebund e. V.)

Der Verein Deutscher Marinebund e. V. in Geschichte und Gegenwart

Der Verein Deutscher Marinebund e. V. (DMB) hat es sich zur Aufgabe gemacht, das maritime Bewusstsein in Deutschland zu fördern. Er ist dabei politisch und weltanschaulich unabhängig und hat lediglich die legitimen nationalen Interessen unseres Landes im Fokus.
Der Verein Deutscher Marinebund e. V. kann auf eine lange, über hundertjährige Tradition zurückblicken. Im Juni 1891 wurde der »Bund Deutscher Marinevereine« gegründet.
Im Dritten Reich verlor der Marinebund seine Selbstständigkeit, und erst Ende 1952 wurde der Verein Deutscher Marinebund e. V. als Dachverband aller Marine-Vereine und -Kameradschaften in Wilhelmshaven wieder gegründet. Heute ist der DMB der größte maritime Interessensverband Deutschlands und unterstützt durch eine eigene Organisation die Jugendarbeit.
Das Sozialwerk des DMB fördert den Zusammenhalt sowie die Gesundheit und das Wohlbefinden der DMB-Mitglieder im Hotel Café Restaurant SCHEERHAUS zu Füßen des Marine-Ehrenmals. Buchungen für das inzwischen allen Gästen offenstehende Scheerhaus (www.hotel-scheerhaus.de) können unter der Telefonnummer (0 43 43) 4 27 00 oder unter scheerhaus@maritime-sg.de durchgeführt werden.

Das Technikmuseum U 995 zu Füßen des Ehrenmals

Das Marine-Ehrenmal in Laboe

Nach Ende des Ersten Weltkrieges entstand die Idee, eine Gedenkstätte für die gefallenen Marinesoldaten zu errichten. 1936 wurde das Marine-Ehrenmal in Laboe eingeweiht.
Die weithin sichtbare Silhouette seines 85 Meter über der Ostsee aufragenden Turms prägt das Gesicht der Kieler Außenförde. Zwei Aufzüge oder 341 Stufen führen zu einer Aussichtsplattform, von der aus sich ein einzigartiger Rundblick über Land und Meer öffnet.
Ursprünglich dem Gedächtnis der im Ersten Weltkrieg gefallenen Angehörigen der Kaiserlichen Marine gewidmet, wurde das Ehrenmal nach erneuter Übernahme durch den DMB am 30. Mai 1954 zur Gedenkstätte für die auf den Meeren gebliebenen Seeleute aller Nationen und zugleich zum Mahnmal für eine friedliche Seefahrt auf freien Meeren.
Neben dem markanten Turm gibt es eine unterirdische Gedenkhalle sowie die Historische Halle mit maritimen Exponaten.

U 995

Das Boot wurde am 16. September 1943 bei Blohm & Voss in Hamburg als U 995 in Dienst gestellt. Es gehörte zum Typ VII C, von dem bis 1945 insgesamt 693 Einheiten fertiggestellt wurden. Bis Kriegsende ist U995 vorwiegend im Nordmeer eingesetzt worden.
1947 wurde U 995 zusammen mit zwei weiteren VII-C-Booten von der Königlichen Norwegischen Marine übernommen und fuhr ab Dezember 1952 als »Kaura« – NATO-Bezeichnung »S-309« – unter norwegischer Flagge. 1965 machte man der deutschen Bundesmarine das Boot als Zeichen der Aussöhnung zum Geschenk, die es als Leihgabe an den Verein Deutscher Marinebund e. V. übertrug. 1972 konnte man U 995 seiner neuen Bestimmung als technisches Museum übergeben. Seither wurde das U-Boot zum Anziehungspunkt von fast 10 Millionen Besuchern. Heute besuchen es jährlich etwa 350 000 Menschen.

Deutscher Marinebund e. V.
Strandstraße 92
24235 Laboe
Tel. (0 43 43) 42 70 62
Fax (0 43 43) 42 70 67
vz@deutscher-marinebund.de
www.deutscher-marinebund.de

DEUTSCHER MARINEBUND e.V.
VON 1891

Sprenge
Altbülk
Leuchtturm Bülk
OSTSEE
Strande
Olympiahafen
Dänischenhagen
Schilksee
Außenförde
DÄNISCHER WOHLD
U 995
Marine-Ehrenmal
Stein
Falkensteiner Strand
Laboe
Lutterbek
Historische Rathmannsdorfer Schleuse
Friedrichsort
Neuheikendorf
Holtenau
Heikendorf
U-Boot-Ehrenmal
Möltenort
Neuwittenbek
Holtenauer Schleusen
Probsteierhagen
Nord-Ostsee-Kanal
Wik
Innenförde
76
Mönkeberg
PROBSTEI
Schönkirchen
Düsternbrook
Landtag
Dietrichsdorf
Kunsthalle
Schloss
Gaarden
A215
KIEL
A210
Schwentine
A215

Jacob Georg Christian Adler (8.12.1756 bis 22.8.1834)

Theologe, Orientalist, Generalsuperintendent

Das Urteil, dass Jacob Georg Christian Adler zu den großen Gestalten der schleswig-holsteinischen Kirchengeschichte gehört, ist sicherlich zutreffend. Aber es verteilt die Wertschätzung von der Sache und von der Person her doch sehr einseitig. Eine solche Hochbegabung wie der am 8. Dezember 1756 in Arnis als Sohn des dortigen Pastors Georg Christian Adler (1724 bis 1804) und seiner Ehefrau Johanna Elise (1729 bis 1806) geborene Schultze geborene Jacob Georg Christian verdient nicht mehr Ehre, sondern eine andere.

Er, der nach seinem Geburtsort Arnis an der Schlei und seinem Sterbeort Gliekau bei Lütjenburg in Holstein ein echter Fördenländer zu sein scheint, hat seiner Heimat, das ist beiden Herzogtümern, mit Kraft und Geist gedient, aber sie dennoch innerlich zutiefst und oft verlassen.

Als 17-jähriger Gymnasiast in Altona, wohin sein Vater inzwischen zum Pastor an der dortigen Dreifaltigkeitskirche berufen worden war, publizierte Jacob Georg Christian Adler eine Sammlung jüdischer Verträge auf Neuhebräisch. Zur eigenen Freude und Erbauung sammelte er arabische Münzen und frühe Bibelhandschriften. 1775 nahm er das Theologiestudium an der Christian-Albrechts-Universität in Kiel auf, widmete sich allerdings auch sehr gründlich den orientalischen Sprachen. 1777 bezog er die mecklenburgische Universität Bützow, um den renommierten Orientalisten Oluf Gerhard Tychsen (1734 bis 1815) zu hören. Zwei Jahre später wechselte Adler nach Kopenhagen, um dort talmudische Literatur zu studieren und in der Königlichen Bibliothek Untersuchungen an arabischen Handschriften durchzuführen.

Inzwischen war der dänische Politiker Guldberg auf den talentierten und äußerst fleißigen Adler aufmerksam geworden und verschaffte ihm ein Reisestipendium zu den bedeutenden Bibliotheken Europas. Von 1780 bis 1782 betrieb er gezielte und ausgedehnte Studien in Deutschland, Österreich, Italien, Frankreich und den Niederlanden. In seinen Aufzeichnungen dieser Jahre finden sich Einträge berühmter Gelehrter, die er in Wien, Bologna, Rom, Paris, Amsterdam und Leiden aufgesucht hat. Mehr als ein Jahr verbrachte er in Rom, um alte syrische Bibelhandschriften zu untersuchen, textkritische Studien zur Heiligen Schrift zu unternehmen und, was zu damaliger Zeit schon seherischen Spürsinn bewies, bei ägyptischen Mönchen Koptisch zu lernen.

Koptisch besitzt eine eigene Schrift, das Koptische Alphabet, welches aus dem griechischen Alphabet abgeleitet und um acht Zeichen ägyptisch-demotischen Ursprungs erweitert worden ist. Im Gegensatz zur demotischen Konsonantenschrift konnten hiermit auch Vokale bezeichnet werden, was heute für die Erforschung der Aussprache der ägyptischen Vorgängersprachen von immenser Bedeutung ist. Koptisch wird heute noch im Gottesdienst der koptischen Christen als Sakralsprache benutzt und dient seit Kurzem auch wieder als Identifikationsmerkmal unter jungen Kopten, um sich von der ägyptisch-arabischen Kultur abzusetzen.

1636 hatte der Jesuit Athanasius Kircher die erste koptische Grammatik veröffentlicht, gerade rechtzeitig, um die Grundlagen des damals als Verkehrssprache aussterbenden Koptisch zu fixieren. Ganz offensichtlich war Adler vom Problem der Aussprache der nur in Konsonantenschriften dargestellten Idiome Afro-Asiens fasziniert. Gleichzeitig zeigte er starkes Interesse an der Hinterfragung der Heiligen Schrift selbst. Die Ergebnisse und Reiseeindrücke dieser beiden Studienjahre im Ausland wurden in zwei Büchern veröffentlicht, herausgegeben von seinem Bruder Johann Christoph Georg Adler (1758 bis 1815). Die darin dargestellten und erläuterten Handschriftenvergleiche alter syrischer Bibelübertragungen mit den bekannten hebräischen und griechischen Versionen ließen die Fachwelt aufhorchen. Adler hatte, vielleicht nicht als erster, so doch als gelehrtester auf enorme Schwächen des biblischen Kodex, wie er auch von der protestantischen Kirche verwendet wurde und wird, hingewiesen. Er hatte sozusagen das eine Ende eines Fadens entdeckt, der, wenn man an ihm entlangforschte, zum Flickenteppich der urchristlichen Überlieferung führen musste. Und dies konnte im Ergebnis die ganze Theologie und mit ihr den Glauben so erschüttern, dass deren Gebäude, wie von einem wissenschaftlichen Beben heimgesucht, in sich zusammenstürzen würde.

Innenraum der Kirche von Arnis: In dem Schleiort wurde Adler geboren.

Jacob Georg Christian Adler (Gemälde von Carl Maria Goos, 1834, Abbildung: Schleswig-Holsteinische Landesbibliothek)

Die Landeshauptstadt Kiel

Mit »Tom Kyle« fing es an

Wer am Kieler Hindenburgufer seinen Sonntagsspaziergang macht, trifft, ohne es vielleicht zu wissen, auf den Namensgeber der schleswig-holsteinischen Landeshauptstadt. Der erste Stadtname lautete nämlich »Holstenstadt Tom Kyle« (die Holstenstadt an der Förde). Das »y« wurde ausgesprochen wie ein langes »i«. Im Altnordischen war »Kill« die Bezeichnung für einen Keil, den das Meer ins Land getrieben hatte, also eine schmale Meeresbucht oder Förde.

Kiel wurde zwischen 1233 und 1242 vom Schauenburger Grafen Adolf IV. von Holstein gegründet. Wenn man sich die territorialen Grenzen von damals vor Augen hält, wird klar, warum der Graf nur hier eine eigene Hafenstadt an der Ostsee bauen konnte. Es war die einzige Stelle des sächsischen Gebietes, die überhaupt Meereskontakt hatte. Nördlich der Levensau lag Dänemark, östlich vom Limes Saxoniae an der Schwentine lag das slawische Wagrien. »Tom Kyle« wurde zum nördlichsten Ort im Heiligen Römischen Reich.

Kiel gewann von Anfang an nicht die Handelskraft seiner Nachbarstädte Flensburg und Lübeck. Obwohl seit 1283 Mitglied der Hanse, kam die Stadt nicht genügend frei von den landesherrlichen Einflüssen und wurde 1518 wieder aus dem Handelsbund ausgeschlossen. Kiel war und blieb eine eher ländliche Metropole.

Der Kieler Umschlag wurde 1469 erstmalig erwähnt und wird heute noch gefeiert. Eine Woche lang (vom 6. bis 14. Januar) betrieben Händler, Kaufleute und Handwerker aus dem ganzen Land Geschäfte in der Stadt. Man kann den Kieler Umschlag als eine Art mittelalterliche Marktmesse bezeichnen, die mit dem besagten Volksfest endete.

Kiel sollte man sich im Mittelalter als einen Flecken vorstellen, deren Einwohnerschaft sich in der kleinen Altstadt konzentrierte. Neben dem

Blick über die Innenförde auf Howaldt-Deutsche Werft

Die größte Kieler Werft HDW

Der Kieler Landtag liegt direkt an der Förde.

Am Hindenburgufer

vom Stadtgründer gestifteten Franziskanerkloster gab es die schon 1240 errichtete Nikolaikirche, um die sich die Häuser gruppierten.

Pfaffengezänk und eine einträgliche Konfiskation

Zur Zeit der Reformation war Kiel immer noch nicht groß und mächtig genug, um im Konzert der schneller gedeihenden Nachbarstädte mitzuspielen. Der Glaubenswechsel selbst vollzog sich auch nicht so problemlos wie anderswo im Norden.

1527 lud der Dänenkönig Friedrich I., der selbst als heimlicher Lutheraner galt, den Laienprediger Melchior Hofmann zur Beförderung der Reformation nach Kiel ein. Hofmanns Lehre vom Abendmahl, wonach Brot und Wein lediglich Christi Leib bedeuten, aber nicht sind, widersprach allerdings der lutherischen Position an einem zentralen theologischen Punkt. Nach Luther ist Christus im Sakrament höchstpersönlich anwesend.

Das Kieler Schifffahrtsmuseum

Hofmann soll sich mit einem ansässigen Prediger sogar auf der Kanzel geprügelt haben. Das Possenspiel endete damit, dass der König, dem das Pfaffengezänk über war, Hofmann und seine fanatischen Anhänger 1529 des Landes verweisen ließ. Kiel erhielt schließlich eine fundierte lutherische Kirchenordnung, in der das landesherrliche Prinzip mitverankert war. Der Wechsel zum Luthertum hatte nicht nur in Kiel, sondern überall in den dänischen Landen und wenig später auch anderswo die für die Obrigkeit angenehme Folge, dass das bis dahin römische Kirchengut an die Landesherrschaft fiel. Dieser ersatzlose Zugewinn war zweifellos ein erheblicher Beschleunigungsfaktor beim Fortschritt der Reformation. So wurde in Kiel das altehrwürdige Franziskanerkloster kurzerhand aufgelöst und das Gebäude der Stadt überschrieben, die es als Schulhaus und danach als Hospital nutzte.

Gleichzeitig verlor Kiel wie andere Städte auch im Verlauf des 16. Jahrhunderts und frühen 17. Jahrhunderts eine Reihe von Privilegien zugunsten der Landesherrschaft, ein Faktor, der die freiheitliche Stadtentwicklung erneut abbremste.

Herzoge und Könige trieben den Fortschritt an

Doch es gab auch hoffnungsvolle Zeichen. 1665 gründete Herzog Christian Albrecht von Gottorf die Christian-Albrechts-Universität, die nördlichs-

Das Universitätshochhaus

Das Audimax

te Universität im römisch-deutschen Reich, in den Bauten des ehemaligen Kieler Klosters. Die Alma Mater hatte anfangs theologische, juristische, medizinische und philosophische Fakultäten und erhielt bald eigene Gebäude.

Die Kieler Bürgerschaft verhielt sich zunächst abwartend bis ablehnend, denn neben den Gebäudelasten hatte sie die oftmals ausfälligen Studentenhorden zu ertragen. Diese unterstanden ebenso wie die Professoren und Bediensteten der Universität nicht der städtischen Gerichtsbarkeit, sondern der landesherrlichen. Allmählich aber begann die Stadt aus der Universität und ihren Errungenschaften Nutzen zu ziehen.

Nach 1721, als die Gottorfer Herzöge ihre Schleswigschen Besitzungen eingebüßt hatten, wurde Kiel für fünf Jahrzehnte Residenz des restlichen Territoriums. So kam es, dass 1728 im Kieler Schloss der spätere russische Zar Peter III. als Sohn des Herzogs Karl Friedrich von Schleswig-Holstein-Gottorf geboren wurde. Als Zar wollte Peter einen Krieg gegen Dänemark anzetteln, der aber durch seinen frühen Tod zum Glück, auch für Kiel, nicht stattfand.

Peters Witwe, die Zarin Katharina die Große, überließ 1773 Kiel und die Reste des Herzogtums dem dänischen König. So wurde die Fördestadt königlich-herzogliche Residenz und nahm sogleich einen entsprechenden Aufschwung, der auch die Universität erfasste. Ein bis heute sichtbares Zeugnis dieses Wandels ist die 1803 erfolgte Einrichtung eines Botanischen Gartens, der erste seiner Art in Deutschland.

Einmal dänisch, einmal schwedisch, einmal deutsch

Nach dem Ende des Heiligen Römischen Reiches 1806 wurden Kiel und Holstein für einige Jahre gesetzmäßige Teile Dänemarks, was aber andere Nationen nicht hinderte, ihre Soldaten hier einmarschieren zu lassen. Während der Napoleonischen Kriege wurde Kiel im »Kosakenwinter« 1813 von den Schweden besetzt, weswegen auch hier 1814 der seinerzeitige Frieden von Kiel geschlossen wurde. Dieser besagte, dass das Herzogtum Holstein weiterhin vom dänischen König regiert wurde, doch es musste 1815 Mitglied des Deutschen Bundes werden. Formal gehörte Kiel nun wieder zu Deutschland. Auch die hiesigen Studenten disponierten um und einige nahmen 1817 sogar am Wartburgfest teil. Die Kieler Universität entwickelte sich in den folgenden Jahren zu einem Hort der Burschenschaftsbewegung. Aus ihr ging später die Schleswig-Holstein-Bewegung mit Uwe Jens Lornsen hervor.

Das industrielle Zeitalter hatte alsbald auch Kiel erreicht. 1838 kam es hier zur Gründung der Maschinenbauanstalt Schweffel und Howaldt, aus dem später die heutige Werft HDW hervorging. Mit dem Bau der Eisenbahnlinie nach Altona wurde der Ostseehafen Kiel 1844 mit Elbe und Nordsee verbunden. Der berühmte Brandtaucher, das erste Unterseeboot der Welt, war ein Kieler Produkt aus dem Jahre 1850.

1848 ging von der provisorischen schleswig-holsteinischen Regierung in Kiel der Krieg gegen Dänemark aus. Der Versuch, einen selbst-

Das alte Portal der Universität

Kieler Jungs beim Diskutieren

An einem Bootssteg an der Kiellinie

ständigen schleswig-holsteinischen Staat im Deutschen Bund zu schaffen, scheiterte jedoch am negativen Ausgang des Krieges.
1864 erfolgte die Eroberung Schleswig-Holsteins durch Preußen und Österreich im Deutsch-Dänischen Krieg. Kiel wurde zunächst von beiden deutschen Mächten gemeinsam verwaltet. Als jedoch der preußische König 1865 die Verlegung der Ostsee-Marinestation von Danzig nach Kiel verfügte, wurde Kiel innerhalb weniger Jahrzehnte zur Großstadt. Es kam mit der Norddeutschen Werft (später Germania-Werft) ein zweiter großer Schiffbaubetrieb an die Förde. 1866 wurde Kiel endgültig dem preußischen Staat einverleibt. Gemeinsam mit Wilhelmshaven an der Jade wurde die Stadt »Kriegshafen« des neuen norddeutschen Bundes.
Die erste Kieler Woche fand 1882 statt und 1885 wurde Schiffsparade mit Segelregatten und Volksfest veranstaltet. Kaiser Wilhelm II., selbst ein begeisterter Segler und geradezu fanatischer Anhänger einer starken preußisch-deutschen Marine, war selbst häufiger Gast dieser bis heute weltweit größten Segelveranstaltung. Als Volksfest rangiert die Kieler Woche nach dem Oktoberfest und der Cannstatter Wasn in Deutschland auf Platz drei.
Die 1895 erfolgte Eröffnung des Kaiser-Wilhelm-Kanals, der bald zur meistbefahrenen künstlichen Wasserstraße der Welt wurde, machte Kiel endgültig zum Haupthafen der deutschen Kriegsflotte. Mitten im Ersten Weltkrieg avancierte Kiel 1917 zur Hauptstadt der preußischen Provinz Schleswig-Holstein. Vorher war das Oberpräsidium in Schleswig.

Ein geschichtsträchtiger Aufstand

Der Kieler Matrosenaufstand löste 1918 in den letzten Zügen des Kaiserreiches die Revolution aus. Am 3. November erhoben sich hier die Matrosen der im Hafen liegenden Kriegsschiffe und gründeten nach einem mehr zufälligen Scharmützel mit regierungstreuen Truppen einen Tag später den ersten Arbeiter- und Soldatenrat Deutschlands. Die Novemberrevolution hatte begonnen. Diese fegte innerhalb weniger Tage über das ganze Reich und schuf neue machtpolitische Tatsachen, Grundlagen, auf denen die Weimarer Republik ins Leben gerufen wurde.
Die Stadtentwicklung machte auch nach dem Ersten Weltkrieg nicht halt. Der Zivilflughafen Kiel-Holtenau, der 1928 in Betrieb genommen wurde, war ein sichtbares Zeichen der neuen Zeit. Doch aufgrund der Weltwirtschaftskrise kamen auch in Kiel die Nationalsozialisten sehr früh in gehobene Positionen, zum Teil noch vor der Machtergreifung. 1933 wurde die Universität postwendend »gleichgeschaltet« und entwickelte mit der »Kieler Schule« eine dem Regime treu ergebene Rechtsdoktrin. 1936 erlebte Kiel zum ersten Mal olympische Segelwettbewerbe, die auch in einem Film von Leni Riefenstahl dokumentiert wurden.

In Kiel legen die Fähren in der Innenstadt an und ab.

Die Gorch Fock im Scheerhafen beim Segeltraining

Hafenstimmung am Nachmittag

Der Zweite Weltkrieg brachte dann die 80-prozentige Zerstörung der Stadt durch zahlreiche Luftangriffe. Als Kriegshafen und Werftstandort war Kiel eines der wichtigsten Bomberziele im Hitlerreich. Luftbilder von damals zeigen eine endlose Trümmerwüste, die nur hin und wieder von exakt verschonten Arealen unterbrochen wird. Darauf befanden sich offensichtlich Betriebe, die den Alliierten für die Nachkriegszeit wichtig und erhaltenswert erschienen.
Die Welle der vielen ostdeutschen Kriegsflüchtlinge aus dem Baltikum, Ost- und Westpreußen, Pommern und Mecklenburg sowie deren Integration stellte die Stadt seit 1945 vor immense Herausforderungen.

Wiederaufbau nach NS-Plänen

In den Nachkriegsjahren erlebte Kiel einen fragwürdigen Wiederaufbau nach angeblich »modernen« Gesichtspunkten. Die Pläne stammten seltsamer Weise noch aus der NS-Zeit, ein Umstand, der bei den vordergründigen Bedürfnissen jener Jahre wenig Beachtung fand. Im Nachhinein allerdings mag man über so manche Fehlentwicklung des Stadtbildes tiefer gehende Beurteilungen finden, die allerdings zu spät kommen.
Denn die Stadt entwickelte eine gewisse Eigendynamik und überschritt bald nach allen Seiten hin die alten Stadtgrenzen. Mitte der 1950er-Jahre war Kiel bereits wieder zum wirtschaftlichen, politischen und geistigen Zentrum Schleswig-Holsteins geworden.
1946, noch während der britischen Besatzung, wurde Kiel Landeshauptstadt von Schleswig-Holstein, das 1949 der Bundesrepublik Deutschland beitrat.
1972 war Kiel zum zweiten Mal Austragungsort der olympischen Segelwettbewerbe, diesmal aber nicht an der Innenförde, sondern im neu gestalteten Stadtteil Schilksee. Ältere Kieler erinnern sich noch daran, dass man zum hundertsten Geburtstag der Kieler Woche 1982 noch mit der Straßenbahn durch die Stadt fahren konnte. 1985 beschloss man die Einstellung des Straßenbahnverkehrs, eine Entscheidung, die man heute vielfach bedauert.

Kiel heute

In Deutschland ist Kiel nicht nur durch die genannten Ereignisse bekannt, sondern auch durch einige politische Verwicklungen gegen Ende des 20. Jahrhunderts. In den Medien aber taucht regelmäßig eine vollbesetzte Ostseehalle auf, in der ein höchst erfolgreicher Handballverein seine Tore wirft. Die Halle, die im Leben der schleswig-holsteinischen Nachkriegsgeneration so etwas wie ein kollektiver Treffpunkt war und teilweise noch ist, stand bis Kriegsende als Flugzeughangar auf Sylt. Sie wurde abgebaut, in die Kieler Innenstadt versetzt und dient bis heute als größter überdachter Veranstaltungsort des Landes. Hier finden auch monumentale Musikevents, Reitturniere, Messen und Märkte statt.

Am Großen Kiel

Auch landseits gibt es in Kiel viel Wasser

Einradakrobat auf der verwaisten Kiellinie. Wenige Monate später promenieren hier Zehntausende.

Da Fußball in Kiel nicht so erfolgreich, obwohl leidenschaftlich und von sehr vielen Menschen, betrieben wird, sollte man sich lieber dem Handball widmen. Hier verläuft die Erfolgskurve nämlich völlig anders. Der Bundesligist und deutsche Rekordmeister THW Kiel besitzt eine stolze Reihe von nationalen und internationalen Meistertiteln, 14 deutsche Meistertitel (unter anderen 2005 bis 2008), fünf Siege im deutschen Pokal sowie diverse Titel auf internationaler Ebene. Diese Bilanz ist vor allem aufgrund von intensivem Sponsoring durch Unternehmen aus der Region zustande gekommen. Viele ausländische Spitzenspieler, besonders aus dem ebenso handballverrückten Nordeuropa, haben die Titelflut mit herbeigeführt.
Dass Kiel als wichtiger Schauplatz des Segelsports auch erfolgreiche Segelclubs vorweisen kann, versteht sich von selbst. Der Kieler Yacht-Club (KYC, ehemals: »Kaiserlicher Yacht Club«) ist der größte und sportlich aktivste unter ihnen. Sein Clubhaus liegt direkt an der Förde am alten Olympiahafen von 1936.

Die »Ostseehalle«, einst ein Sylter Flugzeughangar

Auf den Steinwellen vor der »Ostseehalle«

Neben Handball und Segeln dominiert in Kiel der Rudersport. Der Erste Kieler Ruder-Club von 1862 e. V. ist der älteste und konnte in seinen 146 Jahren des Bestehens etwa 2 000 Regattasiege verbuchen, darunter zahlreiche Deutsche und Weltmeistertitel.
Heute ist Kiel eine moderne Großstadt mit vielen internationalen Verbindungen, besonders im Ostseeraum. Das estnische Tallinn ist schon seit Langem eine der Partnerstädte, was zu regem kulturellen, sportlichen und zuletzt auch politischen Austausch geführt hat. Zur Kieler Woche werden traditionell Vertreter aller Partnerstädte eingeladen: Brest (Frankreich), seit 1964 – Coventry (Vereinigtes Königreich), seit 1967 – Vaasa (Finnland), seit 1967 – Gdingen (Polen), seit 1985 – Tallinn (Estland), seit 1986 – Stralsund (Deutschland, Mecklenburg-Vorpommern), seit 1987 – Kaliningrad (Oblast Kaliningrad), seit 1992 – Sowjetsk (Russland), seit 1992. Diese Liste sagt mehr als tausend Worte und spiegelt die Weltoffenheit der Kieler Bevölkerung wider.
Von den renommierten wissenschaftlichen und kulturellen Einrichtungen, die gegenwärtig in Kiel angesiedelt sind, seien vor allem das Institut für Weltwirtschaft (IfW), das Leibniz-Institut für Meereswissenschaften (IFM-GEOMAR) und die Muthesius Kunsthochschule Kiel genannt.
Die Kunsthalle, das Schifffahrtsmuseum mit Museumshafen und das Stadtmuseum im Warleberger Hof (alle in Hafennähe) sowie außerhalb Kiels in Molfsee das Schleswig-Holsteinische Freilichtmuseum als das größte seiner Art in Norddeutschland sind besonders empfehlenswerte kulturelle Adressen.
Berühmte und bekannte Kieler sind unter vielen anderen der Dichter und Schriftsteller Detlev von Liliencron, der Physiker Max Plank, die Schauspieler Hans Söhnker und Bernhard Minetti, der Physiker, Philosoph und Friedensforscher Carl Friedrich von Weizsäcker sowie der frühere Ministerpräsident des Landes und mehrfacher Bundesminister Gerhard Stoltenberg.

Einkaufszentrum an der Kieler Fußgängermeile, der Holstenstraße

Ein Museum zum Anfassen

Das Schleswig-Holsteinische Freilichtmuseum in Molfsee bei Kiel

Das größte Freilichtmuseum Norddeutschlands präsentiert in Molfsee, nur wenige Kilometer südlich von Kiel, die Kulturgeschichte und Volkskunde des ländlichen Raums. Zur Geschichte: Nachdem 1958 die Gründung des Vereins Schleswig-Holsteinisches Freilichtmuseum erfolgt war mit dem Ziel, die historisch wertvolle ländliche Bausubstanz Schleswig-Holsteins zu retten und zu bewahren, konnte 1960 mit dem Hausaufbau in Molfsee begonnen werden. 1965 fand die Eröffnung des Museums mit den ersten 13 Objekten statt.

Auf dem 60 Hektar großen Gelände mit Wiesen, Gärten, Feldern und Teichen sind über 70 historische Gebäude, Hofanlagen und Mühlen der verschiedenen Landschaften Schleswig-Holsteins mit Mobiliar, Hausrat und Arbeitsgeräten zu sehen und zu erleben. Tiere, wie sie früher auf den Höfen gehalten wurden, sowie den Häusern zugeordnete Gärten ergänzen die Anlage, um einen möglichst vollständigen und lebendigen Eindruck vom Wohnen und Wirtschaften vergangener Jahrhunderte zu vermitteln.

Blick auf die Friesenhäuser

Bohlspeicher

Handwerker (Korbmacher, Schmied, Drechsler, Töpfer, Weberinnen, Holzbildhauer) demonstrieren ihre Tätigkeiten in verschiedenen Gebäuden und verkaufen teilweise ihre Produkte.

In mehreren Gebäuden werden außer der zugehörigen Ausstattung verschiedene Einzelsammlungen gezeigt: landwirtschaftliche Geräte, Spielzeug, Meiereimaschinen. Es gibt eine Darstellung zur Geschichte des Mühlenwesens sowie eine Dokumentation und Ausrüstung zum Walfang, Dokumentationen zum Armenwesen und zum Leben auf einer Hallig. Eine Apotheke mit einer Ausstellung und einem Kräutergarten gewährt Einblicke in die Geschichte der Pharmazie.

Eine kostenfreie Museumsbahn bringt die Gäste bequem durch das weitläufige Gelände. Auf dem historischen Jahrmarkt laden zwei Karussells, Schiffschaukel und ein großer Spielplatz zum Vergnügen ein. Für das leibliche Wohl sorgen Produkte aus der Meierei, dem Backhaus, der Räucherkate sowie der Fischräucherei, Imbissmöglichkeiten bieten Meierei und Kiosk.

Am Eingang lädt das Museumsrestaurant Drathenhof zum Speisen und gemütlichen Verweilen ein. Das umfangreiche Veranstaltungsangebot (Sonderführungen, Workshops, Märkte, Ausstellungen und so weiter) ist dem gesonderten Programm zu entnehmen, das auf Anfrage auch gerne zugeschickt wird. Für Eltern mit Kindern sowie für Jugendliche und Schüler steht ein besonderes Angebot zur Verfügung.

Fischerhaus aus Gothmund

Das Freilichtmuseum ist ein besonders familienfreundliches Museum, in dem Jung und Alt gleichermaßen Wissenswertes und Unterhaltsames erfahren und erleben können. Der Eintrittspreis für Eltern mit Kindern oder Großeltern mit Enkelkindern ist reduziert! Sonderveranstaltungen bieten insbesondere auch Kindern außergewöhnliche Abwechslungen.
Gegen eine Gebühr kann man an der Kasse »Bollerwagen« ausleihen. Sie sind ein beliebtes Picknick-Transportmittel, auch vom Laufen müde gewordene Kleinkinder lieben die Fahrt im Bollerwagen.

Fridolin, der Museumsesel

Die Museumsbahn

Das Freilichtmuseum unterstützt gerne die Arbeit von Schulen und Jugendgruppen. Arbeitsblätter und Suchspiele sind erhältlich, interessante Angebote mit praktischem Tun sind möglich.
Nach Voranmeldung kann an der Meierei gegrillt werden.
Auch die Museumsbegleitungen sind nur nach vorheriger Anmeldung möglich. Bei einem 1,5 bis 2 stündigen Rundgang wird die Hauslandschaft des ländlichen Raumes in Schleswig-Holstein vorgestellt und über das Wohnen und Wirtschaften in alten Zeiten berichtet. Begleitungen zu Spezialthemen können nach Vereinbarung durchgeführt werden (Gruppenstärke: circa 20 Personen).
Alle Museumsbegleitungen verstehen sich zuzüglich Eintrittspreis!
Das Museum ist ein attraktives Ziel für einen Tagesausflug. Das Gruppen-Programm kann individuell gestaltet werden. Es bieten sich zum Beispiel Rundgänge mit dem gut geschulten Museumsbegleitern an, auch »Museumsrallyes« oder Aktivitäten sind möglich. Für die Pausen empfehlen sich die Angebote »Kultur-Genuss«! Sonderöffnungszeiten können gegen eine Gebühr vereinbart werden.
Ein Besuch des Freilichtmuseums lohnt sich immer und eine Feier in einem historischen Haus, das angemietet werden kann, ist etwas ganz Besonderes!
Wer Hochzeitspläne schmiedet und einen außergewöhnlichen und stilvollen Rahmen sucht, hat im Museum die Möglichkeit, sich standesamtlich und/oder kirchlich trauen zu lassen. Zwei Gebäude stehen für die Feierlichkeiten zur Verfügung. Das Museum hilft gerne bei der Planung von Veranstaltungen oder Feiern!

Öffnungszeiten:
Mitte März bis Ende Oktober von 9 bis 18 Uhr, Einlass bis 17 Uhr
Juni bis Mitte August Einlass bis 17 Uhr und bis 20 Uhr Gelegenheit zum Spaziergang
(Häuser ab 18 Uhr geschlossen)
Im Winterhalbjahr ist nur an Sonntagen von 11 bis 16 Uhr geöffnet (aus konservatorischen Gründen sind nur einige Häuser geöffnet, der Eintrittspreis ist in dieser Zeit reduziert).

Schleswig-Holsteinisches Freilichtmuseum
Hamburger Landstraße 97 · 24113 Molfsee
Tel. (04 31) 65 96 60 · Fax (04 31) 6 59 66 25
zentrale@freilichtmuseum-sh.de
www.freilichtmuseum-sh.de

Kindergruppe vor dem Haus aus Barsbek

Schwentinetal erleben!

Reizvolle Erlebnisse zwischen Natur und Wissenschaft

Ein besonderes Kleinod im Osten der Landeshauptstadt Kiel sind die Stadtteile an der Schwentine. Die Schwentine entspringt am Bungsberg in der holsteinischen Schweiz, durchquert auf ihrem Weg ein Dutzend größerer und kleinerer Seen und mündet schließlich in Kiel zwischen den Stadtteilen Neumühlen-Dietrichsdorf und Wellingdorf in die Kieler Förde. Einst Wiege der Industrialisierung Kiels ist der Schwentinemündungsbereich heute ein landschaftlich reizvolles Kleinod mit Bezug zu Wissenschaft und Wasser.

Naturerlebnis Schwentine

An den mehr als 200 Jahre alten Alten Schwentinebrücken zwischen Wellingdorf und Neumühlen startet flussaufwärts die Schwentinetalfahrt, eine halbstündige Motorbootfahrt bis zur Oppendorfer Mühle. Sie können sich hier auch ein Ruderboot oder Kanu ausleihen und selbst auf Entdeckungsfahrt gehen.
Unterhalb der Alten Schwentinebrücken Richtung Kieler Förde machen Segelboote und Schiffe der Schwentinelinie fest. Die Schwentinelinie, die Fährverbindung zwischen Kieler West- und Ostufer, läuft beide Seiten der Schwentinemündung an. Segler können zwischen zwei Sporthäfen wählen, einem auf Wellingdorfer und einem auf Dietrichsdorfer Seite.
Zu den prominenten Gästen des Segelreviers gehörte schon Albert Einstein, der zwischen 1915 und 1926 häufig in Kiel weilte, um seinem Freund Hermann Anschütz-Kaempfe bei der Weiterentwicklung des Kreiselkompasses behilflich zu sein.

Abendstimmung an der Schwentine: der Sporthafen Dietrichsdorf, im Hintergrund die Kieler Förde

Zum Ende seiner Aufenhalte wohnte Einstein sogar in unmittelbarer Nähe der Anschützschen Kompassfabrik am Heikendorfer Weg mit direktem Zugang zur Schwentine, wo sein Segelboot lag.
Auch zum Spazierengehen, Wandern oder Nordic Walking eignet sich das Schwentinetal hervorragend. So beginnt gleich hinter den Schwentinebrücken der Schwentinewanderweg in Richtung Preetz. Sie können das eiszeitlich geprägte Schwentinetal auf eigene Faust erkunden, sehr informativ sind aber auch die geführten Wanderungen und Fahrradtouren des Umweltbildungsvereins Geo step by step, die von hier aus starten.
Auch Radwanderern bietet die Schwentine Gelegenheit für einen Stopp, denn der Ostseeküsten-Radweg führt von Kiel über die Alten Schwentinebrücken und durch Neumühlen-Dietrichsdorf weiter Richtung Laboe. Und sollten Sie sich ein wenig mehr Zeit für die Schwentinemündung nehmen wollen, sind auch Übernachtungsmöglichkeiten in unmittelbarer Nähe vorhanden.

Vom Mahlen und Fischen

Denkmalgeschützt sind nicht nur die Alten Schwentinebrücken, sondern auch ein städtebauliches Ensemble in direkter Nachbarschaft. Auf Wellingdorfer Seite steht die auf Granitsteinen ruhende ehemalige Kornwassermühle von Architekt Johann Adam Rich-

Die Schwentine flussaufwärts der Alten Schwentinebrücken, im Hintergrund der Anleger der Schwentinetalfahrt

Ein Ausflugsschiff der Schwentinetalfahrt

Die Fischmarkthalle auf dem Seefischmarkt in Wellingdorf

ter (1799), schräg gegenüber das Sparkassenhaus des Architekten Johann Teede (1927) sowie daneben das ehemalige Gasthaus Stadt Kiel (um 1820).
Bereits im späten Mittelalter wurden an der Schwentine Mühlen zum Mahlen von Getreide und zur Papierherstellung errichtet. Die »neue Mühle«, der der Stadtteil Neumühlen seinen Namen verdankt, entstand um 1500 als Nachfolger der erstmals 1264 erwähnten Mühle auf Wellingdorfer Seite. 1865 wurde die Langesche, später Baltische Mühle, mit acht Geschossen und 80 Metern Länge die bis dahin größte Mühle, in die Schwentine hineingebaut. Auf ihren Grundmauern, die weit in den Fluss ragen, befindet sich heute das Restaurant »Alte Mühle«, dessen Gebäude unter Denkmalschutz steht.
Besonders ins Auge fällt die Verbindung zum Wasser auf dem Seefischmarkt in Wellingdorf, einem der ehemals größten Fischumschlagplätze Norddeutschlands mit seinem teils denkmalgeschützten Gebäudebestand aus den 1930er-Jahren. Fisch wird hier heute noch umgeschlagen, den Schwerpunkt bilden jedoch Unternehmen der Meeresforschung und maritimen Technologie, allen voran das renommierte Leibniz-Institut für Meereswissenschaften (IFM-GEOMAR), welches maßgeblich beteiligt war an der Entwicklung des Tsunami-Frühwarnsystems für den Indischen Ozean.

Zwischen Werft und Wissenschaft

Ein Zeitzeugnis der Entwicklung in Dietrichsdorf ist die Howaldtsche Metallgießerei von dem Architekten Heinrich Moldenschardt, heute als Industriemuseum zu neuem Leben erweckt. 1884 wurde sie als letztes Gebäude auf dem damals über 6000 Quadratmeter großen Gelände der späteren Howaldtswerke erbaut. Dietrichsdorf, bis dahin ein überschaubares Dorf, »boomte« infolge des florierenden Schiffbaus. Nach der endgültigen Verlagerung der Werft 1983 Richtung Süden nach Kiel-Gaarden ist nun der Ostuferhafen auf dem ehemaligen Werftgelände zu Hause.
Unweit davon steht eine historische Schiffbauhalle, die zur »schönsten Mensa« Deutschlands umgebaut wurde und heute zur Fachhochschule Kiel gehört. 1990 beschloss die Landesregierung die räumliche Zusammenfassung der im Stadtgebiet verstreuten Hochschule auf der Industriebrache am Schwentineufer, und so sind viele Teile der Fachhochschule Kiel in ehemaligen Verwaltungsgebäuden der Werft untergebracht.
Auf dem Campus mischen sich Alt und Neu, Industriegeschichte und Innovation. Auf dem Dach der ehemaligen Hauptverwaltung thront die hochschuleigene Sternwarte, unter den bunten Dächern des Großen Hörsaalgebäudes befindet sich der Mediendom und führt mit seinem Kuppelkino in faszinierende Welten. Die Computerschausammlung der Fachhochschule zählt mit ihren Großrechnern des Computerpioniers Konrad Zuse zur Spitzengruppe der deutschen Rechenmaschinen- und Computerschausammlungen und ist nach Absprache zu besichtigen.

Nähere Informationen finden Sie auf www.schwentinetal-erleben.de.

Landes-
hauptstadt Kiel

gefördert durch die
Europäische Union, URBAN II

Übersichtskarte Kiel

Die Fährschiffe der Schwentinelinie verkehren zwischen Kiels West- und Ostufer.

Ein industriegeschichtliches Zeugnis:
das Industriemuseum Howaldtsche Metallgießerei

Entspannt Bummeln und Shoppen in den Holtenauer Arkaden (Foto: Oliver Franke/ide stampe)

Kurs auf KIEL.SAILING CITY!

Im Herzen der Küste

Stadt, Strand, Schiffe: Mitten im Herzen der Stadt Kiel verschmelzen riesige Skandinavienfähren, Kreuzfahrtschiffe aus aller Welt, überdachte Shoppingcenter, Ostseestrände und eine lebendige Kulturszene zu einem harmonischen Ganzen.
Mit seiner einzigartigen Lage rund um die Kieler Förde geht die Landeshauptstadt Schleswig-Holsteins auf Tuchfühlung mit dem Wasser wie kaum eine andere Ostsee-Metropole: Während imposante Kreuzfahrtschiffe, luxuriöse Yachten und traditionelle Windjammer in der Innenförde für maritimes Flair sorgen, laden vis-à-vis überdachte Einkaufscenter, individuelle Boutiquen, gemütliche Cafés und ein vielfältiges Kulturangebot zu einem persönlichen Kiel-Erlebnis ein.

Shopping am Meer
Große Einkaufszentren direkt am Meer – wo gibt es das schon? Spätestens, wenn die Besucher mitten in der Fußgängerzone stehen und eines der riesigen Kreuzfahrtschiffe vorbeiziehen sehen, werden sie das maritime Flair der Landeshauptstadt spüren.

In den zahlreichen Cafés und Restaurants der Holstenstraße – der ältesten Einkaufsstraße des Landes – finden Gourmets eine reiche Auswahl an Ostsee-Spezialitäten und können nach Herzenslust bummeln und einkaufen. Die Holstenstraße verbindet die überdachten Einkaufszentren Sophienhof, Querpassage und Holstentörn mit dem Alten Markt und der Dänischen Straße, wo in exklusiven Boutiquen ausgewählte Produkte angeboten werden. Eine weitere Einkaufsmeile befindet sich nur 15 Gehminuten von der Holstenstraße und entwickelt sich immer mehr zum Insidertipp: Die Holtenauer Arkaden laden mit vielen kleinen Geschäften, Restaurants, Bars und Cafés zum Einkaufen und Bummeln in entspannter und individueller Atmosphäre ein.

Kultur erleben
Entspannung pur bietet der Besuch an der Kieler »Sehmeile«, der Kiellinie. An der Flaniermeile entlang des Fördeufers lautet das Motto: Schauen, Staunen und Entspannen. Von hier aus pendeln die Fördedampfer zwischen den Anlegern der Innenstadt und den Stränden im Umland hin und her und sind mit ihren Gästen an Bord Teil des pulsierenden Lebens auf dem Wasser. Direkt

Die Kunsthalle zu Kiel (Foto: Kiel-Marketing)

Kreuzfahrer im Hafen (Foto: Oliver Franke/ide stampe)

an der Promenade liegt das Schifffahrtsmuseum, das mit wechselnden Ausstellungen und historischen Museumsschiffen im Hafen stets einen Besuch lohnt. Einen kulturellen Leckerbissen bietet zudem in direkter Nachbarschaft die Kunsthalle zu Kiel, die neben einer Antikensammlung auch Gemälde, Skulpturen und Objekte vom späten 18. Jahrhundert bis zur Gegenwart beherbergt.

Ganz in der Nähe befindet sich auch das Aquarium des Leibniz-Institutes für Meereswissenschaften mit mehr als 150 Fischarten. Eine Attraktion für Groß und Klein ist vor allem die Seehundfütterung im Außenbecken, die täglich außer freitags um 10 Uhr und um 14.30 Uhr durchgeführt wird.

Deutschlands Kreuzfahrthafen Nr. 1

Kiel ist eine Stadt der Superlative: Mit dem in 2007 fertiggestellten Ostseekai hat sich Kiel zu Deutschlands Kreuzfahrthafen Nr. 1 entwickelt. Mit der Erweiterung dieses neuen Kreuzfahrtterminals, einem der modernsten Passagierterminals in Nordeuropa, können nun bis zu sechs Traumschiffe mit einer Länge von bis zu 300 Metern gleichzeitig im Innenstadthafen anlegen. Mehr als 120 Schiffe legen hier jede Saison an – und zusammen mit den Fährschiffen der Stena Line, Color Line und Lisco Baltic Service, die den Hafen sogar täglich anlaufen, kommt es oft zu eindrucksvollen Wendemanövern.

Welthauptstadt des Segelns

Besonders im Segelsport hat Kiel einiges zu bieten: Als zweimaliger Austragungsort

Großsegler in der Innenförde zur Kieler Woche (Foto: Oliver Franke/ide stampe)

Segeln lernen im Segelcamp Camp 24|sieben

der Olympischen Segelwettbewerbe, dem Volvo Ocean Race, dem Nokia Oops Cup oder dem German Sailing Grand Prix findet Kiel weltweit Beachtung. Internationale Sportlerinnen und Sportler zieht es jedes Jahr Ende Juni zur weltweit größten Segelveranstaltung in die Landeshauptstadt – der legendären Kieler Woche!

Die Kieler Woche ist aber nicht nur das größte Segelsportevent des Landes, sondern mit rund 1000 Veranstaltungen und mehr als 3 Millionen Gästen auch das größte Sommerfest im Norden Europas. Zu den »Klassikern« zählen der »Internationale Markt« mit Spezialitäten aus zahlreichen Ländern, die Spiellinie mit Deutschlands größtem Kinder-Kultur-Angebot unter freiem Himmel, die Windjammerparade und das Abschlussfeuerwerk auf der Kieler Förde. Bei Regattabegleitfahrten oder Erlebnistörns zum Beispiel auf einem Traditionssegler, Motor- oder Dampfschiff haben Besucher die Gelegenheit, die faszinierende Atmosphäre der Kieler Woche live aus der ersten Reihe mitzuerleben.

Und wer einmal – wie die Profis – auf den legendären America's-Cup-Yachten mitsegeln möchte, hat in Kiel die einmalige Gelegenheit dazu. Erste Segelerfahrungen kann der Nachwuchs im Camp 24Isieben sammeln. In dem bundesweit einzigartigen Segelprojekt bietet das Team von KIEL.SAILING CITY ein kunterbuntes Wasser-Programm mit Optis, Jollen, Yachten, Katamaranen, Motorbooten, Segelkuttern und Traditionsschiffen. In den Sommerferien lädt das Segelcamp an den Wochenenden zu »Open Camp«-Veranstaltungen mit kostenlosem Schnuppersegeln und anderen Aktivitäten ein.

Strandurlaub pur an der Kieler Förde

Wer das maritime Lebensgefühl lieber ein bisschen entspannter genießen möchte, kann dies an einem der zahlreichen Strände entlang der Kieler Förde tun. Feiner Sand, lange Küstenpromenaden und eine herrliche Landschaft lassen

Gute Stimmung am Falckensteiner Strand (Foto: Oliver Franke/ide stampe)

Das Kieler Schifffahrtsmuseum (Foto: Kiel-Marketing)

hier den Alltag schnell vergessen. Dabei kommen Eltern und Kinder gleichermaßen auf ihre Kosten, denn zwischen malerischen Dünen und im weiten, sehr flachen Wasser lässt es sich nach Herzenslust sonnen, spazieren und spielen – Sandburg inklusive! An vielen Stränden wird Beachvolleyball gespielt und sowohl am Ost- als auch am Westufer der Förde sind zahlreiche hervorragende Reviere für Windsurfer und Kitesurfer.

Kultursommer

In der Fördestadt spielt sich zwar gerade im Sommer fast alles am und auf dem Wasser ab, aber auch Landratten kommen auf ihre Kosten:

Der Kultursommer beginnt gleich nach der Kieler Woche und hält zahlreiche Veranstaltungen bereit. Von Theater-Inszenierungen im Rathaus-Innenhof, Konzerten und Leinwandvorführungen auf Freilicht- und Wasserbühnen über Strand- und Kanalwanderungen, Lesungen bis hin zu Mitmach-Aktionen für Kinder reicht die facettenreiche Vielfalt des Kultursommers.

Das Kieler Tor zur Welt: der Nord-Ostsee-Kanal

Ein »Muss« für alle Kiel-Besucher ist der Nord-Ostsee-Kanal – die meist befahrene künstliche

Das Rathaus mit Kleinem Kiel (Foto: Kiel-Marketing)

Wasserstraße der Welt – mit seinen Schleusenanlagen. Bei geführten Schleusen-Rundgängen oder bei einem individuellen Besuch auf der Aussichtsplattform können »Sehleute« hautnah miterleben, wie Kreuzfahrt- und Containerschiffe neben Segelyachten und Motorbarkassen durch das Kieler Tor zur Welt gehievt werden.

Tipps der Redaktion

Wer das Kiel-Gefühl hautnah erleben möchte, sollte zumindest einmal raus aufs Wasser! Ob auf einer Hafenrundfahrt von Kiel nach Laboe, einem Segeltörn auf einem Traditionsschiff oder einer gesegelten Stadtrundfahrt – Möglichkeiten gibt es viele!

Bei einer Fahrt auf den Rathausturm, die zwei Mal wöchentlich angeboten wird, werden Hobby-Fotografen mit einem atemberaubenden Blick über den Hafen und die Kieler Förde aus 67 Meter Höhe belohnt. Interessante Infos zur Ostsee-Perle Kiel erhalten Gäste zudem bei einer Stadtrundfahrt oder einem -rundgang. Die Rundfahrt im Panorama-Bus führt zu geschichtsträchtigen Schauplätzen der Seefahrerstadt und auf das Gelände der berühmten HDW-Werft.

Für einen Kurztrip in die Landeshauptstadt empfiehlt die Tourist Information von Kiel-Marketing das Schnupperangebot »Kiel kompakt« ab 50 Euro pro Person. Darin enthalten sind eine Übernachtung mit Frühstück, eine Hafenrundfahrt oder eine Taxi-Stadtrundfahrt sowie eine süße Überraschung.

Informationen und Buchungen
Tourist Information Kiel
Andreas-Gayk-Straße 31 · 24103 Kiel
Tel. (04 31) 67 91 00 · Fax (04 31) 6 79 10 99
info@kurskiel.de · www.kurskiel.de

Romantik pur auf der Schwentine

Die Schwentinetalfahrt mit vielfältigen Ausflugsangeboten

Auf dem Ostufer Kiels geht es los. Die Alte Schwentinebrücke in Kiel-Wellingdorf ist der Ausgangspunkt zur Entdeckung des wohl schönsten Naherholungsgebietes der Landeshauptstadt. Ob mit dem Motorboot, mit einem gemieteten Kanu oder Ruderboot, das Landschaftsschutzgebiet Schwentinetal ist immer einen Ausflug wert.
Ein Stück intakte Natur in unmittelbarer Stadtnähe präsentiert sich dem Betrachter, der Lebensraum vieler selten gewordener Pflanzen und Tiere.
Es ist eine kurzweilige Fahrt, denn die Schwentine schlängelt sich in unzähligen Kurven durch die herrliche Landschaft und bietet so immer neue Perspektiven. Vorbei an Seerosenfeldern und ausgedehnten Reetflächen, mitten durch wilde Weiden und Erlenbruchwälder führt die ca. 6 km lange Strecke (Fahrzeit 30 Min. in eine Richtung) flussaufwärts bis zur oberen Anlegestelle »Oppendorfer Mühle«, die mitten in dem Wald »Heegholz« liegt. Von dort aus kann man sofort die Rückfahrt antreten oder aussteigen, zum Beispiel den Schwentinepark besuchen und mit einem späteren Boot zurückkehren.
Die Boote fahren täglich nach Fahrplan – nähere Informationen unter www.schwentinetalfahrt.de oder Tel. (04 31) 72 24 28).

Unterwegs auf der idyllischen Schwentine

Gruppenfahrten
Die Motorboote fahren für angemeldete Gruppen, egal welcher Art, auch zu individuell vereinbarten Zeiten. Das Schwentinetal bietet allen Altersgruppen Erholung und Freude.

Ruderboot- und Kanuvermietung
Am Motorbootanleger der Schwentinetalfahrt in Kiel-Wellingdorf können stundenweise Ruderboote und Kanus ausgeliehen werden. Eine Voranmeldung ist nicht erforderlich. Die Bootsvermietung ist vom 1. Mai bis 3. Oktober an allen Tagen der Woche geöffnet.

Die Schwentinefahrt hat viele herrliche Perspektiven.

Schwentinetalfahrt · Hendrik Kühl
An der Holsatiamühle · 24149 Kiel
Tel. (04 31) 72 24 28 · Fax (0 43 48) 78 52
info@schwentinetalfahrt.de
www.schwentinetalfahrt.de

Kulinarischer Genuss mit Blick auf die Schwentine

Das Restaurant & Café Alte Mühle in spannender Umgebung

Das denkmalgeschützte Café & Restaurant mit seinen stimmungsvollen Räumen und einladenden Terrassen bietet für viele Anlässe einen schönen Rahmen.
Ein Besuch in der »Alten Mühle« im schönen Schwentinetal ist ein sehr reizvolles Erlebnis!
Die Speisekarte lässt mit ihrer Vielfalt kaum einen Wunsch offen. Bodenständiges aus der regionalen Küche wie Sauerfleisch und den beliebten Fischteller gibt es genauso wie internationale und mediterrane Speisen, zum Beispiel Lammfilets vom Grill in Joghurt, Zitrone und Zwiebel und die Mühlenpfanne mit verschiedenen Steaks, buntem Gemüse, Hollandaise und Bratkartoffeln. Oder lieber Fisch? Oder Nudeln? Da könnte ein Pangasiusfilet auf Mangold das Richtige sein, oder die Tortellini mit Filetspitzen. Auch Vegetarisches ist im Angebot, genauso wie natürlich verschiedene Salatvarianten und Vorspeisen, zusätzlich eine Kinderkarte. Immer etwas Besonderes sind die zusätzlichen Saisonempfehlungen und die Cocktailkarte. Gut zu Mittag essen oder zur Kaffeezeit vorbeischauen? Dazu ist man hier ebenfalls herzlich willkommen. Es gibt monatlich aktuelle Mittagstischangebote und eine reiche Auswahl an Kaffeespezialitäten und Kuchen.
Der Besuch im Restaurant & Café Alte Mühle lässt sich wunderbar mit einer Fahrt auf der malerischen Schwentine verbinden. Man kann sich gemütlich fahren lassen oder selbst im geliehenen Kanu oder Boot aktiv werden. Ganz in der Nähe bieten das Gießereimuseum und der Mediendom beeindruckende Erlebnisse für Kinder wie Erwachsene.

Die »Alte Mühle« am Schwentineufer

Hier kann man speisen in anregender Umgebung.

ALTE MÜHLE
RESTAURANT · CAFÉ

Restaurant & Café Alte Mühle
An der Holsatiamühle 8 · 24149 Kiel
Tel. (04 31) 2 05 90 01 · Fax (04 31) 2 05 90 02
info@altemuehle-kiel.de · www.altemuehle-kiel.de

Das Portal nach dem Zweiten Weltkrieg an der Olshausenstraße

Getauft auf den Namen des Gründers

Die Christian-Albrechts-Universität zu Kiel

Am 5. Oktober 1665 wurde die Universität Kiel feierlich eingeweiht. Zwar verfolgten die Stadtoberen mit der Gründung auch wirtschaftliche Absichten, aber niemand konnte damals ahnen, dass die Universität einmal zum größten Arbeitgeber der Fördestadt werden würde. Schon damals allerdings benötigte man hier vor Ort mehr und besser ausgebildete Stadtbeamte. Schon der hiesige Landesreformator Johannes Bugenhagen hatte in seiner Schleswig-Holsteinischen Kirchenordnung von 1542 eine höhere Lehranstalt gefordert. Die Schleswiger Domschule, die als »Paedagogicum publicum« später einen Universitätsersatz darstellen sollte, blieb in dieser Hinsicht erfolglos. Danach verhinderten erst einmal politische Wechsel und die Kriege des beginnenden 17. Jahrhunderts eine wirkungsvolle Umsetzung etwaiger Universitätspläne. Gleichzeitig entwickelte sich Gottorf zu einem geistigen und kulturellen Zentrum der Region. Doch nun sperrten sich die Stände wegen der hohen Kosten.

Um 1660 schien die Stunde jedoch gekommen. Der junge Herzog Christian Albrecht beauftragte seinen Kanzler Johan Adolf von Kielmannseck mit der Umsetzung des Vorhabens. Kiel machte gegenüber Schleswig das bessere Angebot. Und auch wenn die Kieler Bürgerschaft gegen den Plan war, weil sie einen Sittenverfall durch die Studenten befürchtete, stellte man das ehemalige Franziskanerkloster kostenlos zur Verfügung.

Im Herbst 1665 begannen 17 Professoren in den Fächern Theologie, Jura, Medizin und den freien Künsten den Betrieb aufzunehmen. Der Herzog selbst übernahm das Amt des Rektors.

In den folgenden Jahrzehnten kam die Universität aber nicht recht voran, weil ständige Geldnot und kriegerische Auseinandersetzungen den Fortgang behinderten.

Erst Caspar von Saldern, der Verwalter der russischen Zarin Katharina in den Herzogtümern, weckte neues Leben an der Universität. Eine straffe innere Reform und ein neues Domizil in der Nähe des Kieler Schlosses sorgten für frischen Wind.

Zukünftige Landesbeamte in den Herzogtümern waren ab sofort verpflichtet, mindestens zwei Jahre in Kiel zu studieren. Damit war die Belegung der Universität vollauf gesichert.

Kiel war sowohl die nördlichste deutsche als auch die südlichste skandinavische Universität. Und ihr Aufstieg begann.

Ab 1867 wurde die Landesuniversität zu einer von vielen preußischen Universitäten. Wegen der wachsenden Studentenzahl mussten neue Gebäude an einem anderen Standort geschaffen werden. Das Zentrum lag nun für lange Zeit am Ende des Schlossgartens.

Der junge Herzog Christian-Albrecht (Abbildung: Schleswig-Holsteinische Landesbibliothek)

Als die Universität im Zweiten Weltkrieg schwere Bombentreffer erhielt und unter anderem ein Großteil der Bibliothek verbrannte, schien das Ende gekommen zu sein. Doch beherzte Kieler Professoren konnten bei den britischen Besatzern erreichen, dass man in die Gebäude der ehemaligen Waffenfabrik ELAC am Westring umziehen konnte. Hier wurde 1962 die Universitätsbibliothek, 1965 die Universitätskirche und 1969 das neue Auditorium maximum errichtet. Bis heute hat sich die CAU am westlichen Stadtrand Kiels zu einer modernen Campusuniversität mit gut 20 000 Studierenden entwickelt.

Die 1972 an der Olshausenstraße errichteten ersten Häuser wurden durch qualifizierte Sportstätten und andere Gebäude ständig erweitert. Es kam die Technische Fakultät in Kiel Gaarden hinzu. 2001 konnte die neue Universitätsbibliothek in der Leibnizstraße eingeweiht werden.

Nach fast 350 Jahren ihres Bestehens kann die Christian-Albrechts-Universität in Kiel wesentliche wissenschaftliche Erfolge in ihrer Bilanz verbuchen. Zahlreiche Nobelpreisträger haben hier gelehrt, beispielsweise Philipp Lenard (Physik 1905), Max Planck (Physik 1918) oder Otto Diels (Chemie 1950). Die CAU ist heute in allen Belangen eine international anerkannte Universität.

Das 1969 errichtete Auditorium maximum mit dem Universitätshochhaus

Verschwiegene Dörfer und rauschende Alleen

Ein ländliches Kleinod: die Probstei

Als Probstei wird traditionell der westliche Teil der Ostseehalbinsel Wagrien bezeichnet, man versteht also darunter die Landschaft nordöstlich der Kieler Förde mit den Hauptorten Schönberg (Holstein) und Laboe. Schon eine einfache Durchquerung der Probstei macht die Ähnlichkeit mit den Strukturen der anderen Fördenlandregionen klar: Landwirtschaft und Tourismus sind die Einkommensquellen der hiesigen Menschen. Und überall da, wo diese Kombination auftritt, weiß man, dass es früher sehr wahrscheinlich nur die Landwirtschaft war.

Das U-Boot-Museum am Strand von Laboe

Namenspatron Propst

1226 taucht der Name Probstei zum ersten Male urkundlich auf. Er benennt das Gebiet der freien Bauerndörfer zwischen Hagener Au und Mühlenau. Bis 1542 unterstand es der Gerichtsbarkeit des Klosterpropstes in Preetz. Um jene Zeit ging es in dieser Gegend vor allem um die Gründung neuer Dörfer, wofür sich besonders der Propst Friedrich (1246 bis 1250) eingesetzt hat. Die Probsteier Bürgerinnen und Bürger werden bis in die Gegenwart durch den Namen ihrer Landschaft daran erinnert, dass sie ihren mittelalterlichen Ursprung in gewisser Weise der Geistlichkeit zu verdanken haben. Erbbesitz, Privilegien und damit verbundener Wohlstand gehen auf das damalige Geschehen zurück. Zu den Besonderheiten der Landschaft gehört zum Beispiel, dass es schon im 16. Jahrhundert keine Leibeigenschaft mehr in der Probstei gab, womit man der Entwicklung in den Nachbargebieten um rund 200 Jahre voraus war.
Heute sammeln sich um die größeren Gemeinden Schönberg (etwa 6500 Einwohner), Laboe (etwa 5250), Probsteierhagen (etwa 2000) und Wendtorf (rund 1100) mehrere mittlere und kleinere Dörfer, wobei Fahren mit rund 150 Einwohnern das überschaubarste ist.
Die Hohenfelder Mühlenau, der oben genannte historisch wichtige Wasserlauf, der ein kiesgeprägter Bach ist, entspringt dem Selenter See und ist

An der Seebrücke des Ostseebades Stein

Am Hafen von Laboe

Im Schönberger Zentrum

zusammen mit der Salzau/Hagener Au einer seiner natürlichen Abläufe. Ihr Gefälle von rund 4 Prozent bei zehn Kilometern Gesamtlänge verrät bereits ein wenig über die Bodenverhältnisse der Gegend. Der Bach besitzt bei einer Breite von überwiegend zwei bis vier Metern eine Tiefe von 0,1 bis 1,5 Metern. Man bemüht sich gegenwärtig, gemäß der Wasserrahmenrichtlinie gezielte Renaturierungen an den Steigstellen durchzuführen. Bei der verfallenen Köhner Mühle wird die Hürde (zwei bis drei Meter) inzwischen durch eine Sohlgleite umgangen, bei der Hohenfelder Mühle teilweise durch einen Fischweg. Die Mühlenau mündet schließlich an einer abgeschiedenen Stelle in die Ostsee.

Die Beobachtung solcher zunächst unwesentlich erscheinender Details bringt einem die Landschaft und auch die Eigenarten ihrer Bewohner besser näher als plakative Pauschalinformationen. Das wissen die Verantwortlichen der Region ebenso wie die vielen Wanderer und Radfahrer, die diese herrliche Natur- und Kulturlandschaft in jeder Saison erkunden. Spezielle Museen widmen sich in der Probstei intensiv dem Erhalt und der Vertiefung des historischen Bewusstseins. Das Probstei-Museum in Schönberg auf dem ehemaligen Hof Göttsch ist hierfür mit seinem abwechslungsreichen Programm und vielfältigen museumspädagogischen Aktivitäten ein erster und wichtiger Anlaufpunkt.

Da die Probstei traditionell für ihre Getreideproduktion bekannt ist, die in der Vergangenheit bis nach Skandinavien verschifft wurde, hat man als zentrale Jahresveranstaltung der Region die Probsteier Korntage ausgerufen. Sie finden während der Hauptsaison im August statt und erinnern nicht nur an die geschichtlichen Vorgänge. Auf dieser Veranstaltung wird eine Kornkönigin gekürt und in den Dörfern der Probstei eine Phalanx

Die Kirche von Schönberg

Alte Bauernkate in Prasdorf

Am Selenter See, dem zweitgrößten Binnengewässer Schleswig-Holsteins

menden Faktor des täglichen Lebens. Rund um die baumumstandene alte Kirche kann man einen lohnenswerten Spaziergang machen und im dortigen Gartencafé zu einer beschaulichen Pause einkehren.

Zunächst geht es südwärts weiter vorbei am Passader See, wo vielfältige ländliche Eindrücke den Weg begleiten, und um den Dobersdorfer See. Dobersdorf besitzt ein adliges Gut aus dem 13. Jahrhundert.

Das Torhaus von Gut Salzau: Eine »Magistrale« führt in gerader Linie auf das Herrenhaus zu.

Zwischen Passade und Dobersdorf

Nach einigen Kilometern trifft man bei Fargau auf den Selenter See, das zweitgrößte Binnengewässer Schleswig-Holsteins. Er misst 22,4 Quadratkilometer und besitzt eine durchschnittliche Tiefe von 34 Metern. Das Erstaunliche ist seine Höhe von 37 Metern über Normalnull, die auf seine Entstehung zurückgeführt werden kann. In der abklingenden Weichseleiszeit formte sich hier ein Becken aus mit bis zu 90 Meter hohen Endmoränenwällen im Süden. Der See entwässert über die nur 10 Kilometer lange Mühlenau nördlich in die Ostsee. Der Fischreichtum des Stillgewässers ist bekannt. Es finden sich hier Aale, Barsche, Hechte, Maränen und Plötze.

Wenn man sich nun nach Norden hält, erreicht man durch eine lieblich-hügelige Landschaft, in der sich große Hofstellen und Abnahmehäuser abwechseln, das nächste Ziel und vielleicht den Höhepunkt der Fahrt: Gut Salzau.

Gut Salzau – das kulturelle Zentrum Schleswig-Holsteins

Schon die abgeschlossenen und ausladenden Außenfronten lassen Mächtiges im Inneren vermuten. Und so ist es auch. Am leichtesten führt der Weg durch den schmalen Durchlass am Hofrestaurant hinein, wo man auch die Räder abstellen kann. Die Überraschung der ersten Blicke in den Innenbereich ist nicht gering. Vor allem die ungeheure Weitläufigkeit der gesamten Anlage ist sehr eindrucksvoll. Hier das Restaurant mit einem modern gestalteten Herrenhaus und lang gestrecktem Hofgebäude mit der Toreinfahrt, dort, ganz hinten, das Schloss vor dem riesigen Parkgelände.

Das Herrenhaus von Gut Salzau

Das erst 1881 erbaute Herrenhaus des Gutes beherbergt das schleswig-holsteinische Landeskulturzentrum Salzau, eine von der Kulturstiftung des Landes getragene Begegnungsstätte auch internationaler Bedeutung.

Salzau ist ein alter holsteinischer Rittersitz, benannt nach Otto von Salzau, der erstmals in der zweiten Hälfte des 13. Jahrhunderts urkundlich erwähnt wird, als Königin Mechthild, die Witwe König Abels von Dänemark, ihm 30 Mark hinterlässt. Vom 18. bis zum 20. Jahrhundert befand sich das Gut im Besitz der adligen Familie Blome.

Bei Fargau

Das Torhausrestaurant auf Gut Salzau

Historisches Bauernhaus zwischen Schönberg und Schönberger Strand

Immer wieder reizen solche Blicke wie hier südöstlich von Schönberg zum Innehalten.

Das Herrenhaus brannte im 19. Jahrhundert ab und wurde neu errichtet.

Im Landeskulturzentrum werden wissenschaftliche, gesellschaftspolitische und künstlerische Veranstaltungen wie Seminare, Tagungen, Künstlerbegegnungen, Theateraufführungen, Antik- und Kunstmessen sowie Lesungen durchgeführt.

Besonders bekannt ist Salzau als Spielort des Schleswig-Holstein Musik Festivals und für das Jazz Baltica sowie als Sitz der von Leonard Bernstein 1987 begründeten internationalen Festival-Orchesterakademie.

Ein Gang linker Hand um das Herrenhaus eröffnet den Blick in die Parkanlage und auf die Südfront des weißen Gebäudes. Ein großer Teich, in dem sich hohe Bäume, Sträucher und Mauern spiegeln, bestimmt die Ansicht. Das Gelände läuft nach allen Seiten hin über ausgedehnte Flächen weiter.

Eine Wanderung über das Gut macht einem sehr deutlich, welche wirtschaftliche Bedeutung einst hier versammelt war. Gerade die landwirtschaftlichen Dimensionen hätten auch heute noch leicht mithalten können, sowohl was die Größe der Gebäude als auch die Ausmaße der sonstigen Wirtschaftsareale betrifft. Im gediegenen Torhausrestaurant sollte man die neuen Eindrücke im Angesicht der Hofanlage und des Herrenhauses noch einmal bei einem guten Mittagessen und einem erfrischenden Getränk Revue passieren lassen.

Dem Ostseewind entgegen

Radfahrer haben immer Gegenwind, heißt es ja. Doch die Brise, die hier vom Meer entgegenkommt, ist nicht beschwerlich, sondern verschafft eine angenehme Kühlung und muntert die etwas heiß gelaufenen Muskeln wieder auf. Außerdem geht es nun Richtung Küste öfter bergab als bergauf. Vorbei am Hünengrab Sophienhof und hin und wieder entlang malerischer Alleen, die auch manchmal rechts und links davonführen, kommt man über Krummbek und die B 502 an der Abzweiger nach Schönberger Strand. Sofort nimmt der allgemeine Verkehr wieder heftig zu, Tagesurlauber strömen noch am späten Nachmittag aus Kiel und den umliegenden Städten an die Strände. Man selbst ist noch immer erfüllt von den Erlebnissen der Tour und braucht einige Zeit, um sich wieder an den touristischen Betrieb an der Küste zu gewöhnen. Über Schönberger Strand mit seiner viel besuchten Anlegebrücke und dem ebenso beliebten Kalifornien geht es zurück nach Stein, in dessen Ortsmitte ein ebensolcher, nämlich ein massiver Findling, aufgestellt ist und Neuankömmlinge gebührend begrüßt. Noch einmal wird im »Kaffeeklatsch« eingekehrt, um vom Erlebten Bericht zu geben. Dort sitzt Jörg, der Surflehrer vom nahe gelegenen »Tatort Hawaii« und hört ein wenig zu. Dann erzählt er von seiner Surfstation und macht mit ein paar Sätzen auf das nächste »Probstei-Abenteuer« aufmerksam. Warum auch nicht! In den nächsten Tagen wird man sich bei ihm sicherlich melden und einmal hineinschnuppern ins Surfen. Dann geht es in die andere Richtung, hinaus aufs Meer.

Gastronomien und kleine Läden am Deich von Schönberger Strand

Die markante Skulptur vor der Anlegebrücke in Schönberger Strand

Warum Kalifornien, warum Brasilien?

Wie es zu diesen merkwürdigen Namensgebungen am Strand der Probstei gekommen sein soll.

Je exotischer eine Sache ist, desto ausgefallener mag die Erklärung dafür sein, möchte man denken. Im Falle der beiden schönen Ostseestrände an der Probsteier Küste – Kalifornien und Brasilien – kann man selbst entscheiden, ob hier die Überlieferung der Wahrheit oder eine wundervolle kleine Legende vorliegt. Zumindest eines ist klar: Die beiden Ortsteile von Schönberg heißen tatsächlich und ganz offiziell so. Nun also die Geschichte, die Frau Schneekloth vom dortigen Hotel »Kalifornien« gerne erzählt:

Vor langer Zeit, es soll 1785 gewesen sein, entdeckte ein Fischer am Strand bei seiner Hütte eine brüchige Schiffsplanke, auf der »California« stand. Nicht lange, da sah ein anderer Fischer das etwas hochtrabende Schild am Hütteneingang seines Kollegen und wollte sich vermutlich mit ihm messen. Er suchte sich zu Hause sofort ein Stück Holz aus seinem Brennvorrat und schrieb mit dicker Farbe »Brasilien« darauf. Er befestigte das Schild an seiner Haustür und genoss den Neid und die Bewunderung seiner überraschten Zunftgenossen. Seither blieb es bei den außergewöhnlichen Namen.

Und während man im gemütlichen Biergarten des Hotels »Kalifornien« über diese herrliche Geschichte diskutiert, schwingen über einem die Blätter der Palmen im Ostseewind.

Blick auf Brasilien und Kalifornien

Treffpunkt Holmer Marktplatz

Kerzenziehen, Kunsthandwerk und Internet-Café

Unter dem markanten Hochhaus liegt, sonnig, der Holmer Marktplatz mit seinen kleinen Geschäften. Hier kann man sich seine Zeit beim Riesenschach, -Mühle oder -Dame vertreiben oder einfach ein wenig bummeln gehen.
Der romantisch anmutende Name »Kerzenträume« verspricht nicht nur alles »rund um den Docht«, sondern animiert die Kunden und Gäste auch dazu, selbst einmal Kerzen zu ziehen – ein farbenfrohes, entspannendes Erlebnis für Groß und Klein.

Unterhaltung vor der Ladenzeile

Nebenan findet man bei »Kunst & Handwerk« reizvolle Unikate, die Künstler in eigener Herstellung aus verschiedenen Materialien gefertigt haben: Holz, Glas, Papier, Silber, Edelstein, Bernstein, Metall, Stoff, Ton und vieles mehr, beispielsweise auch Angelgeräte. Das Internet-Café »Holm.Net« bietet Einheimischen und Feriengästen, die nicht unbedingt auf der nahen Ostsee surfen möchten an, dies hier zu tun. Das Café ist vornehmlich in der Saison geöffnet, Internetzugang ist per Hot-Spot, mit eigenem Laptop/Handy, durchgehend möglich.

Beim Kerzenziehen

Bei »Kunst & Handwerk«

Kerzenträume
Tel. (0 43 44) 41 31 42

Kunst & Handwerk
Tel. (0 43 44) 41 04 95

Holm.Net Internet-Café
Tel. (0 43 44) 41 34 00

Von der Fischerkneipe zum kleinen Kultlokal

Oma's Kaffeestuuv »achtern Diek« in Schönberger Strand

Die reetgedeckte Fischerkate aus dem 17. Jahrhundert ist das einzig erhaltene historische Gebäude oberhalb der Salzwiesen am Schönberger Strand. Sie wurde um 1860 bis zur Sturmflut 1872 als »Fischerkneipe« genutzt. Erzählungen nach schenkte man hier Köm in 5-Liter-Krügen aus.
Nach der Sturmflut wurde das Haus renoviert und von den Fischerfamilien Griebe und Kielmann privat genutzt.

Im urgemütlichen Café

Um die historische Tradition wieder aufleben zu lassen, eröffnete Familie Mercier im Jahr 1999 das kleine historische Café, in dem sie ihre Gäste mit Köm und Bier, selbst gebackenem Kuchen, Torten, Pfannkuchen sowie hausgemachten Waffeln und kleinen Speisen verwöhnt.
Als besondere Attraktion bieten die Wirtsleute in der Sommersaison neben dem windgeschützten idyllischen Kaffeegarten eine Terrasse auf dem Deich mit wunderschönem Blick auf die Ostsee.
Auch für Festlichkeiten, Geburtstage, Jubiläen und Betriebsfeiern bietet Oma's Kaffeestuuv einen wundervollen Rahmen und sicherlich ein unvergessliches Erlebnis.

Öffnungszeiten: täglich von 11 bis 18 Uhr

Oma's Kaffeestuuv · Inhaber Alain Mercier
Promenade 15 · 24217 Schönberger Strand
Tel. (0 43 44) 41 51 02 · Fax (0 43 44) 41 51 03
www.omas-kaffeestuuv.de
info@omas-kaffeestuuv.de

Oma vor ihrer Kaffeestuuv

Auf der Gartenterrasse

Kaffeeklatsch im »Kaffeeklatsch«

Das kultige Café im Herzen von Stein

Kann man den Tag schöner beginnen als mit einem urgemütlichen Frühstück im »Kaffeeklatsch« direkt an der Wasserkante von Stein? Wenn man vom Tisch aufsteht, sieht man die Ostsee.
Wie der Name sagt, gibt es hier erst einmal wunderbar duftende Kaffeespezialitäten, aber auch Snacks und kleine warme Gerichte. Die Tortenauswahl für den Nachmittag ist wirklich außergewöhnlich, sowohl was die Anzahl als auch was die Variationen betrifft. Man merkt, dass Christian und Daniela Dierck ihre Gäste rund um das Stichwort »Kaffee« ausgiebig verwöhnen möchten. Die fantastische Lage im alten Dorfkern mit der Nähe zum Strand verleiht dem behaglichen Café eine ganz eigene Note. Auf der sonnigen Terrasse, wo man die Ostseebrandung rauschen hört, wenn man nicht allzu laut »klatscht«, lassen es sich die Gäste besonders gerne gut gehen.
Das Café kann Gesellschaften bis 25 Personen bewirten.

Das Café »Kaffeeklatsch« in der Nachmittagssonne

Die gemütliche Kaffeestube

Das Steiner Bojenfeld, nur ein paar Schritte entfernt

Öffnungszeiten:
Montag bis Freitag 11 bis 18 Uhr,
Samstag bis Sonntag 9 bis 18 Uhr
(je nach Wetterlage abends auch länger)

Frühstück auf Anfrage auch früher möglich

Café Kaffeeklatsch · Christian Dierck
Dorfring 24 · 24235 Stein
Tel. (0 43 43) 49 49 10 · Fax (0 43 43) 49 49 11
www.kaffeeklatsch-stein.de

Sicher und erfolgreich surfen lernen macht doppelt Spaß!

Die eigene Leidenschaft weitergeben – Tatort Hawaii im Ostseebad Stein

Tatort Hawaii ist eine kleine, feine Wassersportstation in Stein an der Kieler Förde. Dort gibt es ein riesiges stehtiefes Schulungsrevier, der ideale Ort, um sämtliche Wassersportarten zu erlernen!
Das ganze Team vom Tatort Hawaii freut sich immer darauf, besonders Neulingen die eigene Leidenschaft näherzubringen.
Viele Gäste genießen den Strand in einem gemütlichen Strandkorb oder machen die Ostsee mit einem Tretboot unsicher. Auch das macht in Stein richtig Spaß. Tatort Hawaii geht einen kleinen Schritt weiter in der Meereseroberung.
Hier erlernt man unter fachkundiger Betreuung faszinierende Sportarten! Egal ob Windsurfen, Kitesurfen oder Wakeboarden, erfahrene Lehrer bringen den Anfänger sicher und schnell zum Erfolg.
Die Wind- und Kitesurfschule bietet von April bis Oktober ständig den kompletten Service im Wassersportbereich, und das schon seit sieben Jahren.
Übrigens: Kleine Gruppen garantieren Spaß, Sicherheit und Erfolg.
Als Mitglied beim VDWS (Verband Deutscher Wassersport Schulen) sowie beim KSA (Kite und Snowkite Association) garantiert Tatort Hawaii eine kompetente Schulung. Windsurfen kann man hier ab 6 Jahren und Kitesurfen ab 14 Jahren erlernen. In regelmäßigen Abständen werden außerdem Workshops zu Theorie, Produktschulung, aktuellen News sowie Fremd- und Eigenrettung angeboten.

Kiteloop eines Könners (© Soul Picture)

Gruppenschulung am Strand von Stein

Tatort-Hawaii-Station in Stein/Kiel

Wind- Kitesurfschule Tatort Hawaii
Strandkorbvermietung
Jörg Michaelsen
Am Strand 1 · 24235 Stein/bei Kiel
Tel. (04 31) 2 20 09 46 · Mobil (01 79) 4 68 72 14
joerg@tatort-hawaii.de · www.tatort-hawaii.de

Ruser's Hotel im Herzen von Schönberg

Das behagliche Hotelrestaurant

»Wohlbefinden liegt uns am Herzen!«

Ruser's Hotel in Schönberg setzt ganz auf die Zufriedenheit der Gäste

Ruser's Hotel ist ein modernes und freundliches Haus, das alles bietet, was Reisende brauchen, um sich wohl zu fühlen. Zu den Vorzügen gehört neben der komfortablen Ausstattung der Räumlichkeiten, dem Angebot von Restaurant, Fitness- und Wellnessbereich auch die schöne und verkehrsgünstige Lage.

Das Team des 3-Sterne-Superior-Hotels tut alles, um den Gästen den Aufenthalt so angenehm wie möglich zu machen – ganz nach dem Motto des Hauses: »Wohlbefinden liegt uns am Herzen!«

Das Übernachtungsangebot ist breit gefächert. Ruser's Hotel verfügt insgesamt über sieben Einzelzimmer, 22 Doppelzimmer und zwei Vier-Bett-Appartements. Das zugehörige Gästehaus »Eichenhof« hat neun Doppelzimmer sowie zwei Kombinationen (Einzel und Doppelzimmer) und einen eigenen Parkplatz. Es stehen auch fünf Garagen und ein Fahrradunterstand bereit.

Im Wellness- und Fitnessbereich des Hotels kann man seinen Körper trainieren.

Vom vielfältigen Frühstücksbuffet angefangen bietet das Hotelrestaurant zu jeder Tageszeit das Passende. Die großzügige Gartenterrasse lädt zu entspannten

Ruser's Hotel bietet viel Wohnkomfort

Momenten im Freien ein. Für Feiern und Festlichkeiten empfehlen sich die Veranstaltungsräume (ein Saal bis 25 und ein Saal bis 60 Personen).

Ruser's Hotel
Albert-Koch-Straße 4 · 24217 Schönberg
Tel. (0 43 44) 20 13 · Fax (0 43 44) 20 15
mailto@rusershotel.de · www.rusershotel.de

Urlaubsträume am Ostseestrand

Das Gasthaus Kalifornien – ein Feriendomizil mit exzellenter Küche

Hier, wo die Alltagssorgen im blauen Wasser des Meeres versinken, findet jeder Ruhe und Entspannung. Ob für ein Schnupperwochenende oder einen Kurzurlaub – einmal nach Kalifornien, davon träumen viele Menschen. Und dazu noch das wunschgerechte Feriendomizil, dann kann man die Seele so richtig baumeln lassen.

Das Gasthaus Kalifornien verfügt über 35 komfortable Zimmer, die mit einem reichhaltigen Frühstücksbüffet angeboten werden.

Hier sind kulinarische Genüsse ohnehin an der Tagesordnung. Zum gastfreundlichen Aufenthalt im gemütlichen hoteleigenen Restaurant und Café werden täglich fangfrische Spezialitäten des Meeres serviert. Die Köstlichkeiten aus Küche und Keller können auch unter Palmen im behaglichen Biergarten eingenommen werden, der sich windgeschützt auf der Sonnenseite des Gasthauses befindet. Um Kaffee und Kuchen zu genießen, ist man im Hause an keine Zeiten gebunden.

Im Hotelrestaurant werden vor allem Spezialitäten des Meeres serviert.

Erfrischende Getränke und Kaffee und Kuchen kann man auch im Biergarten genießen.

Das Gasthaus Kalifornien liegt nur wenige Schritte von der Ostsee entfernt.

Tagesgäste wissen es zu schätzen, dass man im Gasthaus Kalifornien sowohl eine Mittagskarte wie eine Abendkarte führt. Die Küche hat durchgehend geöffnet. Von Dienstag bis Samstag wird täglich ein Stammessen angeboten, was wiederum die Langzeitgäste erfreut.

Gasthaus Kalifornien
Deichweg 3 · 24217 Schönberg/Kalifornien
Tel. (0 43 44) 3 05 80 · Fax (0 43 44) 30 58 52
hotel-gasthaus-kalifornien@t-online.de
www.hotel-gasthaus-kalifornien.de

Eine gute Wahl

Die Ostseeklinik Schönberg-Holm

Inmitten der einzigartigen Salzwiesenlandschaft, nur wenige Gehminuten vom Ostseestrand entfernt, liegt die Ostseeklinik Schönberg-Holm, eine Fachklinik für Rehabilitation und Prävention. Im Rahmen allgemeiner Heilverfahren und Anschlussrehabilitationen werden Patienten mit Erkrankungen des Herzens, des Kreislaufs, der Atemwege, des Stoffwechsels und der Bewegungsorgane behandelt.

Vorbeugende differenzierte Gesundheitsprogramme runden das vielfältige Angebot der Klinik ab. Die Patienten wohnen, auch in Begleitung ihrer Angehörigen, in einem großzügigen Appartement mit Balkon und Bad.

Gesundheit und Wohlbefinden sind wesentliche Einflussfaktoren der Lebensqualität. Mit einem günstigen Lebensstil kann man Gesundheitsrisiken vermeiden sowie drohenden Handicaps vorbeugen und damit die aktive Teilnahme an allem, was Freude bereitet, bewahren. Deshalb ist es zur Vorbeugung chronischer Erkrankungen wichtig, stets in sich hineinzuhören, um Signale frühzeitig wahrzunehmen.

Im Rahmen einer Anschlussheilbehandlung beziehungsweise Anschlussrehabilitation unmittelbar nach einem Krankenhausaufenthalt oder auch bei der Behandlung einer chronisch verlaufenden Erkrankung wird gemeinsam mit dem Patienten ein individueller Therapieplan für die Zeit des Aufenthalts erstellt. Dabei gibt die Ostseeklinik Schönberg-Holm zahlreiche wertvolle Tipps und Informationen zur positiven Beeinflussung des jeweiligen Lebensstils, damit der erzielte Rehabilitationserfolg zu Hause eigenständig fortentwickelt und langfristig gesichert werden kann.

Die Ostseeklinik Schönberg-Holm ist auch dann für die Patienten da, wenn die Gefährdung ihrer Gesundheit, eine drohende dauerhafte Erkrankung oder gar die Pflegebedürftigkeit mittels geeigneter Vorsorgemaßnahmen vermieden werden kann. Mit dem hier versammelten Wissen und Können soll den Patienten geholfen werden,

Gymnastik am Strand

Nordic Walking

Medizinische Trainingstherapie

längstmöglich eine hohe Lebensqualität und Eigenständigkeit zu bewahren.
Zur Ergänzung des hiesigen Leistungsspektrums sind kurzstationäre und ambulante Gesundheitsprogramme entwickelt worden; innerhalb weniger Tage können Sie sich bei bestehenden chronischen Erkrankungen informieren oder vorbeugend durchchecken lassen.
Ob Rehabilitation, Vorsorge oder Gesundheitsprogramm – in jedem Falle erlebt jeder seinen Aufenthalt in einer der reizvollsten Landschaften Deutschlands. Der frische Wind an der Ostsee, die befreiende Weite und die typischen Merkmale der Urlaubsregion Probstei sind gesundheitsfördernde Elemente ohne Risiken und Nebenwirkungen.
Hier kann man das eigene Gesundwerden und Gesundbleiben mit allen Sinnen genießen. Denn es geht um das persönliche Wohlbefinden und ein kraftvolles Ich.

Die Leistungen der Ostseeklinik Schönberg-Holm:

Rehabilitation, Anschlussheilbehandlung, Prävention
Erkrankungen des Herzens und des Kreislaufs, Erkrankungen der arteriellen Gefäße, Erkrankungen der Atemwege, Erkrankungen des Stoffwechsels, Erkrankungen der Bewegungsorgane

Kurzstationäre Gesundheitsprogramme

Ambulante Therapie
Die Ostseeklinik Schönberg-Holm ist von den Krankenkassenverbänden zur Abgabe ambulanter therapeutischer Leistungen ermächtigt.

Spezialkompetenzen
Rehabilitationsbehandlung von Immunschwächeerkrankungen, Rehabilitationsbehandlung von Schlafstörungen

Begleitpersonen
Als Patient in der Klinik hat man die Möglichkeit, sich während der Rehabilitationsmaßnahme von nahe stehenden Personen begleiten zu lassen.

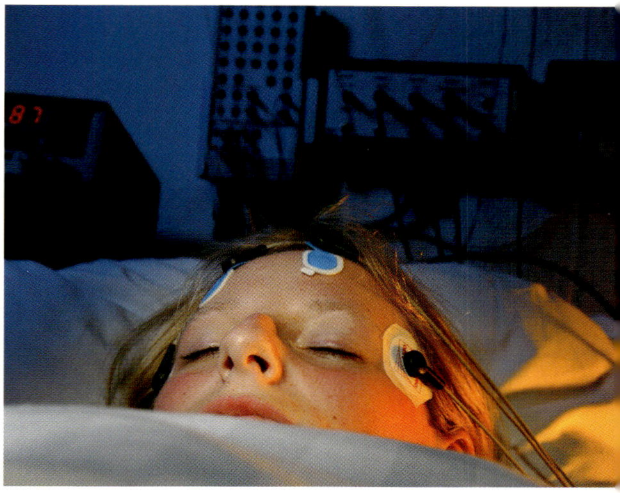

Im Schlaflabor

Im Bewegungsbad

Die Lehrküche

Ostseeklinik Schönberg-Holm

Ostseeklinik Schönberg-Holm
An den Salzwiesen 1
24217 Ostseebad Schönberg/Holstein
Tel. (0 43 44) 3 70 · Fax (0 43 44) 3 76 66
info@okli-holm.de
www.ostseeklinik-schoenberg-holm.de

Die Seebrücke am Schönberger Strand

Ostsee-Urlaub an der Kieler Bucht

Erholsame Tage in der Probstei

In der Probstei feiert man die Korntage Ende Juli und im August, wenn sich die meisten Feriengäste in der Region befinden. Diese lieben die Probstei vor allem wegen ihrer landschaftlich-erholsamen Atmosphäre und der herrlichen Natur. Man kann hier viel unternehmen, auch gemeinsam mit den Kindern. Es gibt eine Wasserskischule am Passader See, auf zahlreichen Höfen Urlaub auf dem Lande, zum Beispiel im Reiterdorf Prasdorf, und kulturelle Attraktionen wie das Probsteierhagener Schloss mit dem historischem Pfad, dazu die Seebadebrücke in Stein und in Marina Wendtorf den Museumshafen. Verteilt über die ganze Probstei erwarten den Gast außerdem interessante Ausflugsziele, die auch gerne mit dem Fahrrad angesteuert werden.

Die Probstei – ein landschaftliches Kleinod

Das Ostseebad Laboe aus der Vogelperspektive

Die Probsteier Korntage

Fahrradtour durch die malerische Probstei

Zentrum der malerischen Ferienregion ist Schönberg, das auf Grund seiner erstklassigen Veranstaltungsprogramme auch als »Kulturhauptstadt der Probstei« bezeichnet wird. Die Ostseebäder Schönberger Strand und Kalifornien sowie der Ortsteil Brasilien liegen rund 4 km von der Ortsmitte entfernt am ausgedehnten Sandstrand. Von der Seebrücke am Schönberger Strand finden in der Saison reizvolle Ausflugsfahrten statt. Das absolute Sommer-Highlight ist das Seebrückenfest Ende Juli. Bei einem Deichspaziergang sollte man einen Besuch der Fischerhütten nicht versäumen. Wassersportschulen existieren in allen drei Ortsteilen, Strandkorbvermietungen am Schönberger Strand und in Kalifornien. Die beiden Campingplätze in Kalifornien und am Schönberger Strand sowie zwei Wohnmobilplätze in Brasilien laden zum natur- und strandnahen Urlaub ein.

Das Ostseebad Laboe besitzt mit seinem lebendigen Hafengeschehen einen ausgesprochen maritimen Charakter. Der rege Schiffsverkehr auf der Kieler Förde und das von hier ausgehende Hochseeangeln unterstreichen das Gefühl, am Küstenleben teilzunehmen. Der ca. 2 km lange Sandstrand, aufgrund des flachen Wassers ausgesprochen kinderfreundlich, lädt zu Sonnengenuss und Spaziergängen ein. Das ganzjährig geöffnete Meerwasserhallenbad mit entstehender Saunalandschaft, das 72 m hohe Marineehrenmal mit dem U-Boot 995 sowie die Meeresbiologische Station im 80 000 Quadratmeter großen Naturerlebnisraum ziehen viele Gäste aus nah und fern an. Die jährlichen Höhepunkte der Veranstaltungssaison sind die Dorschtage und der Hafengeburtstag.

Leben erleben

Ein Ausflug in die Probsteier Geschichte

Krokauer Mühle
Die Erdholländermühle von 1872 ist ein reizvolles historisches Kleinod, weil ihr »Innenleben« weitgehend erhalten geblieben ist. 1986 restauriert, wird die Windmühle an der B 502 heute mit Strom angetrieben. Bei sonntäglichen Besichtigungen (Pfingstmontag bis Ende September) lernt man die Geschichte des Denkmals und die technischen Funktionen kennen. Besucher können erleben, wie aus Getreide feinstes Mehl gemahlen wird, und echtes Mühlenbrot mitnehmen. www.muehle-krokau.de

Museumsbahnen
Wer technische Kulturgeschichte hautnah erleben möchte, ist am Schönberger Strand gut aufgehoben. Der »Große Bahnhof der Nostalgie« bietet eine typische Kleinbahnatmosphäre mit bis zu 78 Jahre alten Dampf- und Diesellokomotiven sowie bis zu 111 Jahre alten Personen- und Güterwagen. Von Pfingsten bis September fahren am Wochenende historische Eisenbahnzüge nach Schönberg und Kiel. Vor dem Bahnhof steht eine Museumsstraßenbahn, die eine einmalige Gelegenheit bietet, vom Dampfzug oder Dieseltriebwagen in eine historische Straßenbahn umzusteigen. Zum Einsatz kommen Straßenbahnwagen aus Hamburg, Kiel, Hannover und Berlin auf zwei verschiedenen Spurweiten. www.vvm-museumsbahn.de

Probstei-Museum
Eine restaurierte Hofanlage in Schönberg zeigt die Lebens- und Arbeitswelt seiner früheren Bewohner, die als freie Bauern im Klosterverwaltungsbezirk Probstei zu Wohlstand gelangten. Zahlreiche

Die Museumsbahn

Exponate wie Trachten, Truhen und Tiegel geben Zeugnis der regionalen Kulturepoche. Aktuelle Sonderausstellungen und ein abwechslungsreiches Programm sowie Erlebnisangebote für Jugendgruppen runden das Angebot ab. Geöffnet von März bis November. www.probstei-museum.de

Das U-Boot
U-995-Technisches Museum Laboe. Am 13. März 1972 wurde U-995 von zwei Schwimmkränen nach Laboe überführt und als technisches Museum am Strand vor dem Marine-Ehrenmal abgesetzt. Das Boot war am 16. September 1943 bei Blohm & Voss in Hamburg in Dienst gestellt worden. Als historisch-technisches Museum soll es dabei keineswegs nur andächtiges Staunen über die Leistung der Männer wecken, die einst unter qualvoller Enge in seinem Inneren die Schrecken des Krieges erleiden mussten. Es soll vielmehr gerade das Grauen und die Leiden des Zweiten Weltkriegs der heutigen Generation mahnend

Die Krokauer Mühle

und abschreckend vor Augen führen; geöffnet tgl. ab 9.30 Uhr.
www.deutscher-marinebund.de

Kindheitsmuseum
Unterschiedlich verlaufende Kindheiten im Wandel der letzten hundert Jahre:
Anhand von Spielzeug, Büchern, Fotos, Kleidung und Möbeln können Jung und Alt den Bedingungen für das Leben früherer Kinder nachspüren. In Spielecken darf mit Spielzeug von gestern und heute gespielt werden und Straßenspiele wie Hinker, Kreisel und Murmeln können ausprobiert werden. Zusätzlich gibt es Spielaktionen und eine Sonderausstellung zum Thema Ernährung: »Gegessen wird, was auf den Tisch kommt!« Geöffnet von Mai bis Oktober.
www.kindheitsmuseum.de

Mehr Informationen unter
Tourist-Information Ostseebad Laboe:
www.laboe.de
Tourismusverband Probstei e. V.:
www.probstei.de
Tourist-Service Ostseebad Schönberg:
www.schoenberg.de

Das Probstei-Museum in Schönberg

Im Kindheitsmuseum

Der Lutterbeker – ein Platz für jeden, dem Anderes gefällt

Kneipe, Küche, Kunst und ein unbändiges Lebensgefühl

Das charmante Dorf Lutterbek inmitten der Probstei ist vermutlich beim ersten Besuch nicht so leicht zu finden, danach aber umso besser. Einen großen Anteil daran hat der Lutterbeker, ein ausgesprochener Treffpunkt für Andersdenkende und Fühlende. Und das schon seit über drei Jahrzehnten.

Hier, wo einst wackere Nonnen »am lauteren Bach« ihr Missionswerk begannen und mächtige Probsten die gleichnamige Landschaft regierten, gründeten 4 unternehmungslustige Menschen auf einer alten Hof- und Krogstelle den »Lutterbeker«. Von den Vieren sind zwei, Wolfgang und Hildegard Marx, die Besitzer, mit ihren Kindern Lasse und Linn bis heute geblieben. Aus dem Dorfkrug wurde das, was manche ein »Szenelokal« nennen. Doch der »Lutterbeker« ist viel mehr.

Inzwischen sind nicht nur ganze Generationen von deutschen und internationalen Künstlerinnen und Künstlern hier aufgetreten, zum Beispiel Dirk Bach, Hans Scheibner, Horst Schroth, Mathias Deutschmann,Ina Müller, die Missfits, Gardi Hutter mit Ueli Bichsel und Tony Sheridan.

Jeder Auftritt wird von Wolfgang Marx mit hochwertigen Kameras aufgenommen – online geschnitten -und – steht zum Verkauf. Falls erwünscht – Nachbearbeitung nebst Feinschliff ist im Video und Tonstudio möglich.

Spannend sind auch die »Probenwochen«. Stücke bekommen den letzten Schliff, wenn ein Künstlertrupp anreist. Begleitet von Regie, Assistenz,

Die lichtdurchflutete Galerie

Der »Lutterbeker« mitten im Dorf

Musik – Theater – Kabarett: Das Fotostudio Linn Marx

Autor, Licht, Ton usw. begibt er sich – fern jeglicher Ablenkung inclusive Handyloch in den Lutterbeker. Dann heißt es arbeiten, wohnen, speisen, arbeiten, spazieren, arbeiten, trinken, lachen, zetern, arbeiten – bis zur lampenfiebergeschwängerten Vorpremiere.

Auch Kunstschaffende anderer Genres – von arriviert bis unbekannt – stellen »auf Zeit« in der angeschlossenen Galerie aus.

Neu im Foyer der Galerie ist das Atelier LinnMarx Fotografie – mit mobilem Studio. Gesichter – Gestalten – Geschichten.

Die Ankündigungen des »Lutterbekers« werden weit über die Probstei hinaus mit Spannung erwartet und die Veranstaltungen allseits mit Vorliebe wahrgenommen.

Das Restaurant bietet eine breite Auswahl für den großen wie den kleinen Hunger, für's dicke oder dünne Portemonnaie – ein bunt gemischtes Angebot: Suppen, Salate, Fladen, Gratins, Pizza, Pasta, Fleisch u. Fischgerichte – lokal oder international gewürzt.

Für Gesellschaften mit festlichem Ambiente wie Empfänge, Jubiläen, Hochzeiten, Geburtstage usw. arrangiert der »Lutterbeker« große und kleine Essen am runden Tisch in der Galerie (15–20 Personen oder im Saal (30–120 Personen).

»Runder Tisch« ist ein Angebot für Schulung, Workshop, Seminar, Lehrgang, Fortbildung usw. für maximal 17 Personen (konzentriertes Arbeiten in der Galerie, wohnen in entspannter Athmosphäre, gut essen im Restaurant)

Lutterbek ist ein wunderschöner Ort zum Ferien machen. Gut ausgebaute Fahrradwege führen in die nächstliegenden Dörfer und zur Ostsee, die nur zwei Kilometer entfernt liegt. Der »Lutterbeker« besitzt drei romantische Appartements zum Träumen und Entspannen.

Kneipe, Küche, Kunst, Musik, Theater, Studio, Appartements, Fotografie + Laden – die »Lutterbeker«-Stichwortreihe ist lang und faszinierend. Am besten, man schaut einmal herein und lässt sich von dem einen oder anderen entführen!

Appartement mit herrlicher Landsicht

Das individuell gestaltete Wintergarten des Restaurants

Lutterbeker Gastronomie, Audio- und Video-Studio GmbH
Dorfstraße 11 · 24235 Lutterbek
Tel. (0 43 43) 94 42
Fax (0 43 43) 91 11
marx@lutterbeker.de
www.lutterbeker.de

lutterbeker

Das Plöner Schloss hoch über den Dächern der Stadt

Das Plöner Rathaus mit Maibaum

Wunderschöne Nachbarin – die Holsteinische Schweiz

Freundschaftliche Blicke nach Süden

Die Holsteinische Schweiz umfasst das östliche Hügelland Holsteins, das in der letzten Eiszeit geformt wurde und an der durch Förden bestimmten Ostseeküste zwischen Kiel und Lübeck liegt. Viele Seen und Fließgewässer, sanfte Erhebungen, Täler und lichte Laubwälder prägen diese herrliche Naturlandschaft

Kleine Flüsse wie die Schwentine, die in die Kieler Förde mündet, und die Kossau, die sich im Großen Binnensee verliert, geben ihr an vielen Stellen lieblich-romantische Züge. Neben dem Großen Plöner See, dem Dieksee und dem Kellersee sind auch kleinere Seen wie der Ukleisee, der gänzlich im Wald ruht, gern gewählte Motive der Malerei oder Fotografie.

Die wichtigsten Orte sind Bad Malente-Gremsmühlen, Eutin, Lütjenburg, Preetz und Plön, wobei einige mit Schifffahrtslinien miteinander verbunden sind. Insgesamt besitzt die Holsteinische Schweiz 17 Seen, wobei der kleinste mit nur 32 Hektar Fläche der besagte Ukleisee ist.

Kirchenidyll in Plön

Die höchste Erhebung der Landschaft und des ganzen Bundeslandes ist der Bungsberg bei Schönwalde mit dem einzigen Skilift Schleswig-Holsteins. Er hat eine Höhe von 168 Metern über Normalnull.

Die Agrarlandschaft, durch große adlige Güter gekennzeichnet, hat sich vor allem in den letzten Jahrzehnten zu einer beliebten und stark besuchten Tourismusregion entwickelt. Die Schlösser in Eutin und Plön sowie die zahlreichen Herrenhäuser, großen Scheunen und Alleen sind landschaftliche und kulturelle Attraktionen. Die Holsteinische Schweiz ist einer von fünf schleswig-holsteinischen Naturparks, deren Erschließung durch ein gut beschildertes Netz von Rad- und Wanderwegen erfolgt, die teilweise auch auf wenig befahrenen Landstraßen und Feldwegen verlaufen.

Neben den durch Landwirtschaft geprägten Gutssitzen sind die mächtigen Feldsteinkirchen und die wunderschönen Reetdachkaten mit ihren traditionellen Bauerngärten typisch für die Holsteinische Schweiz.

Im Naturpark liegen so namhafte Güter wie Gut Seedorf, Gut Rantzau, Gut Nehmten,

Gut Ascheberg oder Gut Wensin, die auch oft Nebenhöfe, sogenannte Meierhöfe, besaßen.
Von den einst stattlichen Anwesen mit zahlreichen Wirtschaftsgebäuden sind heute manchmal nur noch einzelne Häuser vorhanden. Diese sind jedoch zum Teil aufwändig restauriert worden und noch im Besitz der Adelsfamilien. Nur einige Güter stehen zur Besichtigung offen.
Wenn man hinter die schlossartigen Bauten schaut, entdeckt man hin und wieder eine aufwändige Park- oder Gartenanlage.
Worüber viele Gäste immer wieder freudig erstaunt sind: An den Zufahrtswegen zum Gutstorhaus haben sich quer durch die Landschaft herrliche Alleen erhalten. Sie waren einst sichtbare Merkmale der Größe und Weitläufigkeit des jeweiligen Besitzes. Viele Lindenalleen stammen noch aus der Blütezeit der Gutsherrschaft und sind mehr als 300 Jahre alt.
Ein kurzer Blick in die Siedlungsgeschichte der Landschaft verrät den hier bereits spürbaren Einfluss der Slawen, die etwa ab 600 n. Chr. die bis dahin hier wohnenden Germanen verdrängten. Otrtsnamen wie Eutin, Gremsmühlen und Plön gehen auf slawischen Ursprung zurück, ebenso die Bezeichnung für die Schwentine, die sich von »Sventana = Der heilige Fluss« ableitet.
600 Jahre behaupteten die Slawen das Land gegen die Dänen und Sachsen, wobei letztere sich durch den berühmten »Limes Saxoniae«, einem schwer zugänglichen Grenzraum, der südlich von Kiel begann und bis an die Elbe führte, schützten. Er lief durch den westlichen Teil der heutigen Holsteinischen Schweiz und besaß an seinen Übergangsstellen burgartige Befestigungen. Hier kam es immer wieder zu kriegerischen Auseinandersetzungen. Als sich der Siedlungsraum westlich der Grenze verknappte, wurden die Slawen von den Schaunburger Grafen und ihren Gefolgsleuten in der zweiten Hälfte des 12. Jahrhunderts besiegt und vertrieben. Gleichzeitig mit der Ostkolonisation kam auch die Christianisierung voran, wovon noch heute steinerne Zeugen in der Landschaft stehen.

Am Anleger der Fünf-Seen-Fahrt in Malente-Gremsmühlen

Am Malenter Seeufer

Die neue Promenade in Malente-Gremsmühlen

Vicelinkirche oder St.-Petri-Kirche?

Um die Missionierung der Slawen zu befördern, ließ der erste Bischof von Holstein, Bischof Vicelin (etwa 1090 bis 1154), hier viele Kirchen erbauen. Deshalb werden einige Kirchen wie die Kirche in Bosau oder in Neukirchen im Volksmund auch als Vicelinkirchen bezeichnet, auch wenn sie offiziell ganz anders heißen. Die Kirche von Bosau hat beispielsweise den eigentlichen Namen St.-Petri-Kirche.
Die zahlreiche Feldsteinkirchen der Landschaft, die vor ungefähr 800 Jahren errichtet wurden, zählen zu den ältesten erhaltenen Bauwerken

Der im Wald vesteckte Ukleisee

Angler im Ukleisee

Schleswig-Holsteins. Das Baumaterial für diese Gotteshäuser, die Steine, wurde einfach von den umliegenden Feldern und Äckern zusammengesammelt und dann unter Anleitung von den versierten Baumeistern übereinander geschichtet. Die Zwischenräume füllte man mit kleineren Steinen aus, teilweise auch mit Gipsputz, der aus den Segeberger Kalkberghöhlen angeliefert wurde.

Die wuchtigen Feldsteinkirchen bestanden architektonisch aus drei Teilen: Turm, einschiffiger Hauptraum und Chor. Im Turmraum befand sich der Eingang, wobei der Weg ins Innere am Taufstein vorbeiführte. Dahinter stand die Auffassung: Nur wer getauft war, sollte die Kirche betreten und am Gottesdienst teilnehmen.

Bischof Vicelin trägt wegen seiner intensiven Missionstätigkeit auch den Beinamen »Kirchenvater Nordelbiens«.

Heute folgt der sogenannte Mönchsweg den Spuren der ersten Christen im Mittelalter und führt von der Elbe bis zur Ostsee. Auf etwa hundert Kilometern durchläuft er auch die Holsteinische Schweiz. Auf der Strecke liegen die Kirchen in Bad Segeberg, Bornhöved, Bosau, Plön, Neukirchen und Eutin. Für geschichtsbewusste Urlauber ist der Mönchsweg eine sowohl körperliche wie geistig-seelische Herausforderung.

Ab dem Jahre 1524 konnte die Ritterschaft an Macht stark zulegen, denn als Dank für ihren Missions- und Kolonisationseinsatz erhielt sie von Friedrich I. die Gerichtsbarkeit über die Bewohner ihrer Ländereien. Der Gutsherr konnte nun festlegen, dass die Bauern ausschließlich für ihn zu arbeiten hatten. Dies war hier der Beginn der unseligen Leibeigenschaft, die ganze Dörfer und Landstriche in die totale Abhängigkeit von ihrem Gutsherren trieb. Viele verarmten und waren der obrigkeitlichen Willkür ausgeliefert. Das Ende der Leibeigenschaft wurde in der Holsteinischen Schweiz erst 1739 vom Grafen Hans Rantzau eingeleitet, wenn auch kaum aus uneigennützigen Motiven. Er bemerkte auf seinem Gut Ascheberg, dass die Bauern mehr erwirtschaften, wenn sie ein von ihnen gepachtetes Stück Land bearbeiten als das des Grundherren. Bis zur endgültigen Abschaffung der Leibeigenschaft am 1. Januar 1805 vergingen allerdings noch viele Jahre bäuerlichen Elends.

Sventana, Wagria und Moder Grau

Windmühlen gelten als Wahrzeichen ihrer Dörfer, doch in der Holsteinischen Schweiz kann man sie nur noch in drei Orten bestaunen. Ihr mächtiges Erscheinungsbild und die drehenden Flügel ziehen unweigerlich die Blicke der Menschen auf sich.

Alle drei noch vorhandenen Windmühlen sind Werke des Mühlenbauers Carl Friedrich Trahn

In der Eutiner Rosenstraße

Die andere ist die Gremsmühle, einst Wasser- und Windmühle, die mitten in Malente-Gremsmühlen an der Schwentine steht. Gemahlen wird hier heute nicht mehr, sondern gegessen, getrunken und genächtigt.

Mindestens einen Abstecher wert

Die Holsteinische Schweiz hat so viele innere und äußerliche Schönheiten zu bieten, dass mancher sich im Fördenland die Augen reibt. Doch es fehlt eben das, was der Fördenländer um keinen Preis auf der Welt missen möchte: das Meer.
Wenn ein Flensburger versonnen am Kellersee steht und die lieblichen Uferzüge des Gewässers betrachtet, mag er insgeheim an die Küstenlinien bei den Ochseninseln oder Holnis denken. Und er sagt sich: »Herrlich hier, aber ...« Und schon wieder ist diese kleine aber unvermeidliche Entscheidung gefallen, die ein holsteinischer »Schweizer« umgekehrt wohl kaum anders getroffen hätte: Das Heimatliche ist nicht zu schlagen, alles andere jedoch mindestens einen Abstecher wert!

Das Portal des Eutiner Schlosses

Uferstimmung am Eutiner Schlossufer

aus Neustadt/Holstein, der 1888 nach dem Bau der einhundertsten Windmühle starb.
Eine Windmühle befindet sich in Ascheberg-Langenrade. Die Windmühle trägt den Namen »Sventana« und wurde 1860 in Kleinmühlen bei Plön errichtet. Am jetzigen Platz steht die Mühle erst seit 1890, nachdem die Vorgängerin abgebrannt war. Mit großem finanziellen und arbeitsmäßigen Aufwand wurde der einstöckige Galerieholländer seit 1990 wieder funtionstüchtig gemacht.
Die zweite Windmühle heißt »Wagria« und steht in Grebin. Sie ist ein 1851 erbauter Kellerholländer, dessen Kappe 1995 restauriert wurde.
»Moder Grau« ist der Name der Eutiner Windmühle, die 1850 als zweistöckiger Galerieholländer erbaut wurde. Ihre Besonderheit ist die reetgedeckte Kappe, was der Mühle ein einzigartiges Aussehen verleiht. »Moder Grau« war bis 1950 in Betrieb und beherbergt heute im Parterre ein Restaurant.
Mühlenfreunde können sogar eine Wassermühle besichtigen und in einer ehemaligen wohnen und speisen. Die eine steht in Klein Rönnau und wird bereits 1342 urkundlich erwähnt. Der heutige Bau stammt aus dem Jahre 1649. Der Antrieb erfolgte durch ein äußeres unterschlächtiges Mühlenrad. Bis 1960 wurde hier Getreide gemahlen. Danach verfiel das Gebäude, das erst 1999 – 2001 restauriert wurde. Das technische Denkmal kann besichtigt werden.

Jeder Tag ein Erlebnis

Sonderburg
Die dänische Hafenstadt liegt malerisch am Alsensund, an dessen Ufer sich auch das berühmte Alsion des Stararchitekten Frank Gehry befindet.

Düppel
Hier trafen 1864 die preußischen und dänischen Truppen zu der bekannten Schlacht bei den Düppeler Schanzen aufeinander. Vor Ort kann man ein Kriegsmuseum besuchen.

Ochseninseln
Die Große und die Kleine Ochseninsel auf der dänischen Seite der Flensburger Förde: Es gibt eine kleine Fähre hinüber zur Großen Ochseninsel.

Langballigau
Der kleine Hafen an der Flensburger Außenförde ist ein Kleinod des Fördenlandes und verspricht herrliche Landschaftseindrücke mit bestem Dänemarkblick.

Glücksburg
Das wunderschöne Wasserschloss, das einst zur Wiege des europäischen Adels wurde, ist eine ausgiebige Besichtigung wert.

Flensburg
Das Wahrzeichen der alten Rumstadt ist das Nordertor aus dem Jahre 1595. Hafen, Altstadt und Museen laden zu lohnenswerten Rundgängen ein.

Unewatt
Das Landschaftsmuseum ist ein einmaliges Erlebnis ländlicher Bau- und Alltagskultur. Ein Rundweg führt zu allen Museumsattraktionen.

Die Geltinger Birk
Die zu den ältesten deutschen Naturschutzgebieten zählende Halbinsel nordöstlich von Gelting kann zu Fuß und mit dem Fahrrad erkundet werden.

Maasholm
Das historische Fischerdorf an der Schlei ist mit seinen malerischen Gassen und Häuserzeilen ein beliebtes Ausflugsziel von Land und von See her.

Lindaunis
Die Klappbrücke, an der sich die Verkehrswege Straße, Schlei und Schiene treffen, ist bei Öffnung stets ein gern bestauntes Ereignis.

Arnis
Die kleinste Stadt Deutschlands bezaubert durch seine einmalig schöne Lage an der Schlei und seine eigenwillige Architektur.

Schleimünde
Die Lotseninsel mit dem markanten Leuchtturm liegt in einem Naturschutzgebiet, das nur mit geführten Wanderungen betreten werden darf. Schleimünde ist ansonsten nur per Schiff zu erreichen.

Missunde
Kurz nach ihrer engsten Stelle im landschaftlich herrlichen Missunde öffnet sich die Schlei zur Großen Breite. Es macht viel Freude, in den Sommermonaten den lebhaften Schiffsverkehr zu beobachten.

Schleswiger Holm
Die historische Fischersiedlung im Osten Schleswigs mit dem ehrwürdigen Johanniskloster hat ihren Charme über alle Jahrhunderte bewahrt.

Schloss Gottorf
Das im späten 16. Jahrhundert erbaute Residenzschloss der Schleswiger Herzöge ist heute Zentrum der Landesmuseen. Besonders sehenswert ist der wieder hergestellte Barockgarten mit dem Globushaus.

Haithabu
Im Wikingermuseum lernt man die Wikingerstadt Haithabu an dem Ort, wo sie stand, kennen und kann das Leben der Nordmänner auf spannende Weise erkunden.

Schönhagener Steilküste
(Foto: Touristeninformation Schönhagen GLC)
Eine Wanderung hoch über der Ostseebrandung ist ein unvergessliches Erlebnis. Die Steilküste entstand in der letzten Eiszeit.

Damp (Foto: Damp Touristik)
Das Ostseebad Damp bietet viel Freizeitvergnügen und gesunde Erholung am Meer. Der breite Strand und die Erlebnismeile laden zum Entspannen ein.

Gut Ludwigsburg
Hier gewinnt man hautnah einen interessanten Einblick in das Gutsleben von damals und heute. Ein gemütliches Café verheißt erholsame Momente.

Eckernförde
Der pittoreske Hafen, die schöne Altstadt mit dem Museum Eckernförde und das neue Ostsee InfoCenter laden zu einem unterhaltsamen Rundgang ein.

Aschberg
Der 98 Meter hohe Aschberg bietet einen fantastischen Rundblick über die Hüttener Berge bis hin zu Schlei und zur Eckernförder Bucht.

Sehestedt
In Sehestedt oder im nahen Rade hat man die besten Blicke auf den internationalen Schiffsverkehr auf dem Nord-Ostsee-Kanal. Eine Fahrt mit der kostenlosen Fähre ist obligatorisch.

Gettorf (Foto: Tierpark Gettorf)
Ein Besuch im Tierpark Gettorf ist für Jung und Alt ein wunderbares Erlebnis. Die hier gebotene Vielfalt der Tierwelt ist beeindruckend.

Schwedeneck
(Foto: TI-Schwedeneck)
Steilküsten, herrliche Strände, Wassersport und idyllische Ländlichkeit sind die Markenzeichen dieser schönen Urlaubsregion im Norden des Dänischen Wohlds.

Leuchtturm Bülk
An der Nordostspitze des Dänischen Wohlds kann man vom Leuchtturm Bülk aus weite Aussichten auf die Ostsee und die Eckernförder Bucht genießen.

Olympiahafen Schilksee
Gerade zur Kieler Woche ist der Gang durch die Reihen der internationalen Seglerelite für Sachkundige wie Laien eine interessante Abwechslung.

Die Holtenauer Schleusen
Die mächtigen Schleusenwerke können zu bestimmten Tageszeiten besichtigt werden. Ein Abstecher zu den nahen Schleusenresten des historischen Eiderkanals bei Rathmannsdorf sollte dazugehören.

Stadtbummel Kiel
Ein unterhaltsamer Spaziergang entlang der Sehenswürdigkeiten Kiels bringt einem die Hauptstadt Schleswig-Holsteins auf angenehme Weise nahe.

Schiffsausflug auf der Kieler Förde
Eine Rundfahrt mit dem Fördedampfer von der Innenstadt aus nach Laboe und zurück gehört zum Besuchsprogramm der Fördestadt einfach dazu.

Das Marine-Ehrenmal in Laboe
(Foto: Deutscher Marinebund e.V.)
Neben der stillen Besinnung an diesem Ort des Gedenkens sollte man den imposanten Rundblick vom 85 Meter hohen Turm genießen.

Das Probstei Museum in Schönberg
Ländliche Kultur und bäuerlicher Alltag kann man hier anhand eindrucksvoller Exponate quasi hautnah erleben.

Gut Salzau
Das kulturelle Zentrum des Landes Schleswig-Holstein besticht durch seine weitläufige und gepflegte Hofanlage.

Orts- und Personenregister

Bildquellennachweis

Die Bilder der mit blauer Titelzeile versehenen Buchteile sind von den dort vertretenen Protagonisten geliefert und verantwortet. Wenn erforderlich, sind die entsprechenden Quellenhinweise in der Bildlegende aufgeführt oder am Bild angebracht. Die Bilder der im Buch vertretenen Institutionen sind ebenfalls von diesen geliefert und verantwortet. Wenn deren Bilder außerhalb ihrer Seite/n im Buch verwendet wurden, sind diese in der Bildlegende oder anderweitig entsprechend gekennzeichnet.
Die redaktionellen Bilder stammen generell vom Cobra Verlag Silke Hars, Langenhorn. Im Bereich der redaktionellen Bilder sind diejenigen, die nicht vom Cobra Verlag Silke Hars geliefert wurden, in der Bildlegende oder gesondert mit einer Quellenangabe benannt.
Die Bilder auf dem Cover sind alle dem Innenteil des Buches entnommen und dort und über die Hinweise hier mit ihren Quellen angezeigt:
S. 28/29: M. u. r. u.; S. 30: M. l. u. M. r.; S. 31: u. l.;
S. 43 o. r.: Karl Goldhamer, Hummelfeld;
S. 99: M. l., M. r. u. u.: Wolfgang Clausen, Langballigau;
S. 150: Untere Seitenhälfte: OstseeFjord Schlei;
S. 174/175: Tauchen und Meer, Eckernförde;
S. 177: u. r. Stadtarchiv Eckernförde;
S. 216: N. Martens; S. 217: l. U. Schneider; r. o. P. Burkhard; u. r. T. Wemken;
S. 218: o. T. Wemken; u. B. Burkhard; S. 219: l. U. Schneider; u. r. C. Grave;
S. 220: C. Grave; S. 221: o. r. H. Köhn; u. K. Wernicke.

Danksagung

Wir danken allen Institutionen, Betrieben und Personen,
die bei der Entstehung des Buches mitgewirkt haben, insbesondere:
– Schleswig-Holsteinische Landesbibliothek, Kiel;
– Museum Eckernförde, Dr. Uwe Beitz;
– Christian Asbrock, Kappeln, www.airspective.de;
– Karl Goldhamer, Hummelfeld, www.zilgrei-eckernfoerde.de;
– Ostseefjord Schlei GmbH; Schleswig;
– Glücksburg Consulting, Glücksburg;
– Museumswerft Flensburg gGmbH, Flensburg;
– Wolfgang Clausen, Langballigau;
– Sven Hansen und Kerstin Hansen Paulsen;
– Ziegenhof Dollerupholz;
– Töpferei Stock, Kappeln;
– Förderverein Salondampfer Alexandra, Flensburg;
– Stiftung Schloss Glücksburg;
– Hotel Fakkelgaarden, Kollund;
– Verein Jordsand, Ahrensburg.